Wolfgang Salewski/Peter Lanz Die neue Gewalt

Wolfgang Salewski/Peter Lanz

Die neue Gewalt

und wie man ihr begegnet

Droemer Knaur

1. bis 25. Tausend

Satz und Druck: Hanseatische Druckanstalt GmbH, Hamburg
Einband: Großbuchbinderei Wennberg, Leonberg
Printed in Germany
ISBN 3-85886-068-9

Inhalt

Die Gewalt und die Gesellschaft

2. Teil

Die drei Gruppen der Gewalttäter

Eine Gewalt kann eine andere nicht widerlegen, sondern im besten Fall ersetzen.

Friedrich Dürrenmatt

Vorwort

Die Gewalt, um die es in diesem Buch geht, begegnet uns jeden Tag, an zahllosen Orten. Sie kann jeden von uns zu jeder Zeit treffen – und wir können sie nur besiegen, wenn möglichst viele Menschen über den Ursprung und die Formen dieser neuartigen Gewalt Bescheid wissen und bemüht sind, mit neuen Methoden die Gewalt rechtzeitig und richtig zu behandeln.
Die psychologische Fachliteratur über Aggression und Aggressivität ist außerordentlich umfangreich, doch sie wurde von Wissenschaftlern für Wissenschaftler geschrieben. Der interessierte Laie dagegen, der nicht die notwendigen Vorkenntnisse besitzt, wird sich in diesen Büchern und Aufsätzen kaum zurechtfinden.
Wir meinen jedoch, daß die neue Gewalt jeden von uns angeht und wir die Augen vor dem drohenden Problem der Gewalteskalation nicht verschließen dürfen. Deshalb ist dieses Buch auch nicht für Wissenschaftler geschrieben, sondern für alle Menschen, da jeder irgendwann einmal mit der Gewalt in Berührung kommt. Wir müssen uns darüber klarwerden, daß nur eine gezielte, offene Auseinandersetzung mit der neuen Gewalt der erste Schritt zu ihrer Überwindung sein kann.
In den letzten Jahren wurde eine neue Form der Gewalt registriert, die wir in diesem Buch zu analysieren versuchen. Im folgenden werden wir zeigen, woher diese Gewalt kommt, wie man sie erkennt und besiegt. Eltern, Lehrern, Sozialarbeitern, Kindergärtnern und Ausbildenden soll geholfen werden, die Signale drohender Aggressivität bei Kindern und Jugendlichen rechtzeitig zu erkennen und richtig darauf zu reagieren.
Über diese vorbeugende Gewaltbekämpfung hinaus soll das Buch auch Ratschläge für akute Notfälle geben: Welche Gesten, welche Worte steigern die Gewalt, und wie kann man durch Reden und Handeln dämpfend auf aggressive Täter einwirken? Wie muß sich eine Geisel in

einem entführten Flugzeug oder während eines Bankraubs verhalten? Was tut man, wenn man von einer Rockerbande angegriffen wird?

Uns stehen drei Wege offen, der Gewalt, die über uns hereingebrochen ist, zu begegnen. Der erste ist der althergebrachte Weg der Rache: Wer einen anderen Menschen verletzt oder getötet hat, der soll dafür bestraft werden. Dieses Prinzip mag den Menschen im ersten Augenblick befriedigen, aber es hat sich gezeigt, daß auf diese Weise die Gewalt, welcher Art sie auch sei, nicht zu besiegen ist.
Der zweite Weg, den man im Kampf gegen die Gewalt einschlagen kann, scheint auf den ersten Blick humaner zu sein: Man sucht neue Taten zu verhindern, indem man Gewalttäter abschreckt. Wie sich in der Vergangenheit erwiesen hat, scheitert auch das Prinzip der Abschreckung bei den neuen Gewalttätern. Die Aussicht, für die Taten mit hohen Gefängnisstrafen oder mit dem Leben büßen zu müssen, ließ die Gewalt nicht abnehmen.
Also bleibt nur eine dritte Möglichkeit, der neuen Gewalt zu begegnen. Wir müssen versuchen, mit neuen Methoden die stetig anwachsende Aggressivität einzudämmen. Diese Methoden dürfen aber nicht Rache oder Abschreckung sein, sondern das ständige Bemühen, die Gewalt ohne Gewalt zu besiegen. Davon handelt das vorliegende Buch.

In verschiedenen Punkten der Fallbeschreibungen sahen sich die Autoren genötigt, Namen, Daten und Orte zu verändern, um die Persönlichkeitsrechte der Beteiligten zu wahren.
Diese Veränderungen wurden jedoch so gewählt, daß sie weder auf den Ablauf noch auf den psychologischen Hintergrund sinnentstellend wirken.

1. Teil

Die neue Gewalt

Drei Beispiele

Drei Ereignisse, die miteinander auf den ersten Blick in keinem ursächlichen Zusammenhang stehen, geschahen innerhalb von achtundvierzig Stunden, viele hundert Kilometer voneinander entfernt.
Das eine Ereignis, ein Fall von Sachbeschädigung, wurde auf Grund des geringfügigen Schadens nicht einmal zur Anzeige gebracht. Da aber mehrere bekannte Personen in den Vorfall verwickelt waren, berichteten die Zeitungen darüber.
Das andere, eine gewaltsame Auseinandersetzung zwischen fünf jungen Leuten, schien trotz des tragischen Ausgangs nur von lokaler Bedeutung zu sein.
Das dritte Ereignis jedoch entsetzte die Welt.

Samstag, 15. Dezember

Seit Stunden schon verhingen mächtige Wolken den Himmel über der Nordsee. Bald würden sie ganz Deutschland mit einem verheerenden Schneetreiben überziehen. Trotz dieses unwirtlichen Wetters verharrte eine Gruppe junger Männer bis gegen sechs Uhr abends vor den Toren des Bremer Weser-Stadions.
Zweieinhalb Stunden zuvor hatte in dem Stadion ein Fußballspiel zwischen dem FC Bayern aus München und der Heimmannschaft Sport-Verein »Werder« begonnen.
Das Team der Bayern, zu jener Zeit eine der erfolgreichsten Fußballmannschaften Europas, erfreute sich im Norden der Bundesrepublik keiner allzugroßen Beliebtheit. Und so war es auch an jenem Samstag im Dezember nicht anders: Während die Spieler pünktlich um fünfzehn Uhr dreißig auf das Spielfeld liefen, wurden sie von einem Teil der 34000

Zuschauer mit Hohngesang empfangen: »Haut se, haut se, immer auf die Schnauze!« Andere johlten: »Nieder mit dem Bayern-Pack!«
Dem Spiel zwischen dem deutschen Fußballmeister aus München und dem Sport-Verein »Werder« kam besondere Bedeutung zu, da der Verlierer aus dem Wettstreit um den deutschen Fußballpokal ausscheiden mußte. Am Ende gingen die Bayern als Sieger vom Platz.
Der damalige Trainer des FC Bayern, Udo Lattek, begleitete seine Spieler in die Kabine: »Macht schnell, heute«, sagte er, »das Flugzeug startet in knapp siebzig Minuten. Da bleibt nicht mehr viel Zeit.«
Gegen achtzehn Uhr, als die Fußballspieler geduscht und umgekleidet das Weser-Stadion verließen und in kleinen Gruppen zu einem Bus gingen, der für sie bereitstand, befanden sich die meisten Zuschauer bereits auf dem Weg nach Hause. Nur eine Gruppe Jugendlicher hatte sich angesammelt. Die Jungen standen neben dem Bus. Sie hielten Stangen in der Hand, an denen Fetzen der »Werder«-Fahnen flatterten. Sie hatten die Fahnen abgerissen und aus Wut über die Niederlage noch im Stadion verbrannt.
»Da kommen die Bayern-Schweine«, schrie einer der Jungen. Die Gruppe johlte vor Vergnügen dazu. Einer hinter dem anderen bahnten sich die Fußballer und ihre Begleiter einen Weg durch die Menge.
»Lattek, du Sau!« Ein Junge rempelte den Trainer an, die anderen Jungen begannen zu skandieren: »Lattek, du Sau! Lattek, du Sau!«
Der Busfahrer stieß die Tür auf: »Rasch, beeilt euch, die Kerle lynchen euch ja noch.«
Als die Mannschaft im Bus war, verriegelte der Fahrer zur Sicherheit die Türen.
Die Jugendlichen machten sich nun an dem Autobus zu schaffen. Wie besessen schlugen sie mit ihren Holzstangen gegen die Fensterscheiben und das Blech der Karosserie.
»Verdammt, wir können doch nicht ewig hier warten«, sagte Beckenbauer.
Ein paar Jungen hatten die Stoßstange erklettert und hielten sich am Kühlergrill fest.
»Ich rufe jetzt die Polizei«, sagte der Fahrer. Er hupte.
Die Jungen, die sich am Bus festklammerten und ihre Gesichter gegen die Scheiben preßten, lachten höhnisch.
In dem Moment flogen die ersten Steine gegen den Bus. Glas splitterte,

dumpf dröhnte es, als immer mehr Wurfgeschosse vom Autobus abprallten.
»Okay, die Kerle wollen es eben nicht anders.« Sepp Maier, der Torhüter des FC Bayern, ein kräftiger, ein Meter dreiundachtzig großer, durchtrainierter Mann, stand auf.
»Bleib da, Sepp, halt' dich da raus!« rief Robert Schwan, der Manager des Klubs, als er Maier aufstehen sah.
Sepp Maier machte ein paar Schritte nach vorn.
Die Jugendlichen versuchten, den Bus aufzuschaukeln.
Der Busfahrer ließ den Motor an. Er drückte immer wieder auf die Hupe.
»Los, raus!« Maier öffnete die Tür und sprang ins Freie. Hinter ihm kam Franz Roth, den alle seiner kräftigen Statur wegen »Bulle« nannten, und Beckenbauer.
Was dann geschah, ging schneller, als man es zu erzählen vermag: Sepp Maier ergriff mit der linken Hand einen der Jungen am Hosenboden und mit der rechten am Lumberjack und warf ihn in den Schnee. Roth ging drohend auf einen anderen zu, Beckenbauer fuchtelte die ganze Zeit über wild mit seinen Armen herum, als wolle er lästige Fliegen verjagen.
Der Junge, den Maier in den Schnee geworfen hatte, trollte sich. Die anderen wichen ein paar Schritte zurück.
Die Spieler beeilten sich, wieder in den Bus zu steigen. Der Fahrer legte den ersten Gang ein und fuhr vorsichtig los. Die Rowdys machten ein paar drohende Gebärden, trafen aber keine Anstalten, die Spieler erneut aufzuhalten. Die dünne Schneedecke hatte die Straße in eine gefährliche Rutschbahn verwandelt.

Sonntag, 16. Dezember

Ben blieb einen Augenblick stehen und lauschte. Nichts. Nun war es wieder vorbei.
Zum Teufel, sollte er schon Halluzinationen haben? Er ging weiter. Aber es waren nicht nur die Geräusche seiner eigenen Schritte, die er hörte...
Obwohl Ben schon sechzehn Jahre alt und kräftig gebaut war, überkam ihn mit einem Mal Angst. Er überlegte, ob er einfach losrennen sollte,

dann sagte er sich jedoch, daß es gescheiter sei, die Nerven zu behalten.
Den ganzen Weg über vom Marienplatz in Pasing, einem Randbezirk im Westen Münchens, bis hierher war Ben keinem Menschen begegnet.
Das war nicht weiter verwunderlich. Das Schneechaos, das die Meteorologen am Vortag angekündigt hatten, war über Deutschland hereingebrochen und hatte den ganzen Süden der Bundesrepublik unter Schneemassen begraben. Ungeachtet des Wetters war Ben am frühen Nachmittag losgezogen, um sich in einem Kino am Münchner Stachus den Film »Libero« mit Franz Beckenbauer anzusehen. Er war mit der Straßenbahn in die Innenstadt gefahren und nach dem Kinobesuch sofort wieder zurück. Von der Haltestelle am Pasinger Marienplatz hatte Ben noch gut zehn Minuten bis nach Hause zu laufen.
Kaum einen Steinwurf von der Haltestelle entfernt war eine Kneipe, die Ben kannte. Er überlegte einen Augenblick, ob er gleich nach Hause gehen sollte. Dann besann er sich jedoch und steuerte auf die Kneipe zu, um rasch noch eine Cola zu trinken.
In dem Lokal war es dunkel. Ein langer Tresen stand quer zur Eingangstür. Der Junge zog seine Handschuhe aus und ging zur Theke, hinter der ein mittelgroßer Mann Gläser wusch.
Ben griff in seine Manteltasche, holte ein Zweimarkstück heraus und bestellte.
Plötzlich spürte er, wie ihn eine kräftige Hand an der Schulter faßte und herumdrehte. Er wollte sich freimachen, doch da packte die Hand noch fester zu.
»Wer...«
Die Hand gehörte einem Jungen, der nicht viel älter war als Ben. Er hatte kräftige Schultern, ein pickeliges, knochiges Gesicht und langes, fettiges Haar. In einem Ohrläppchen steckte ein goldener Knopf.
»Hör mal, Kleiner, hast' 'ne Zigarette für uns?« Drei weitere Jungen gesellten sich zu dem Wortführer. Alle trugen die gleiche Kleidung: enge Röhrenjeans, hochhackige Stiefeletten und Lederjacken, mit silberfarbenen Nieten beschlagen.
Ben schüttelte den Kopf, schluckte, dann sagte er: »Nein, ich habe keine Zigaretten.«
»Wie heißt du?« fragte einer der Jungen.
Ben wandte sich ein wenig zur Seite und suchte den Blick des Wirts.

Aber der Mann tat, als merkte er von dem Vorfall überhaupt nichts, und polierte weiter seine Gläser.
»Ich heiße Ben.«
»Na schön, und weiter? Ben allein gibt's ja nicht.«
Ben biß sich auf die Lippen.
»Wie heißt du also?«
»Benjamin.«
Die Jungen lachten rauh. »Ich habe einen guten Tip für dich, Benjamin«, sagte der, der Ben noch immer an der Schulter festhielt, »hau ab!«
Ben spürte, wie ihm das Blut in den Kopf schoß. »Warum, was habt ihr gegen mich? Ich kenne euch doch gar nicht?«
»Nimm an, Benjamin, deine Nase gefällt uns nicht.« Der Junge grinste Ben an.
Ben nickte. Die Tür hob sich gegen das Licht der Straße ab. Er ging automatisch auf sie zu, verließ die Kneipe und blickte sich nicht mehr um.
Das alles war vor kaum fünf Minuten geschehen.
Ben hatte dann den Marienplatz, später die Bodenseestraße überquert und war eilig durch den kleinen verwilderten Park am Würmkanal gegangen, den kürzesten Weg nach Hause.
Mit einem Male war es ihm, als würde er verfolgt. Er erlebte einen Augenblick plötzlicher Panik, als er sich vorstellte, die vier Burschen aus der Kneipe seien hinter ihm her. Dann zwang er sich, ruhig weiterzugehen. Es waren nur noch ein paar Schritte bis zur Straße.
Undeutlich hörte der Junge jetzt Füße über den Schnee tappen. Er blieb stehen und machte eine scharfe Wendung nach links. Da standen die vier. Sie versuchten gar nicht mehr, sich zu verbergen, sondern kamen einfach auf Ben zu.
Ben gab sich Mühe, ruhig und beherrscht zu bleiben.
Der eine war ganz lang und schmal und hatte komisch abstehende Ohren. Zwei waren gedrungen, sie nahmen Ben in ihre Mitte.
»Es ist kalt hier draußen«, sagte der Lange. Er stieß Ben in die Seite. Es tat nicht weh, es war eher ein Puffen.
»Laßt mich nach Hause gehen«, sagte Ben.
Die anderen lachten. Der Lange baute sich vor ihm auf.
»Geh nur heim«, rief er Ben zu. Alle vier stellten sich im Kreis um ihn herum. Sie hielten die Hände in die Seiten gestemmt und schoben das

Becken vor. Ben sah bei einem von ihnen den Griff eines Messers aus dem Stiefelschaft herausstehen.
»Was habt ihr denn davon, wenn ihr mich aufhaltet?« fragte Ben. Er versuchte dabei einen Schritt nach vorn zu machen und berührte den Langen mit seinem Arm.
Wortlos schlug ihm der ins Gesicht.
Ben zögerte nun nicht mehr. Er lief los. Im nächsten Augenblick spürte er, wie ihm jemand ein Bein stellte. Er stolperte, stürzte hin, und sein Körper prallte auf die hartgefrorene Erde.
Ben versuchte sich aufzurichten, da traf ihn der erste Tritt. Er war in sein Gesicht gezielt, doch Ben machte eine instinktive Bewegung, und die Stiefelspitze traf ihn am Hals. Einen Augenblick bekam er keine Luft, er riß die Arme hoch, um sein Gesicht zu schützen. Ben wußte, daß er jetzt nicht aufgeben durfte. Er trat, noch liegend, mit den Beinen um sich.
Verschwommen hörte Ben die Jungen sprechen. Er wollte schreien, krächzte und gurgelte jedoch nur und verspürte dabei schreckliche Schmerzen.
Zwei, drei Tritte trafen ihn in den Leib. Ben rollte sich zusammen, der Lange riß ihn jedoch an den Haaren, so daß Ben seinen Kopf zurückwerfen mußte.
Nun begannen alle vier, mit den eisenbeschlagenen Stiefeln auf ihm herumzutrampeln. Ben lag zusammengekrümmt im Schnee, unfähig, sich zur Wehr zu setzen, während die Füße der anderen seinem Körper tödliche Verletzungen beibrachten.
Endlich ließen die Tritte nach, und es wurde still. Ein paar Sekunden lang verlor Ben die Besinnung. Als er aus der Ohnmacht erwachte, schien ihm eine Ewigkeit vergangen zu sein. Er nahm alle Kraft zusammen und kroch zur Straße.
Es gelang Ben zwar noch, nach Hause zu kommen, die Ärzte konnten aber sein Leben nicht mehr retten.
Zehn Tage lang rang er mit dem Tod; am Abend des zehnten Tages starb er.
Vier Wochen später wurden die Täter von der Polizei verhaftet. Sie wurden, so stellte sich heraus, bereits wegen mehrerer Raufhändel und Autodiebstähle gesucht. Was sie dazu veranlaßt hatte, den 16jährigen Ben zu töten, vermochten sie trotz eingehender Befragung nicht zu sagen.

Montag, 17. Dezember

Als sie den Mann töteten, versuchte van Haane wegzuschauen. Er hatte die Arme hochgenommen, so, wie sie es von ihm verlangt hatten. Sein Jackett hing im Cockpit. Er trug nur ein weißes Hemd, schwarze Schuhe und die Uniformhose. Er fror. Es war sieben Tage vor dem Heiligen Abend, und über Rom hingen an jenem Mittag, wie über ganz Mitteleuropa, finstere graue Wolken.

Van Haane hatte noch nie mit angesehen, wie ein Mensch getötet wird.

Der Mann starb sehr schnell.

Er war links neben van Haane hergelaufen, dazwischen, einen Schritt zurück, der Araber. Als sie etwa in Höhe der Triebwerke waren, wollte der Zollbeamte davonrennen.

Der Araber schoß sofort.

Für einen Augenblick sah es so aus, als wäre der Mann gegen eine unsichtbare Mauer geprallt. Er hielt inne, versuchte überrascht den Kopf zu wenden und fiel hin. Seine Arme, die auf dem Rücken mit Handschellen aneinandergefesselt waren, zuckten ungelenk. Als sein Schädel auf der Betonpiste des römischen Flughafens Fiumicino neben einer Boeing 737 der Deutschen Lufthansa aufschlug, war er bereits tot.

Kaum fünfzig Meter entfernt verbrannten zur gleichen Zeit zweiunddreißig Menschen in einem Flugzeug der Pan American.

»Okay, los, geh weiter«, schrie der Araber nun in englischer Sprache, und van Haane, der Lufthansa-Kapitän, spürte die Mündung der Pistole zwischen den Schulterblättern.

Der Araber war mittelgroß, hatte dunkles, krauses Haar, ein breites Gesicht, und seine Nase war auf der linken Seite an der Nasenwurzel dicker als rechts. Genauso, als hätte er einmal eine Verletzung erlitten.

Die anderen nannten ihn Tony.

Oben, an der Flugzeugtür, stand ein zweiter Araber. Er trug einen hellen Trenchcoat, unter dem Arm hielt er eine russische Maschinenpistole.

Tony stieß den Piloten zur Treppe: »Go, go, go...« Er sprach schlecht englisch.

Hinter van Haane kletterte eine zweite Geisel die Gangway hoch. Es war ein kleingewachsener, magerer, dunkelhaariger Mann. Tony hatte ihn entdeckt, als er unter dem Flugzeug die Abwasserschläuche entfernen wollte.

Noch ehe der Tag zu Ende war, würde auch er ein Opfer dieses blutigen Dramas sein.

Es begann sechsunddreißig Minuten zuvor...

Ein starker Wind wehte, als der Lufthansaflug 290 mit vierzig Minuten Verspätung den Luftraum über Rom erreichte. Es war bereits elf Uhr fünfundzwanzig, und der Tower wies den Kapitän der Boeing 737 aus Frankfurt an, nach der Landung das Flugzeug auf dem Nordwestfinger des römischen Flughafens abzustellen.

Durch die Verspätung würde sich auch der Abflug verzögern. Als Flug LH 303 – so war es vorgesehen – sollte die Maschine nach dem Volltanken nach München weiterfliegen. Kapitän van Haane ließ die Boeing auf der Position A 13 des Nordwestfingers gemächlich ausrollen. Er schaltete die Triebwerke ab und blickte sich um: Neben der Lufthansamaschine wartete auf Position A 14 ein Flugzeug der Air France auf die Startfreigabe. Es sollte nach Damaskus fliegen. Neben der Air-France-Maschine, auf A 15, stand eine Boeing 707 der Pan American.

Um elf Uhr sieben war die Boeing, aus Madrid kommend, in Rom gelandet. Auf Grund der schlechten Wetterverhältnisse über ganz Europa sollte auch diese Maschine erst verspätet als Flug PA 110 nach Beirut und Teheran weiterfliegen. Die Boeing 707 war bis obenhin vollgetankt. Da der Treibstoff zu jener Zeit in Italien außergewöhnlich billig war, hatte der Pilot die Anweisung bekommen, seine Maschine nach Möglichkeit in Italien aufzutanken.

Hinter dem Steuerknüppel des amerikanischen Flugzeuges saß Kapitän Andrew Erdeck. Nur durch eine dünne Kunststoffwand von ihm getrennt, in der ersten Klasse, hatte es sich seine Ehefrau bequem gemacht.

Andrew Erdeck sollte über Weihnachten und Neujahr im Nahen und Fernen Osten unterwegs sein. Seiner Frau wollte er mit diesem Flug eine Weihnachtsfreude bereiten.

Neben Frau Erdeck saßen nur zwei weitere Passagiere in den tiefen Polstern der Erste-Klasse-Sessel. Es handelte sich um zwei marokkanische Minister.

Auch sonst war die Boeing 707 der PanAm, in der 199 Passagiere Platz finden, nur dünn besetzt. Die hintere Gangway war noch ausgefahren, auch die vordere Tür stand offen, obwohl die meisten Passagiere sich in

Anbetracht der Leuchtzeichen bereits angeschnallt hatten. Im ganzen Flugzeug konnte man das gedämpfte Dröhnen der Triebwerke spüren.

Zur selben Zeit begann nur wenige hundert Meter von Andrew Erdeck entfernt, im Warteraum des Flughafens Rom-Fiumicino, eine Tragödie, die in ihrem Verlauf mehr Menschen das Leben kosten sollte als je zuvor eine Flugzeugentführung. Mehrere bewaffnete arabische Terroristen griffen um elf Uhr sechsundvierzig die für den Nordwestfinger des Flughafens eingerichtete Sicherheitskontrollstelle an und nahmen die Zollbeamten, die an dieser Kontrollstelle Dienst taten, als Geiseln mit.
Sie verließen das Gebäude rasch durch den am nächsten gelegenen Ausgang – es war A 14, dort, wo die Maschine der Air France stand – und gingen mit ihren Geiseln auf das Vorfeld des Flughafens. Zwei weitere Terroristen kamen zur selben Zeit durch den Transitraum ebenfalls auf das Vorfeld.
Zufällig standen Mitglieder einer Crew der Ethiopian-Airlines an der Tür zum Flugfeld, um auf ihren Abflug zu warten. Als sie den Überfall bemerkten, rannten die Besatzungsmitglieder davon. Bis auf einen Flugingenieur gelang ihnen die Flucht. Der Ingenieur hatte jedoch zu lange gezögert und wurde, zusammen mit zwei Polizisten, die den Terroristen begegnet waren, als weitere Geisel genommen.
Die ganze Aktion war bis zu diesem Zeitpunkt abgelaufen, ohne daß sich die Terroristen untereinander hätten verständigen müssen.
Alles klappte wie von langer Hand vorbereitet.
Genauso selbstverständlich rollte der zweite Teil der Tragödie ab. Um elf Uhr einundfünfzig trennten sich drei der schwerbewaffneten Terroristen von ihren Freunden und eilten zur Position A 15, wo noch immer die beiden Gangways der PanAm-Maschine ausgefahren waren. Einer der Terroristen stürmte über die vordere Treppe hoch und warf eine Handgranate in die Kabine der ersten Klasse, während die beiden anderen über die hintere Treppe das Heck der Boeing 707 betraten und Handgranaten in das Flugzeug schleuderten.
Die erste Explosion an Bord der Maschine erfolgte blitzschnell, ihre Wirkung war ungeheuerlich und vernichtend. Die restlichen Handgranaten vollendeten die Zerstörung. Undurchdringlicher Rauch erfüllte den Kabinenraum, Flammen züngelten hoch, brennende Kunststoffteile verwandelten die Boeing 707 in ein einziges Flammenmeer.

Die Passagiere vorne in der Maschine, unter ihnen die beiden marokkanischen Minister und die Ehefrau des Kapitäns Erdeck, die dem ersten Explosionsherd am nächsten saßen, starben sofort. Achtundzwanzig weitere Passagiere kamen in den Flammen im Mittelteil und im Heck des Flugzeugs ums Leben. Kein Mensch an Bord der Boeing 707, ob Passagier oder Crewmitglied, blieb unverletzt.

Auf Position A 15 war die PanAm-Maschine etwa so abgestellt, daß die Spitze der linken Tragfläche zur Front des Air-France-Flugzeuges auf Position A 14 zeigte. Der Air-France-Kapitän gab angesichts des Terrorüberfalls sofort Anweisung, die Gangway hochzuziehen und die Türen zu verschließen.

Zwei der drei Terroristen, die das Blutbad an Bord der PanAm-Maschine verübt hatten, rannten nun wild um sich feuernd am Ausgang A 10 vorbei zu der aufgetankten und zum Borden der Passagiere vorbereiteten Lufthansa-Boeing 737. Der dritte Attentäter verletzte sich bei dem Überfall auf das amerikanische Flugzeug an Stirn und Wange schwer und schleppte sich erst später, mit der Waffe im Anschlag, zu seinen Komplizen.

Als die beiden Terroristen den Ausgang A 10 passierten, schlossen sich ihnen auch jene Araber an, die die ganze Zeit über die Geiseln in Schach gehalten hatten.

Um elf Uhr dreiundfünfzig gingen sie, gemeinsam mit sieben Geiseln, zu der Boeing 737 »Worms«.

Zu diesem Zeitpunkt waren sechs Menschen an Bord der Maschine. Drei Frauen, Stewardessen, und drei Männer, Mitglieder der Crew, sowie ein Beamter des Bundesgrenzschutzes.

Unter den Geiseln, die mit hoch erhobenen Armen in das Flugzeug stiegen, waren vier Zollbeamte, zwei Polizisten und der Flugingenieur der Ethiopian-Airlines. Einer von ihnen sollte nur noch acht Minuten zu leben haben. Genau eine Minute nach zwölf, so wurde später rekonstruiert, erschoß ihn der arabische Terrorist, den die anderen Tony nannten. Denn kaum an Bord der Lufthansa-Maschine, verlangten die Terroristen, daß die Flugzeugtüren geschlossen würden. Als die Hecktür bei dem Versuch, sie vom Cockpit aus automatisch zu schließen, klemmte, stieg der Araber Tony zusammen mit Kapitän van Haane und einem der Zollbeamten als Geiseln aus, um die Tür von außen zuzumachen.

Am Fuße der Gangway sah der italienische Zöllner seine Chance zur

Flucht gekommen. Ohne sich umzudrehen lief er so schnell er konnte los.
Der Araber zögerte keinen Augnblick und schoß sofort.
Eine Flugzeugentführung, in ihrer Brutalität und der Zahl der Todesopfer, die zu beklagen waren, gewalttätiger und gemeiner als je zuvor oder nachher, nahm an diesem Montag, dem 17. Dezember, ihren Anfang. Erst dreißig Stunden und sechsunddreißig Minuten später, nach einem Irrflug um die halbe Erde, war sie zu Ende...

Wie diese Ereignisse zusammenhängen

Die neue Gewalt äußert sich vor allem in drei Erscheinungsformen, die uns zunehmend beunruhigen und für die wir im folgenden eine Erklärung zu geben versuchen.

- Friedliche Fußballfans, die einst ihre Vorbilder nur hochleben ließen und Lieder wie »So ein Tag, so wunderschön wie heute« zu ihren Schlachtgesängen erkoren hatten, entwickelten sich zu schwerbewaffneten Rowdys. Oftmals warten sie gar nicht erst die Begegnung auf dem Sportplatz ab, sondern ziehen prügelnd und randalierend durch die Städte. Verse wie: »Eins, zwei, drei, vier, Deutscher Meister werden wir, fünf, sechs, sieben, acht, Bayern wird zur Sau gemacht« oder: »We like the Shiri hanging on the apple-tree« haben das Lied vom wunderschönen Tag abgelöst. Nur Sonderkommandos der Polizei, speziell geschulte Ordner mit Schäferhunden und Spielfelder, die in ihrer Abschirmung eher einem Tigerkäfig als einem Sportplatz ähneln, ermöglichen die Durchführung der Spiele.
- Jugendliche bilden Banden, kleiden sich uniform in Leder, rüsten sich mit Motorrädern aus, bewaffnen sich mit Messern, Schlagringen und Fahrradketten und terrorisieren ihre Umgebung.
  Dabei machen sie keinen Unterschied zwischen ihren Opfern. Sie greifen an, wer ihnen in den Weg läuft, Gleichaltrige ebenso wie ältere Menschen. Ihre Opfer haben nur eines gemein – sie sind schwächer als die Rocker und der Gruppe körperlich unterlegen.

- Aus kritischen Demonstranten, die zuerst verbal und später mit Tomaten und faulen Eiern ihren Kampf gegen die Gesellschaft aufnahmen, wurden blindwütige Terroristen, die heute zwar mit politischer Argumentation, jedoch ganz ohne erkennbares politisches Ziel ein Chaos verbreiten wollen.

In den beschriebenen Fällen waren alle drei Gruppen von verschiedenen Motiven geleitet – und doch haben sie eine augenfällige Gemeinsamkeit: die angewandte Gewalt!
Läßt sich daraus etwa schließen, daß die Anlässe nur vordergründig gesucht werden, um Gewalt abzuladen? Gibt es in der jüngsten Geschichte unserer Gesellschaft Entwicklungen, die eine so große Gruppe von Menschen unterschiedlicher Herkunft zur Gewalt treiben?
Stellen wir einmal die These auf, daß dem so sei, nehmen wir an, nicht das äußere Ziel, das die Gewalttäter erreichen wollen, treibe sie zu ihren Aktionen, sondern eine innere Kraft, eine Psychomotorik. Dann heißt das, daß es eine gemeinsame Ursache geben müsse, die die Menschen befähigt, in dieser Form aggressiv und brutal zu agieren.
Dann heißt das aber auch, daß eine bisher unerforschte Gewalt über uns hereingebrochen ist, der wir mit den üblichen Methoden der Gewaltbekämpfung nicht begegnen können. Wir müssen deshalb versuchen, die Ursachen dieser weltumspannenden Gewalt zu analysieren, um in der Folge Mittel und Wege zu finden, sie zu besiegen.

»Sinnvolle« und »sinnlose« Gewalt

Das Recht des Stärkeren ist das stärkste Unrecht

Marie von Ebner-Eschenbach

Es ist noch gar nicht so lange her, da war im Standardwerk der deutschen Kriminologie (Ernst Seelig, Lehrbuch der Kriminologie, 2. Auflage, Nürnberg, Düsseldorf 1951) folgendes zu lesen:

> »In den europäischen Städten kommen hingegen bewaffnete Raubüberfälle auf Geschäftshäuser und Banken kaum vor, während sich in Amerika gerade diese Methode zu einer der häufigsten Arbeitsweisen des bandenmäßigen Gangstertums entwickelt hat (sogn. Hold-up). Eine weitere besonders in Amerika häufige Gangstermethode ist der Menschenraub zwecks Erpressung eines Lösegeldes (sogn. Kidnapping), der besonders seit dem Raub und Mord an dem Baby des Ozeanfliegers Lindbergh (1932) vom Berufsverbrechertum geradezu sportlich geübt wird.«

Was damals für Europa kaum vorstellbar schien, ist heute in Deutschland bereits gang und gäbe, wie Banküberfälle und Geiselnahmen fast täglich beweisen. Gewiß, die Täter, die heute die neue Gewalt ausüben, lassen sich oft von anderen Motiven leiten als die ursprünglichen Kidnapper, sie bedienen sich jedoch deren Vorgehensweise.

Die neue Gewalt traf uns unvorbereitet und verständnislos. Sie ging zugleich Hand in Hand mit einer stärkeren Brutalisierung auch der herkömmlichen Straftaten.

Wir brauchen nur die Chronik der letzten Jahre zu betrachten, um festzustellen, wie die Hemmschranke, Menschen zu verletzen oder zu töten, stetig sank. Sehen wir uns ein paar Zahlen aus der Bundesrepublik Deutschland an:

Seit 1967 stieg die Raubkriminalität um mehr als zweihundert Prozent an, allein bei den Überfällen auf Banken, Postämter und Läden mußte die Polizei zwischen 1972 und 1976 ein sprunghaftes Anwachsen um

mehr als sechzig Prozent registrieren. Jede halbe Stunde wurde 1976 in der Bundesrepublik ein Raubüberfall verübt – 19466 insgesamt.
Die Flut der Verbrechen wuchs doppelt so schnell wie die Zahl der Bevölkerung.
Terrorakte forderten über hundert Tote und Verletzte.
Einundzwanzigtausend Telefonzellen werden im Jahresdurchschnitt zerstört. Allein im Jahr 1976 hielt die Polizei in ihren Akten rund zweitausend Fälle fest, in deren Verlauf Menschen mit Hilfe von Schußwaffen schwer verletzt worden waren. In einem Zeitraum von zwölf Monaten waren 172 Todesopfer der Schießwut zu beklagen.
Entsprechend verstört reagiert das Volk auf die wachsende Gewalt: Sechshundert Millionen Mark werden jedes Jahr für Alarmanlagen ausgegeben, die Zahl der Menschen, welche Schußwaffen besitzen, ohne eine entsprechende Erlaubnis zu haben, kann nur geschätzt werden: Sie liegt im Dunkelfeld zwischen fünf Millionen und dreißig Millionen.
Nun müssen aber jene Millionen Menschen ihre Pistolen, Revolver oder Gewehre irgendwo erworben haben. Es gibt zwei Möglichkeiten, zu diesen Schußwaffen zu kommen – entweder man stiehlt sie, oder man kauft sie.
Faßt man einen käuflichen Erwerb ins Auge, gibt es wiederum zwei Möglichkeiten: Man kann die Waffe im Ausland erstehen (wie das jedes Jahr schätzungsweise fünftausend bundesdeutsche Urlauber und Geschäftsreisende tun), oder man besorgt sie sich am Schwarzmarkt.
Im Falle des Schwarzmarktkaufs schließt sich der Kreis, denn die Wahrscheinlichkeit, daß man dort eine gestohlene Waffe erwirbt, ist groß. Jedenfalls kamen 1976 per Diebstahl 3145 Faustfeuerwaffen an neue Besitzer.
Gleichzeitig gerät ein zweiter Teufelskreis in Bewegung: Die Waffe, als Abschreckung gedacht, muß nun auch gebraucht werden. Nehmen wir einen Fall aus der jüngsten Zeit:
In Wetzlar, einer 37000 Einwohner zählenden Kreisstadt an der Lahn, fuhr eines Morgens der Leiter der Stadtwerke auf den Parkplatz vor seinem Amtssitz. Unglücklicherweise stellte er seinen Wagen jedoch nicht auf den für ihn reservierten Platz ab, sondern auf einen für einen Betriebsschlosser freigehaltenen.
Die vermeintliche Ungehörigkeit des Stadtwerkeleiters erzürnte den Betriebsschlosser derart, daß er im Laufe der Auseinandersetzung zur

Pistole griff, die er immer bei sich hatte, und sein Gegenüber mit vier Schüssen tödlich verletzte.
Rund fünfhundert Kilometer von Wetzlar entfernt, in München, ereignete sich am 5. Februar 1977 ein ganz ähnlicher Vorfall:
Gegen neunzehn Uhr fünfzehn überquerte der 53jährige kaufmännische Angestellte Josef B. die Fahrbahn Pelkoven-, Ecke Jakob-Hagenbucher-Straße im Stadtteil Moosach. Er ging dabei vorschriftsmäßig auf einem Zebrastreifen und fühlte sich, als der 29jährige Mechaniker Rüdiger H. mit seinem Auto knapp an ihm vorbeifuhr, behindert. Aus Zorn schlug der Fußgänger mit einem Plastikbeutel, den er in der Hand trug, gegen den Kotflügel des Wagens und beschädigte ihn leicht. Sodann setzte er seinen Weg fort, ohne sich noch einmal umzusehen.
Sein Kontrahent hatte den Schlag gehört, war stehengeblieben, ausgestiegen und um das Auto herumgelaufen. Als er sah, daß sich Josef B. entfernte, eilte er ihm nach und hielt ihn am Ärmel seines Mantels fest, um ihn zur Rede zu stellen.
Josef B. riß sich los, trat ein paar Schritte zurück, zog eine Pistole aus der Tasche und feuerte drei Schüsse auf den Autofahrer ab.
Rüdiger H. wurde durch die Schüsse in den Leib schwer verletzt. Josef B. verhaftete die Polizei ein paar Tage später.
In den beiden beschriebenen Fällen war mit einem Male aus der Verteidigungswaffe ein Mordinstrument geworden.
Solche Geschehnisse rufen eine weitere, höchst beunruhigende Reaktion hervor:
Bei Unbeteiligten wird ganz unwillkürlich der Wunsch nach einer Waffe geweckt, nach dem Schluß, andere Menschen haben Waffen bei sich, ich muß mir auch eine Waffe kaufen, um mich gegen Angreifer schützen zu können. Daraus erklärt sich, warum immer wieder Passagiere versuchen, Waffen zu ihrem Schutz in ein Flugzeug einzuschmuggeln. Allein auf dem Flughafen Düsseldorf ertappte die Polizei vom Januar bis zum September 1977 neununddreißig Männer und Frauen, die scharfe Waffen in ihrem Reisegepäck mit sich führten. In Hamburg waren es im selben Zeitraum sechsundzwanzig Fluggäste, in Köln zehn, in Berlin vier und in Hannover drei. Insgesamt werden den Passagieren jährlich rund zwanzigtausend Waffen und gefährliche Gegenstände wie Messer, Beile, Schlagstöcke, Schlagringe oder Sprengkörper auf bundesdeutschen Flughäfen vor Reiseantritt abgenommen.

Das Bedürfnis, Gewalt abzubauen, indem man andere mit einer Gegendrohung in die Schranken weist, läßt die Gewalt eskalieren, die tatsächliche oder vermeintliche Mißachtung der Gesetze durch andere scheint die eigene Mißachtung zu rechtfertigen. Man mißtraut dem staatlichen Schutz und will sich selbst helfen. Fazit: Zur Abwehr der Gefahr wird man gefährlich – und gefährdet sich damit noch mehr.

Söldner gegen die Gewalt

Wer es sich leisten kann, der beauftragt andere Menschen mit seinem Schutz. Als Leonard Bernstein, der berühmte Dirigent und Komponist, Ende 1977 in der Bonner Beethovenhalle auftreten sollte, wollte er das nicht ganz ohne Vorsorge tun. Er ließ bei der Polizei um ständigen Begleitschutz bitten. Er sei reich, meinte Bernstein, prominent – und außerdem noch Jude. Das seien drei Voraussetzungen, die ihn um sein Leben in Deutschland fürchten ließen.
Doch die Polizei war rund um die Uhr mit der Bewachung von etwa dreihundert namhaften (und gefährdeten) Politikern beschäftigt und mußte die Bitte des Dirigenten bedauernd ablehnen. Wollte Leonard Bernstein in diesen Tagen in Bonn besonders geschützt sein, blieb ihm nichts anderes übrig, als auf eines der privaten Schutz- und Bewachungsunternehmen zurückzugreifen, deren Dienste heute mehr denn je in Anspruch genommen werden.
Die Zeitschrift »Wirtschaftswoche« stellte in einer Analyse fest:

> »Für Bundesbürger, die nicht auf den Pfennig sehen müssen, stehen in der Bundesrepublik etwa achthundert Privatdetektive und dreihundertfünfzig Bewachungsunternehmen mit zweiundfünfzigtausend Beschäftigten bereit, um ihnen jenen Schutz zu geben, den die Polizei nicht jedem einzelnen gewähren kann – nicht einmal Hanns-Martin Schleyer und den anderen Terror-Opfern.«

Ein Bodyguard, der im privaten Auftrag gefährdete Personen tagaus, tagein begleitet, ist selten unter einem Monatsgehalt von zehntausend bis zwanzigtausend Mark zu haben. Trotzdem sind gutgeschulte Sicherheitsleute in der ganzen westlichen Welt ausgebucht, die Zeit ihrer Hochkonjunktur steht nach ernstzunehmenden Voraussagen sogar noch bevor: In den Ländern der europäischen Gemeinschaft, so prophezeien die renommierten britischen Marktforscher Frost & Sullivan, werden sich die Ausgaben von Privatleuten für ihre persönliche Sicherheit oder die Sicherheit von Firmen bis 1980 auf drei Milliarden Mark (1975 zwei Milliarden Mark) steigern. 1985 sollen nach diesen Voraussagen die Investitionen im angewandten Sicherheitsbereich sogar vier Milliarden Mark erreichen.

Sicherheitsunternehmen machen heute bereits mit dem Entsetzen geschmacklose Geschäfte: »Heute Ponto, morgen Sie« warb ein dubioses Bewachungsunternehmen in Anspielung auf den von Terroristen ermordeten Bankier Jürgen Ponto, und beim Bundesverband Deutscher Wach- und Sicherheitsunternehmen in Frankfurt konnte man eine Welle von Firmengründungen in dieser Branche registrieren.

Zusammenfassend kann man feststellen: Auch hier reagiert unsere Gesellschaft so, wie es sich, oberflächlich beurteilt, geradezu anbietet – Gewalt wird mit der Androhung von Gegengewalt bekämpft. Sind vier mit Maschinenpistolen bewaffnete Bodyguards nicht genug, dann müssen eben weitere vier Sicherheitsleute beschäftigt werden, reicht auch das nicht aus, bleibt dem Bewachten keine andere Wahl, als sich in eine unerstürmbare Festung, hermetisch abgeschnitten von der Außenwelt und womöglich sogar von seiner Familie, zurückzuziehen.

Ein Zukunftsbild, schrecklicher, als es unsere Vernunft heute noch wahrhaben will, zeichnet sich ab. Entsetzt stehen wir dem Phänomen der Gewalteskalation gegenüber und diskutieren uns über vordergründige Abwehrmaßnahmen die Köpfe heiß. An einer geistigen Auseinandersetzung mit dem Phänomen der Gewalt und insbesondere ihrer neuen Form lassen wir es jedoch weiter fehlen. Statt zu versuchen, den Weg der Gewalt zurückzuverfolgen bis an ihren Ursprung, bauen wir immer dieselben Vorurteile auf, erschwert der unüberlegte Ruf nach Abschreckung jede Analyse. In dem Maß, in dem die Fronten sich versteifen, verflacht die Auseinandersetzung. Dabei darf nicht verwechselt werden: *Die Gewalttäter zu verstehen und sich mit ihnen auseinanderzusetzen heißt nicht, ihre Motive zu akzeptieren, sondern die Wurzeln der Gewalt auszumachen.*

Zwar gibt es die sicherlich notwendigen materiellen Voraussetzungen zum Schutze von Leib und Leben, die im akuten Fall angebracht sind, aber es mangelt an brauchbaren und wissenschaftlich abgesicherten Verhaltenskonzepten, die im Ernstfall helfen können, das Schlimmste zu verhindern. Nur der, der unvoreingenommen den Beginn und die Ursachen der Gewalt zu erforschen sucht, kann die Brutalisierung und Gewalttätigkeit kurzfristig und auf lange Sicht bekämpfen. Doch die meisten Menschen schrecken vor dieser notwendigen geistigen Auseinandersetzung zurück. Für sie ist es bequemer, die Träger vor allem der neuen Gewalt, die uns besonders erschreckt, für anormal zu halten.

Sind die neuen Gewalttäter anormal?

Abertausende Menschen werden getötet, verstümmelt und gequält, Sachwerte in Milliardenhöhe zerstört, ohne daß dafür nur die Spur einer Motivation erkennbar wäre. Die Anhäufung scheinbar »nutzloser« Taten macht uns besonders Angst. Wir sind daher geradezu dankbar, in klassischen Konflikten – wie sie in Nordirland oder im Nahen Osten stattfinden – rasch allgemein verständliche und vernünftig klingende Gründe für Gewalt und Gegengewalt zur Hand zu haben. Demonstranten, die mit Stöcken und Schlagringen bewaffnet unter einem gemeinsamen Slogan wider die Kernkraftwerke zu Felde ziehen, erschrecken uns weniger als jene Gruppen jugendlicher Rocker, die (scheinbar) ohne jeden Grund einen Menschen niederprügeln.

Die ihrer vordergründigen Ursachen beraubte Gewalt scheint uns unsinnig, wir messen auch die Gewalt heute mit der Elle »Nützt sie?« und »Wem nützt sie?«. In unseren Augen motivlose Täter dagegen verwirren uns und lassen uns, der Einfachheit halber, an ihrer Normalität zweifeln.

Es wäre jedoch Selbstberuhigung und Selbstbetrug zugleich, die neue Gewalt, die »nutzlose« Gewalt, als anormal abzutun. Um das zu verstehen, müssen wir uns etwas näher mit den Begriffen *normal* und *anormal* beschäftigen.

Wenn Menschen miteinander leben wollen, müssen sie sich aufeinander einstellen. Das heißt, daß jeder einzelne gewisse Beschränkungen zugunsten der Gemeinschaft in Kauf nehmen muß. Ganz deutlich kann man dies am Beispiel einer Familie zeigen: Soll das Zusammenleben der Partner klaglos funktionieren, müssen beide Regeln einhalten, um den anderen nicht zu verletzen oder zu verärgern. Jene Freiheiten, die sich ein alleinstehender Mann oder eine alleinstehende Frau erlauben können, müssen im Falle einer Partnerbeziehung eingeschränkt oder vollkommen unterlassen werden. Wer beschließt, mit einem anderen Menschen zu leben, opfert einen Teil seiner Unabhängigkeit dem Zusammenleben. Dieser Vorgang scheint uns schon so selbstverständlich zu sein, daß wir uns kaum Gedanken darüber machen und nie auf die Idee kämen, diese Regeln der Partnerschaft immer wieder aufs neue in Frage stellen zu wollen. Man darf ja nicht vergessen: Ein Mann und eine Frau leben nicht einfach zusammen, um ihren freien Lebensraum zu beschränken, sondern weil die Vorteile des Zusammenlebens die Nachteile der Einschränkungen bei weitem überwiegen.

Das, was wir soeben am Beispiel einer einzelnen Familie gesehen haben, gilt auch für die Gesellschaft schlechthin. Noch mehr: Während jeder Mensch die Form der Partnerschaft oder des Junggesellentums wählen kann, bleibt der Gesellschaft im gesamten gar keine Wahl. Wollte jeder für sich allein agieren, stünden wir alsbald vor einem Chaos. Dieses Leben in der Gemeinschaft anderer Menschen verlangt von jedem einzelnen logischerweise die Einhaltung verschiedener Regeln, wir sagen *gesellschaftlicher Normen.* Jede Gesellschaft setzt sich ihre Normen selber. Es sind sittliche oder rechtliche Gebote und Verbote, die die Grundlage ihrer Ordnung bilden.

Ausdruck dieser Normen sind die Gesetze des Staates, die ein Abweichen von der Ordnung mit Strafe bedrohen. Darüber hinaus gibt es noch eine ganze Reihe anderer, vielfältiger Normen, die in keinem Gesetzbuch stehen. Man findet sie höchstens in einem Lehrbuch für Lebens- und Anstandsfragen. Ein Beispiel: Wenn einem jemand die Hand zum Gruß entgegenstreckt, macht man sich keine Gedanken darüber, daß dies eine altmodische und sinnlose Zeremonie ist (die offene Hand sollte in Urzeiten dem anderen andeuten, daß man ohne Waffe an ihn herantrat), sondern schüttelt die Hand, um der gesellschaftlichen Norm Genüge zu tun. Einfach ausgedrückt kann man sagen: Es schickt sich in jeder Gesellschaft, manche Dinge zu tun, andere Dinge läßt man besser bleiben.

Normen sind aber nicht unveränderlich: Die Menschen forschen, reisen umher, lernen andere Menschen aus anderen Gesellschaften kennen und stellen fest, daß verschiedene Normen sinnlos oder überholt sind und verändert werden müssen. Dadurch gehen Normalität und Anormalität fließend ineinander über, man kann die Grenzen der Norm nicht abstecken, gesellschaftliche Normen ändern sich mit dem Geist der Zeit. Empfand man es vor zwanzig Jahren noch als obszön, wenn die Kleider der Damen über dem Knie endeten, so ist heute die Minimode schon wieder ein alter Hut. Im Jahre 1911 rief in Wien eine Frau einen Aufruhr hervor, weil sie es gewagt hatte, in einem Hosenrock durch die Kärntnerstraße zu promenieren, heute gehören Hosen zum normalen Kleidungsstück der Damen.
Vor zwanzig Jahren wäre es schier undenkbar gewesen, daß Frauen ohne Büstenhalter im Strandbad oder am Meer liegen, heute goutiert unsere Gesellschaft sogar Splitternackte neben Leuten im Badeanzug.
Die spürbare Veränderung im Empfinden der Menschen zieht auch eine Anpassung der Gesetze nach sich: Homosexualität galt bis 1969 als Sexualverbrechen, Abtreibung wurde mit Freiheitsstrafen bis zu fünf Jahren geahndet.
Was gestern noch strafbar war, ist heute schon allgemein akzeptiertes Sozialverhalten.
Der Gewalttäter, von dem hier die Rede ist, verstößt unzweifelhaft gegen die Regeln unserer Gesellschaft. Er steht außerhalb der Norm. In diesem Sinne ist er *anormal.* Genauso anormal verhalten sich aber auch Ladendiebe, Ehebrecherinnen und alkoholisierte Autofahrer. Auch sie tun etwas »Unschickliches«, etwas, das außerhalb der heute gültigen Norm liegt.
Man sieht, wie verschwommen der Begriff der gesellschaftlichen Norm eigentlich ist. Wie immer man die gesellschaftliche Anormalität der Täter betrachtet, mit dem Begriff der gesellschaftlichen Norm wird man kaum die Wurzeln der neuen Gewalt freilegen können.

Sage mir, was du empfindest...

Gehen wir jetzt einen wichtigen Schritt weiter: Neben dem Verhalten, das von unserem Verstand gesteuert werden kann, gibt es Empfindungen, auf die unser Verstand kaum Einfluß hat. Diese Empfindungen unterliegen ebenfalls Normen. So kompliziert diese Feststellung klingen mag, so einfach ist sie zu verstehen, wenn man sich ein Beispiel vor Augen hält: In bestimmten Situationen haben *normale* Menschen Angst, andere Situationen können *normalen* Menschen Freude bereiten, wiederum andere Gelegenheiten können bei ihnen tiefe Verzweiflungszustände hervorrufen.

Der Auslöser für diese Gefühlsregungen und die Stärke der Empfindungen sind individuell verschieden – doch nur wer diese Gefühle nicht verspürt, steht außerhalb der *psychologischen Norm.* Ein Geiselnehmer, der sein Ziel erreicht hat und sein Opfer gegen eine Geldsumme oder Komplicen im Gefängnis austauschen konnte, wird sich über den Erfolg seiner Tat freuen. Er reagiert damit *psychologisch normal,* denn diese Empfindungsnorm hat mit unserer gesellschaftlichen Verhaltensnorm nichts zu tun. Wer außerhalb der gesellschaftlichen Normen seine Ziele konsequent verfolgt, von dem kann angenommen werden, daß er sich psychologisch normal verhält. Kriminalpolizisten stellen bei ihren Ermittlungen immer wieder fest, daß Einbrecher am Tatort oft unwillkürlich den Darm entleeren. Die Einbrecher haben Angst und machen sich vor Angst in die Hosen. Diese Angst ist ganz normal – der Einbrecher kann sich genauso wie jeder andere ausmalen, was geschieht, wenn man ihn bei der Tat ertappt. Er fürchtet sich und kann diese Furcht durch seinen Verstand auch nicht beeinflussen.

Wir haben zwei treffende deutsche Worte, um diese Empfindungsnorm zu beschreiben. Wir fragen uns nämlich, ist der Mensch zurechnungsfähig oder ist er unzurechnungsfähig? Kann man sein Verhalten in bestimmten Situationen im voraus abschätzen, oder kann man es nicht? Im zweiten Fall ist der Mensch nach dem Begriff der Empfindungsnorm anormal, er ist unzurechnungsfähig. Es gibt eine Reihe von Geisteskrankheiten, wie zum Beispiel Autismus oder Paranoia, die die Empfindungsnorm stören und den Kranken abnorm reagieren lassen. Der betreffende Mensch wird Dingen, die Gesunde erfreuen (menschliche Zuwendung, Erreichen eines Ziels), achtlos aufnehmen und aus schein-

bar nichtigen Anlässen in tiefe Depressionen oder unerklärliche Wutanfälle verfallen. Die Gewalttäter, die uns heute Sorgen bereiten, leiden jedoch nicht unter den genannten Krankheiten, sie unterliegen deshalb der psychologischen Norm und sind aus diesem Grund voll zurechnungsfähig.
Dieses Wissen bringt uns im Umgang mit der neuen Gewalt einen erheblichen Schritt weiter: Wenn die Täter psychologisch normal sind, dann sind sie auch zu beeinflussen. Man kann – unter der Voraussetzung, daß man sich immer ihr Ziel vor Augen hält –, vernünftig mit ihnen reden und so den Schlüssel finden, die Gewalt ohne Gewalt zu besiegen.

Die chemischen Ursachen der Gewalt

Unsere Fähigkeit, gewalttätig zu handeln, hängt von einem bestimmten physiologischen Vorgang in unserem Körper ab. Jener Wirkstoff, auf den es dabei vor allem ankommt, wird in den sogenannten Nebennieren gebildet, das sind kleine, flache Hormondrüsen, die unter anderem das Hormon Adrenalin produzieren. Adrenalin ist die chemische Substanz, die unsere Aktivität steuert. Es läßt uns unruhig werden, wenn wir lange Zeit stillsitzen, und verleiht uns bei Gefahr scheinbar übermenschliche Kräfte. Für gewöhnlich spüren wir die kontinuierliche Adrenalinausschüttung nicht. Kommt jedoch eine besondere Streßsituation auf uns zu, greift das Adrenalin schnellstens in den Energiehaushalt des Körpers ein und sorgt dafür, daß Glykogen, das in Leber und Muskeln als Kraftreserve lagert, abgebaut wird. So kommt es, daß wir bei Erregung, Ärger oder Erschrecken unsere Nerven förmlich vibrieren fühlen.
Am deutlichsten verspüren wir die Wirkung des Adrenalins aber dann, wenn es ganz vergeblich ausgestoßen wird: Sind wir zum Beispiel mit dem Auto in einer Gefahrensituation, geht ein Impuls vom Gehirn an die Nebennieren, die Adrenalin ausschütten, um den Körper abwehrbereit zu machen. Im Auto bewegen wir uns aber nicht, wir müssen weiterhin still sitzenbleiben, können uns nicht wehren und die überschüssige Kraft abbauen. Die Folge ist ein Schockzustand.

Die Nebennieren haben in diesem Notfall blind auf die Alarmsignale des Gehirns reagiert, obwohl die menschlichen Kraftreserven in den Muskeln gar nicht benötigt wurden. Dieser Spannungszustand muß aber in irgendeiner Form abgebaut werden. Dies kann sowohl körperlich, etwa durch Bewegung, als auch durch geistige Aufarbeitung geschehen.

Kann man mit dem Willen die Wirkung des Adrenalins unterdrücken?

Jeder Mensch produziert das Hormon Adrenalin, kleine Kinder ebenso wie Greise. Aber nicht jeder Mensch produziert gleich viel Adrenalin. Man kann heute den Adrenalinspiegel im Körper sogar einfach messen. Genauere Untersuchungen haben ergeben, daß bei Säuglingen sehr wenig Adrenalin erzeugt wird. Im Laufe der kindlichen Entwicklung steigt die Produktion von Adrenalin jedoch an, und im selben Maße steigt auch die Aktivität des Kindes: Das Baby bewegt sich, schreit, krabbelt, braucht weniger Schlaf, bis es endlich auf seinen beiden Beinen steht und den mühsamen Weg ins Leben beginnt. In der weiteren Entwicklung erzeugt nun der eine Mensch mehr Adrenalin, der andere weniger, eine Erklärung dafür gibt es bisher nicht. Wir wissen nur, daß die Stärke der Adrenalinproduktion unabhängig vom Geschlecht des Menschen und nur in beschränktem Maße vererbbar ist. Am besten läßt sich das Adrenalin in dieser Beziehung mit den Geschlechtshormonen vergleichen. Auch der Geschlechtstrieb äußert sich bei verschiedenen Menschen ganz unterschiedlich, je nachdem, wieviel Geschlechtshormon der einzelne produziert. Solange die Wissenschaft dafür noch keine stichhaltige Erklärung gefunden hat, müssen wir dies einfach als Faktum hinnehmen.

Einerlei, wieviel Adrenalin der Körper produziert, jeder gesunde Mensch verspürt, wenn er lange stillsitzt, den Adrenalin-Effekt: Er muß sich bewegen, aufstehen, herumgehen, etwas mit den Armen tun. Wer besonders lange stillstehen oder stillsitzen muß, hat diese Beschränkung des Bewegungsdrangs erst üben müssen. Dabei versucht man mit dem Willen den natürlichen Drang des Körpers zu unterdrücken.

Das ist schwierig und gelingt nicht immer. Manche Soldaten ausgewählter Regimenter müssen bei offiziellen Anlässen viele Stunden lang unbeweglich strammstehen. Wir kennen die Bilder, die von Pressefotografen dabei geschossen werden: Der eine oder andere Soldat fällt einfach um, weil die Anstrengung des unbeweglichen Stehens zu groß für ihn war.

Noch um vieles schwieriger ist es, den plötzlichen Adrenalinstoß in Gefahrensituationen zu kontrollieren. Erinnern wir uns nur der Vorgänge beim Autofahren: Man kommt ins Schleudern, kann nichts gegen die Bewegung des außer Kontrolle geratenen Fahrzeugs tun – und trägt einen Schock davon.

Einem Mediziner ist es möglich, für begrenzte Zeit mit Hilfe sogenannter Sedativa, also beruhigender Arzneimittel, die Wirkung des Adrenalins auszugleichen. Dies läßt sich aus naheliegenden Gründen aber nur in Ausnahmefällen bei kranken Patienten durchführen, denn die Sedativa bringen unangenehme Begleiterscheinungen mit sich. Sie machen den gesamten Organismus müde, der Mensch wird interesselos und unaufmerksam.

Es gibt aber auch Menschen, denen es ganz ohne Drogen, scheinbar nur mit Hilfe ihres starken Willens, gelingt, die Wirkung des plötzlichen Adrenalinausstoßes in Gefahrensituationen zu unterdrücken. Nehmen wir ein Beispiel: Wenn Herr Maier auf der Autobahn bei Tempo hundertfünfzig ins Schleudern kommt, ist die abrupte Mobilisierung seiner Kraftreserven durch das Adrenalin so gewaltig, daß er selbst dann, wenn die Gefahr glimpflich vorübergegangen ist, eine Weile über die typischen Schockmerkmale wie Erblassen, kalten Schweißausbruch und Verlangsamung von Puls und Atemorganen klagen wird.

Ganz anders ist das bei Autorennfahrern. Wenn sie mit hohem Tempo ins Schleudern kommen und eventuell gar noch gegen irgendwelche Hindernisse prallen, erleben wir immer wieder, wie unbewegt diese Männer ihren Autos, die meist nur noch Wracks sind, entsteigen und scheinbar ungeschockt zu den Boxen laufen.

Spielen uns diese Männer etwas vor, oder haben sie tatsächlich gelernt, mit Hilfe des Willens den Adrenalinausstoß zu kontrollieren?

Der Freiburger Professor für Medizin Dr. Joseph Keul hat einmal anläßlich eines Rennens auf dem Nürburgring verschiedenen Autorennfahrern ein Gerät an den Körper geheftet, mit dessen Hilfe der

Pulsschlag der Männer während einer Runde ermittelt werden konnte. Der deutsche Rennfahrer Jochen Mass ermöglichte durch Zufall eine einmalige Dokumentation: Er startete mit Pulsschlag 130, der sich im Laufe der Fahrt auf 150 steigerte. Als der Wagen des Rennfahrers plötzlich auf der Strecke ins Schleudern kam, von der Piste rutschte und an den Leitschienen total zerstört wurde, konnte man anhand des Meßgeräts später erkennen, daß Jochen Mass für Momente die Luft angehalten haben mußte und sein Puls in diesen Augenblicken auf 180 Schläge pro Minute hochgeschnellt war. Er pendelte sich aber schon Minuten später auf die normalen Werte des Rennfahrers ein.
Autorennfahrer sind also keine Schauspieler, wenn sie ohne erkennbare Schockmerkmale aus einem Unfall davonkommen. Denn das Testgerät hätte den Schock unbarmherzig erfaßt und angezeigt.
Andrerseits heißt das aber noch lange nicht, daß Jochen Mass und seine Kollegen den Adrenalinausstoß nach Belieben kontrollieren können. Die Erklärung für das Phänomen, warum manche Menschen Gefahrensituationen unbewegter überstehen können als andere Menschen, ist viel einfacher: Sie sind eben gar nicht erschrocken. So war es auch bei Jochen Mass. Ein Ausrutscher mit dem Wagen ist für einen Rennfahrer etwas ganz Normales, er rechnet damit, und solch ein Zwischenfall kommt bei jedem Training und bei jedem Rennen vor. Er weiß, wie er sich dabei zu verhalten hat und wie er reagieren muß. Also mobilisierte das Adrenalin auch keine Kraftreserven in den Muskeln. Anders ist es bei dem Autofahrer auf der Straße. Für ihn ist das Ausbrechen des Wagens etwas Ungewöhnliches und deshalb sehr Gefährliches. Er hat während der Autofahrt hundert Gedanken im Kopf, er rechnet nicht damit, daß er jeden Moment mit seinem Wagen verunglücken könnte, also ist der Unfall für ihn etwas Unerwartetes, ein Notfall. Und für diesen Notfall organisiert das Adrenalin die körpereigenen Reserven.
Hätte Herr Maier ebenso wie Jochen Mass den Schleudervorgang immer wieder geübt und ihn während der Autofahrt erwartet, wäre auch er ohne Schock davongekommen.
Daraus ist eine einleuchtende Schlußfolgerung zu ziehen:
Wenn wir den Adrenalinausstoß auch nicht willentlich beherrschen können, müssen wir doch lernen, mit seinen Auswirkungen zurechtzukommen.
Gewalttätige Menschen haben dies nicht gelernt.

Wie Adrenalin zur Aggressivität führen kann

Jeder Mensch hat zwei Möglichkeiten, seinen Bewegungszwang – seine Aggressionen – auszuleben: Entweder wird er im Rahmen der Gesellschaft aktiv und unterwirft sich den gesellschaftlichen Normen, oder aber er stellt sich gegen sie. Die Weichen, welchen der beiden Wege ein Mensch später wählt, werden im großen und ganzen von den Eltern bereits in den frühesten Kindheitsjahren – etwa zwischen dem dritten und dem sechsunddreißigsten Lebensmonat – gestellt. Wie dies geschieht und wo die häufigsten Fehler der Erwachsenen liegen, werden wir im nächsten Kapitel ausführlich untersuchen.

In der Wissenschaft ist das Wort Aggression ein wertfreier Begriff, denn jeder Mensch entwickelt im Laufe seines Lebens vielfältige Arten der Aggression. Wir wollen hier jedoch zum besseren Verständnis die Begriffe Aktivität, Aggression und Aggressivität werten: Die *Aktivität* steht auf der einen Seite unserer Verhaltensmöglichkeiten, auf der Seite der gesellschaftlichen Norm. Wer aktiv ist, der setzt seine Aggressionen sozial sinnvoll ein. Er ist energisch, ehrgeizig und zeigt Durchsetzungsvermögen. An der Spitze dieser Bewertungsskala stehen gesellschaftlich anerkannte Berufe wie zum Beispiel der des Topmanagers, des Politikers oder des Unternehmers. *Aggressivität* soll hier die gefahrvollen Auswüchse der Aggression bezeichnen. Die Aggressivität ist der mißbrauchte Bewegungsdrang, der sich gegen die Gesellschaft richtet. Es ist die Lust an der Gewalt, weitab von der gesellschaftlichen Norm und ihren Gesetzen.

Die Mobilisierung der Kraftreserven wird zur brutalen Gewalt benutzt, der Aggressionstrieb wird pure Zerstörungslust. An der Spitze dieser Skala steht der Gewalttäter.

Sowohl der Topmanager auf der einen Seite wie auch der Gewalttäter auf der anderen haben eine extrem hohe Adrenalinproduktion, die sie nicht unterdrücken können und ausleben müssen. Auf Grund ihrer Entwicklung versuchen sie es nun so oder so, aktiv oder voller Aggressivität.

Die verschleierten Formen der Gewalt

Manche Formen der Gewalt lassen sich für den Laien ganz leicht erkennen. Wenn ein Fußballrowdy ein Auto zertrümmert, wenn ein Rocker einen Straßenpassanten mit einer Fahrradkette niederprügelt oder wenn ein Terrorist eine Bombe wirft, empfinden wir das als Gewalttat. Als Aggressivität.

Diese für jeden Menschen sichtbare vordergründige Gewalt ist aber nur eine Äußerungsform neben einer ganzen Reihe weiterer Möglichkeiten, aggressiv zu agieren oder zu reagieren. Die meisten anderen Formen sind verschleiert und auf den ersten Blick nur schwer zu durchschauen, weil sie von der Gesellschaft als Äußerungen von Menschen im Rahmen der gesellschaftlichen Norm akzeptiert werden.

Nehmen wir ein Beispiel: Wer auf die Frage eines anderen nicht eingeht, sondern im Gegenteil vielleicht noch höhnisch lacht, der handelt aggressiv.

Diese sublimierten Gewaltformen kann kein Mensch ganz unterdrükken, auch wenn er in bester Absicht handeln wollte. Denn manchmal wird in den Augen anderer bereits die – positive – Aktivität ungewollt zur – negativen – Aggressivität. Wer hat sich nicht schon über einen Mitarbeiter beklagt, der, um Erfolg zu haben, »über Leichen ging«? Jener Mann hatte wahrscheinlich niemals bewußt die Absicht gehabt, seine Kollegen vor den Kopf zu stoßen, er wollte einfach nur mit allen ihm zur Verfügung stehenden Mitteln vorwärtskommen. Dieses als übertrieben empfundene Strebertum wirkte auf seine Umwelt jedoch gewalttätig, also aggressiv.

Beide Beispiele zeigen, daß kein Mensch nur gut oder nur böse handeln kann. Auch Menschen, die ihre Aktivität im Rahmen der gesellschaftlichen Norm auszuleben versuchen, können auf sublimierte Formen der Gewalttätigkeit nicht verzichten.

Eine der ältesten verschleierten Aggressionsformen ist der Witz. Wer denkt heute schon daran, wenn er in Gesellschaft einen guten Witz erzählt, daß er damit bei allen Anwesenden einen unbewußten psychischen Vorgang in Bewegung setzt, der im höchsten Maße aggressiv ist? Dieser Vorgang läuft beim Witz gewöhnlich so ab: Man akzeptiert das Opfer, welches der Erzähler ausgewählt hat, erfreut sich an dessen treffender Karikierung und befreit sich ungestraft von seinen Aggressionen, indem man über die Pointe, die gegen das Opfer gerichtet ist, lacht.

Sigmund Freud schrieb Anfang unseres Jahrhunderts eine vielbeachtete Studie »Der Witz und seine Beziehung zum Unbewußten«, in der er zu der Feststellung kam, daß Witze noch andere Zwecke erfüllten, als nur die unmittelbare Heiterkeit hervorzurufen. Sie wurden, meinte Freud, vom Unbewußten meist aus einem bestimmten Beweggrund heraus geschaffen: aus Eifersucht, Neid, dem Wunsch zu demütigen oder einfach Schmerzen zuzufügen – also um Aggressionen auszuleben. (Sigmund Freud selbst sammelte übrigens Witze und scheute sich nicht, in Gesellschaft oftmals sehr aggressive Witze zu erzählen.)

Gerade der Witz ist aber auch ein typisches Beispiel dafür, wie aus der sublimierten Aggression plötzlich echte Wut und Gewalttätigkeit entstehen kann. Wer einen Witz über einen betrogenen Ehemann erzählt und seine Aggressionen damit auf Kosten des Opfers abbaut, kann ungewollt wieder Gewalt hervorrufen, wenn sich in der Gesellschaft der Zuhörer zufällig ein Mann befindet, dessen Frau ihn offensichtlich betrügt. Weiß er, daß die anderen über die Seitensprünge seiner Frau informiert sind, wird er sich mit dem Opfer im Witz sogleich identifizieren und meinen, der Spaß wäre einzig und allein gegen ihn und seine eheliche Situation gerichtet. Die Vermutung, andere Leute hätten sich auf seine Kosten amüsiert, wird in ihm die Lust zur Gewalt erwecken und ihn mit sichtbarer Gegengewalt reagieren lassen.

Nicht nur beim Witz, auch bei den anderen Formen sublimierter Gewalt kommt es immer auf den Standpunkt der Betroffenen an, ob sie als positiv – also als Aktivität – oder negativ, als Aggressivität, empfunden werden. Ein einfaches Beispiel kann dies verständlich machen: Der gerade beschriebene Mitarbeiter, der seine Kollegen durch übertriebenen Ehrgeiz vor den Kopf stößt, wird von diesen als aggressiv empfunden. Dem Chef aber wird dieser Ehrgeiz als dynamische Aktivität imponieren.

Gleichgültigkeit dagegen, welche die Kollegen bei einem anderen Betriebsangehörigen nicht stört, kann von dessen Vorgesetzten als Desinteresse und Faulheit ausgelegt werden und bei diesem Aggressionen hervorrufen. Derselbe Vortrag zum Thema Glauben, der bei der Evangelischen Akademie stürmische Proteste auslösen und als pure Aggressivität gelten würde, kann bei der Veranstaltung einer Freimaurerloge als sachlicher Beitrag aufgenommen werden.

Auf einen gemeinsamen Nenner gebracht, läßt sich feststellen, daß es eine Reihe aggressiver Handlungen gibt, die erst im Spiegel der Mitmenschen als solche zu erkennen sind. Am anderen Ort oder zu einer anderen Zeit mögen diese Handlungen für sich allein als Aktivität gelten – zur falschen Zeit oder am falschen Ort werden sie jedoch als aggressiv empfunden.

Wie wir unser Leben beschränken müssen, um auf unsere Mitmenschen nicht aggressiv zu wirken

Menschen, die mit anderen Menschen zusammenleben, können sich für gewöhnlich nicht so verhalten, wie sie es gerne möchten. Unsere Gesellschaft hat es sich zum Beispiel zur Regel gemacht, daß ihre Mitglieder nachts schlafen und tagsüber aktiv sind. Zwischen Abend und Morgen hat sich die Aktivität in Grenzen zu halten.

Wer nachts um eins in einem Mietshaus seinem Bewegungsdrang nachgehen möchte und aktiv wird, indem er sägt und hämmert, daß die Wände wackeln, wird nur allzubald die Beschwerden seiner Nachbarn zu hören bekommen. Beschränkt er seine Aktivität aber auf den Tag, wird er keine Schwierigkeiten haben. Hämmert er dagegen nachts weiter, fassen das die Nachbarn als Aggressivität auf.

Ihre erste Reaktion ist vermutlich, nun den Ruhestörer zu stören und zurückzuklopfen.

Diese Entwicklung kann sich so weit hochschaukeln, bis aus der positiven Aktivität und der darauffolgenden Aggression das wird, was wir hier wertend als Aggressivität bezeichnet haben – die Gewalttat.

Wir sehen wieder: Wer aktiv sein möchte, muß seine Aktivität im Rahmen der gesellschaftlichen Normen ausleben. Diese schreiben aber nicht nur vor, was in ihren Rahmen paßt, sondern auch wann diese Handlungen ausgeführt werden müssen. Wer etwas Gutes tut (aktiv ist), das aber zur falschen Zeit, kann genauso gewalttätig wirken, als hätte er etwas Böses getan.

Irgendwann einmal muß jeder Mensch die richtige Anwendung seiner Energie lernen. Dies geschieht in den frühesten Kinderjahren.

Die Symptome der Gewalt

Unsere schrecklichen Kinder

In Deutschland werden immer mehr Jugendliche immer früher kriminell: 1963 war nur jeder vierte ermittelte Straftäter jugendlich, zehn Jahre später war bereits jeder dritte ein Jugendlicher. Und die Jugendkriminalität stieg weiter unaufhaltsam an. Von 1967 bis zum Jahre 1977 verdoppelte sich die Zahl der kriminellen Jugendlichen. Hans-Werner Hamacher, Leiter des Landeskriminalamtes von Nordrhein-Westfalen und Buchautor (»Tatort Deutschland«), schrieb bereits 1973: »Die Zahl jugendlicher Verbrecher nimmt prozentual noch schneller zu als die Zahl der Straftaten insgesamt.« Dabei fällt in den offiziellen Polizeistatistiken gar nicht ins Gewicht, daß auch Kinder unter 14 Jahren immer häufiger kriminell werden. Innerhalb von zwölf Monaten standen in Deutschland 70071 Jungen und 13164 Mädchen unter Tatverdacht – ihre Handlungen sind vom Gesetzgeber nicht mit Strafe bedroht, da sie noch zu jung sind. (Immerhin waren bereits 1970 sieben Jungen unter 14 Jahren an Mord und Totschlag, 20 an Notzuchtverbrechen und 661 an Raubüberfällen beteiligt!)

Erschreckend, wie überproportional dabei im gesamten Bundesgebiet die Gewaltdelikte bei Jugendlichen ansteigen. Zwischen 1964 und 1970 kletterte die Zahl der Straftaten männlicher Jugendlicher bei Raub um 616,4 Prozent in die Höhe (obwohl die Raubkriminalität in diesem Zeitraum insgesamt »nur« um 269,1 Prozent anstieg). Seit 1970 hat sich nichts zum Besseren gewandt, im Gegenteil: Raubüberfälle wurden gerade in den letzten Jahren zum typischen Verbrechen jugendlicher Straftäter.

Die statistischen Zahlen rücken schlagartig ein Phänomen ins Licht: Die Jugendlichen werden nicht nur immer öfter zu Verbrechern, ihre Straftaten werden zudem immer brutaler. Auf eine kurze Formel gebracht könnte man sagen, das Alter der Täter sinkt mit dem Ansteigen

der Brutalität, oder umgekehrt, je jünger die Täter werden, desto brutaler ist die Gewalt.
Der englische Sozialpsychologe Peter Marsh von der Universität Oxford untersuchte die Verhaltensmuster der Fußballrowdys und veröffentlichte das Ergebnis seiner Studien unter dem Titel »The Rules of Disorder«. Dabei kommt er zu dem Schluß, daß die zwölf- bis 17jährigen Jugendlichen auf den Fußballplätzen am aggressivsten sind. Die älteren Jungen, so stellte Peter Marsh fest, haben ihre Reputation als Ex-Rowdys und greifen höchstens ein, wenn Unruhe in ihrem Revier entsteht. Laut Peter Marsh gibt es dabei noch eine dritte Gruppe – Kinder ab zehn Jahren, die damit beschäftigt sind, das Verhalten der Zwölf- bis 17jährigen zu studieren.
Bei den Rockern ist es nicht anders: Zwölf- bis 14jährige Schlägerhorden, die durch die Stadtviertel ziehen, sind keine Seltenheit. Ein wenig älter sind die terroristischen Gewaltträger: Immerhin zeigte es sich, als die Polizei nach den zwanzig meistgesuchten Terroristen öffentlich zu fahnden begann, daß auch sie im Durchschnitt nicht älter als 28 Jahre sind. Eine ganze Reihe von ihnen, denen man besonders brutale Verbrechen zur Last legt, hatten ihr 25. Lebensjahr noch nicht vollendet.
Die zunehmende Beteiligung Jugendlicher an Straftaten ist nicht nur in der Bundesrepublik Deutschland festzustellen. In der Schweiz, in Österreich, in Frankreich, Italien, Japan, der Sowjetunion, Amerika, kurz, in der gesamten zivilisierten Welt, im Osten wie im Westen, ist ein Ansteigen der Jugendkriminalität zu verzeichnen.
Dabei fällt bei den Jugendlichen neben der zunehmenden Kriminalisierung und Brutalisierung noch ein drittes Merkmal ihrer Handlungen ins Auge: Die Kinder und Jugendlichen haben kein Motiv für ihre Taten und handeln völlig sinnlos. Am besten zeigen ein paar Fälle aus der jüngsten Zeit die Vielfalt der von Jungen und Mädchen angewandten neuen Gewalt: Ein 15jähriger Berufsschüler, seine 13jährige Schwester sowie zwei weitere Jungen im Alter von 16 Jahren fuhren eines Nachts gegen 23 Uhr mit ihren Mopeds zu einer Brücke über die Autobahn Venlo-Düsseldorf. Dort lockerten sie einen zwölf Pfund schweren Basaltstein aus einer zweihundert Meter von der Autobahn entfernten Grundstücksmauer und ließen um 23 Uhr 55 den Stein von der Brücke auf das erstbeste vorbeifahrende Auto fallen.

Sie trafen einen weißen Mercedes 220 D, in dem ein Verkaufsingenieur mit Frau und Kindern heimfuhr. Der schwere Stein durchschlug die Windschutzscheibe des Autos, traf die Frau am Hals und zerriß ihr die Schlagader. Sie starb noch am Unfallort an inneren Blutungen.
Als die Polizei die Jugendlichen zum erstenmal vernahm, konnten sie für ihre Tat keine Erklärung abgeben. Es stellte sich jedoch bald heraus, daß sie bereits eine erstaunliche Zahl ähnlich »nutzloser« Gewalttaten verübt hatten. Sie hatten mit Luftgewehren auf Fußgänger geschossen, Ampelanlagen zertrümmert, Autos mit Steinen oder Holzkloben beworfen und dreiundzwanzig Autos in einer einzigen Nacht aufgebrochen. Insgesamt hatten die drei Jungen und das Mädchen siebzig Gewalttaten begangen.
Etwa zur gleichen Zeit brachten im niederrheinischen Wallfahrtsstädtchen Kevelaer zwei Mädchen einen achtjährigen Jungen um. Sie mordeten ohne Motiv, aus Lust an der Gewalt.
Der kleine Junge war ihnen bis wenige Minuten vor dem Mord völlig unbekannt gewesen, er hatte sie weder in Wut versetzt, noch wollten sie ihn berauben. Die beiden Mädchen, 13 und 14 Jahre alt, schwänzten die Schule und warteten eines Vormittags am Parterrefenster des Elternhauses der 13jährigen auf ihr Opfer.
Sieben Kinder liefen am Fenster vorüber, erst das achte, ein Junge, schien ihnen für den Mord geeignet. Später sagten sie vor der Polizei aus: »Es sollte ein hübsches Kind sein, kein doofes!«
Sie lockten den Jungen mit dem Versprechen, ihm einen Ball zu schenken, auf den Speicher des Hauses und erstickten ihn dort. Nach dem Mord legten sie die kleine Leiche in einen Wäschekorb und hievten ihn unter den Dachfirst, wo sie den toten Jungen unter alten Dachziegeln und Teppichresten verbargen.

Die beiden angeführten Fälle sind nur zwei aus einer langen Liste kindlicher oder jugendlicher Gewalttaten. Genauso...

- ...rissen in München zwei zwölfjährige Jungen einer alten Frau eine Geldbörse aus der Hand und flohen mit ihrer Beute: 35 Mark. Die beiden Kinder waren kaum größer als ein Meter vierzig.
- ...stand ein 17jähriger Richtersohn in Bremen wegen Doppelmordes vor Gericht.

- ...wollte ein elf Jahre alter Schüler ein Unternehmen der Metallindustrie im saarländischen Landkreis Saarlouis erpressen. Der Junge hatte gedroht, er wolle die Fabrik in die Luft sprengen, falls man ihm nicht 130000 Mark geben würde.
- ...erwischte die Polizei in Augsburg einen Bandenchef, der gerade in der Einkaufstasche seiner Mutter die Beute abtransportieren wollte. Die Beute, aus einer Kraftfahrzeugfirma gestohlen, bestand aus Autodecken, Verbandkästen und Straßenkarten. Der festgenommene Junge war erst sechs Jahre alt.

In anderen Ländern hat man mit den Jugendlichen nicht weniger Sorgen als in der Bundesrepublik. Die amerikanische Bundespolizei stellte fest, daß 1971 rund 55 Prozent der Raubtäter und 47 Prozent aller Gewalttäter in den Vereinigten Staaten jünger als 21 Jahre waren. Die Zahl der wegen Mordes oder Totschlags verhafteten Bürger unter 18 Jahren stieg in Amerika zwischen 1966 und 1971 um 87 Prozent an. Die Körperverletzungen durch zehn- bis 14jährige Kinder nahmen binnen zehn Jahren um 300 Prozent zu.

Die mit Abstand widerwärtigste Tat, ein wahrer Rekord des Grauens, begingen ein 17- und ein 18jähriger Junge gemeinsam mit einem 33jährigen Mann in Houston im amerikanischen Bundesstaat Texas. Die drei töteten im Lauf von 3 Jahren insgesamt 27 Jungen.

Die beiden Jugendlichen lockten ihre Opfer, meist von daheim ausgerissene Kinder, in die Wohnung des 33jährigen Mannes. Dort berauschte man sich gemeinsam an Lackdämpfen, die drogenähnliche Wirkung zeigten. Waren die Opfer erst einmal betäubt, wurden sie in ein abgelegenes Zimmer geschleppt und dort grausam verstümmelt.

Am meisten erschreckte die amerikanische Öffentlichkeit nach Bekanntwerden der Tat das Geständnis der Mörder, sie wüßten einfach nicht zu sagen, weshalb sie solch brutale Gewalt angewandt hätten. Mörder mit Motiv können in Texas immer noch mit Verständnis rechnen. Wer zum Beispiel seine Frau in flagranti ertappt und deren Liebhaber erschießt, bleibt nach geltendem Recht straffrei. Nutzlose Gewalt jedoch stößt auf Unverständnis und Schrecken.

Nicht weniger grausam als das Mördertrio in Houston gingen drei junge Männer, allesamt Söhne aus bestem Haus, mit zwei Mädchen in der italienischen Hauptstadt Rom um.

Sie lockten ihre Opfer in ein leerstehendes Haus, bedrohten sie mit Pistolen und begannen sie grausam zu quälen. Nachdem die beiden Mädchen mehr als vierzig Stunden lang unvorstellbare Angst, Schläge und mehrere Vergewaltigungen über sich ergehen lassen mußten, versuchten die drei Täter ihre Opfer zu ermorden. Ein Mädchen starb, das andere überlebte und konnte sich retten. Alle drei Gewalttäter wurden zu lebenslanger Haft verurteilt.
Auf der Linie Vier der Pariser Metro wurden innerhalb von drei Monaten 86 U-Bahn-Zugführer und 1249 Passagiere angegriffen. Die Strecke zwischen den Stationen Porte d'Orléans und Porte Clignancourt heißt im Volksmund bereits die »Western-Strecke«.
Typisch für die gewaltsamen Überfälle ist, was sich vor kurzem auf der Station Volontaires abspielte. Fünf junge Männer in Lederjacken mit silbernen Knöpfen bestiegen einen Waggon und begannen in Sekundenschnelle die Fahrgäste zu terrorisieren. Einer, offenbar der Anführer, wischte seine schmutzigen Stiefel an der Hose eines 17jährigen Jungen ab, der zufällig in dem Wagen saß. Der Junge stand wortlos auf, um die Metro zu verlassen, wurde aber im nächsten Moment mit einer Fahrradkette zu Boden geschlagen. Die anderen Fahrgäste, mit Ausnahme einer jungen Frau, wagten aus Furcht nicht, gegen die Bande vorzugehen.
Als die Frau die Notbremse betätigen wollte, wurde sie geohrfeigt.

Wie sich die Kinder und Jugendlichen selbst sehen

In der Bundesrepublik Deutschland befragte die Jugendzeitschrift »Bravo« ihre Leser zum Thema Gewalt. 120000 Jungen und Mädchen beantworteten im Herbst 1977 einen Fragebogen, dessen 30 Fragen von einem Computer ausgewertet wurden. Dabei zeigte sich, wie stark der Drang zur Gewalt bei den Jugendlichen ist. Auf die Frage »Könntet ihr euch vorstellen, gegen andere Menschen körperliche Gewalt anzuwenden?« antworteten nur 13,5 Prozent der Mädchen und 8,0 Prozent der Jungen mit Nein. Alle anderen gaben an, ab und zu gewalttätig zu sein, sei es aus Notwehr, oder weil sie von jemandem gereizt wurden, weil sie

getrunken hatten, die politische Meinung des anderen nicht akzeptierten oder einfach »Weil ich aggressiv bin« (so rechtfertigten sich vier Prozent der Mädchen und fast fünf Prozent der Jungen). Die jungen Menschen, das zeigte die Umfrage, richten ihre Gewalt aber nicht nur gegen andere, sondern auch gegen sich selbst. Jedes zweite Mädchen hatte schon ein- oder mehrmals an Selbstmord gedacht, 4,3 Prozent der Mädchen hatten bereits versucht sich umzubringen. 0,9 Prozent der Mädchen und 0,9 Prozent der Jungen hatten mehrere Selbstmordversuche begangen. Dabei scheint wiederum die Altersgruppe zwischen 18 Jahren und 20 Jahren besonders gefährdet. 17,7 Prozent der Mädchen in diesem Alter gestanden, bereits einmal Hand an sich gelegt zu haben.
Bei der Befragung zeigte es sich aber auch, daß Jungen eher dazu bereit sind, ihre Probleme aggressiv zu lösen (55,3 Prozent der Jungen antworteten, noch nie in ihrem Leben an Selbstmord gedacht zu haben; über die Hälfte der Jungen reagieren dafür mit Gewalt gegen andere, wenn sie gereizt werden), während die Mädchen lieber von daheim weglaufen. Dies kann auch die Statistik der Jugendämter in der Bundesrepublik bestätigen: Jedes Jahr verschwinden in Deutschland rund zwanzigtausend Mädchen und rund zehntausend Jungen. Die meisten von ihnen werden bald wieder aufgegriffen, sie versuchen aber oft erneut die Flucht von zu Hause. Die meisten Mädchen, die fortlaufen, sind zwischen zwölf und 18 Jahre alt.

Die Fehler unserer Gesellschaft

Auf diese eindeutige Tendenz mit blindem Fatalismus und dem Ruf nach drakonischen Strafen zu antworten ist zweifellos die völlig falsche Reaktion. Nicht nur, daß sie der Entwicklung nicht Herr wird, sie geht auch an den Ursachen der wachsenden Jugendkriminalität und des Phänomens der neuen Gewalt vorbei.

Der neuen Gewalt muß mit neuen Lösungsmethoden begegnet werden. Dies bedeutet aber auch, daß wir auf das herkömmliche Prinzip von Rache und Abschreckung im Kampf gegen Gesetzesbrecher verzichten und über neue Lösungsmethoden nachdenken. Um sie zu finden, müssen wir herauszufinden versuchen, welche Fehlentwicklungen es in unserer Gesellschaft gibt und wie sie zur Gewalt führen.
Die »Münchner Abendzeitung« meldete im Dezember 1977 in einem zweispaltigen Artikel unter der Überschrift »Schweigen der Opfer machte die Schläger wütend« folgendes:

> »Ein ungeheurer Fall von Brutalität und Gemeinheit ereignete sich am Sonntagabend in der Münchner Innenstadt: Vier jugendliche Rowdys überfielen drei fünfzehn und sechzehn Jahre alte Buben, schlugen sie nieder und stachen mit Messern auf sie ein – die Opfer waren taubstumm.
> Die drei Jungen waren von ihrem Sonntagsausflug kommend auf dem Nachhauseweg zu ihrem Heim in der Nähe des Goetheplatzes. Kurz nach zweiundzwanzig Uhr durchquerten sie den Alten Botanischen Garten an der Elisenstraße, als plötzlich aus dem Gebüsch vier rockerhaft gekleidete Jugendliche auftauchten, ihnen den Weg versperrten und sie anpöbelten. Da die taubstummen Jugendlichen auf die Sticheleien verständlicherweise nicht eingehen konnten, versuchten sie ihr Heil in der Flucht, wurden aber von den Rowdys eingeholt. Vermutlich hielten die Täter das Schweigen der Angegriffenen für Feigheit, denn ihre Pöbeleien wurden immer heftiger und arteten schließlich in Schlägen aus. Als sich die Überfallenen zur Wehr setzten, blitzten Messer auf.
> Die Gewalttäter gingen damit auf ihre Opfer los und stachen einem davon in die Hand, während einem anderen das Hemd auf dem Rücken aufgeschlitzt wurde. Durch herannahende Passanten wurden die Schläger in ihrer Gemeinheit unterbrochen. Sie verschwanden spurlos in der Finsternis.
> Obwohl die Polizei Parkanlage und Umgebung sofort absuchte, konnten die Täter unerkannt entkommen.«

Der Autor, der diesen Artikel verfaßte, hatte sich in einem entscheidenden Punkt geirrt. Die prügelnden Jugendlichen hielten das Schweigen ihrer Opfer nicht für Feigheit, sondern für Aggressivität. Auf diese vermeintliche Aggressivität reagierten sie so, wie es ihnen anerzogen worden war: mit Gewalt!

Der Fall der taubstummen Jungen zeigt uns in aller Deutlichkeit, welche Formen Aggressivität nehmen kann. Denn auch wer schweigt, handelt in den Augen anderer unter Umständen aggressiv. Eine notwendige Auseinandersetzung, die von den Taubstummen nicht anders gelöst werden konnte als durch Schweigen und Flucht, wird aber jeden Tag millionenmal von Eltern ihren Kindern gegenüber genauso gelöst.

Sie schweigen und flüchten. Die Kinder wiederum verspüren dies als Aggressivität. Verständlich – denn auch wir fühlen uns in dem Moment, in dem wir bei einer sachlichen Diskussion auf eisiges Schweigen stoßen, provoziert. Wer die Absicht hat, sich mit jemandem auseinanderzusetzen, erwartet Verständnis und Erwiderung. Werden sie verweigert, steigert sich die Aggressivität.

Eltern haben scheinbar gute Gründe dafür, ihre Kinder durch Unaufmerksamkeit und Schweigen zu provozieren: Sie müssen zur Arbeit, sie müssen Geld verdienen, sie sind müde. Auf die Frage, warum sie zur Arbeit müssen, haben sie auf den ersten Blick eine ganz logische und selbstlose Antwort: »Unser Kind soll es einmal besser haben, als wir es gehabt haben.«

Genau betrachtet ist das aber Unsinn: Indem die Eltern ihren Kindern Zeit und Aufmerksamkeit entziehen, verstellen sie ihnen den Weg in eine glückliche Zukunft. Egal, ob sie dies nun mit materiellen Zuwendungen gutzumachen versuchen oder nicht.

Das Phänomen, daß wir nicht mehr miteinander reden, beschränkt sich nicht nur auf Eltern und Kinder. Es ist ein Übel unserer Zeit geworden und eine schwere Fehlentwicklung unserer Gesellschaft.

2. Wir hören einander nicht mehr zu

Von Mark Twain wird folgende Geschichte berichtet, die sich tatsächlich ereignet haben soll: Der amerikanische Schriftsteller und Satiriker kam eines Abends viel zu spät zu einem Souper, zu dem er eingeladen war.

Als ihn die Dame des Hauses, abgelenkt durch das Gastmahl und die illustre Schar ihrer Besucher, willkommen hieß, entschuldigte Mark Twain seine Verspätung mit den Worten: »Sie müssen verzeihen, daß ich erst jetzt komme, meine Gnädigste, aber ich war noch genötigt, meine alte Tante umzubringen, ehe ich mich zu Ihnen auf den Weg machen konnte.«

Und die Hausfrau antwortete: »Aber natürlich verzeihe ich Ihnen, lieber Meister, so etwas kann ja jedem einmal passieren.« Und schon war sie wieder unterwegs zum nächsten Gast...

Oberflächlich mag diese Geschichte zum Lachen reizen. Denkt man aber ein wenig über sie nach, kann einem Angst werden.

Was Mark Twain vor hundert Jahren eher als Spaß verstanden wissen wollte, ist heute traurige Wirklichkeit geworden. Man tauscht Argumente aus, ohne sich mit dem anderen und seiner Meinung auseinanderzusetzen. Sicher, wir sprechen mehr als je zuvor, technische Hilfsmittel ermöglichen es uns, von bald jedem Punkt der Erde mit einem anderen zu reden; mit Hilfe von Unterwasserkabeln und Satelliten werden Ozeane überbrückt – und dennoch verstehen wir einander weniger als je zuvor.

Um diesen Widerspruch deutlich zu machen, müssen wir etwas weiter ausholen. Die Psychologie hat erkannt, daß die Menschen sich auf zwei Ebenen miteinander verständigen. Die eine Ebene ist die Ebene des Verstandes – hierbei werden gewissermaßen von Kopf zu Kopf sachliche Informationen an den Gesprächspartner weitergegeben. Darüber hinaus gibt es aber noch eine weitere Gesprächsebene, die wir mit einem Gespräch von Herz zu Herz vergleichen können. Diese Art der Kommunikation beschränkt sich nicht auf Worte allein. Der Kommunikationswissenschaftler Paul Watzlawick schreibt in seinem Buch »Menschliche Kommunikation – Formen, Störungen, Paradoxien«:

> »Das ›Material‹ jeglicher Kommunikation sind keineswegs nur Worte, sondern auch paralinguistische Phänomene (wie z. B. Tonfall, Schnelligkeit oder Langsamkeit der Sprache, Pausen, Lachen und Seufzen), Körperhaltung, Ausdrucksbewegung (Körpersprache) usw. ... kurz, Verhalten jeder Art.«

Keinem Menschen ist es möglich, auf jegliche Kommunikation zu verzichten. Watzlawick schreibt: Man kann nicht *nicht* kommunizieren.

Daß der Versuch, eine Kommunikation zu unterbinden, schon wieder eine Aussage ist, wird uns meist gar nicht bewußt. In seinem Buch führt Paul Watzlawick ein Beispiel an:

> »Der Mann im überfüllten Wartesaal, der vor sich auf den Boden starrt oder mit geschlossenen Augen dasitzt, teilt den anderen mit, daß er weder sprechen noch angesprochen werden will, und gewöhnlich reagieren seine Nachbarn richtig darauf, indem sie ihn in Ruhe lassen.«

Watzlawick nennt die eine Ebene, auf der wir uns anderen Menschen mitteilen, die *Inhaltsebene* und die andere die *Beziehungsebene*. Ebenso wie es uns unmöglich ist, nicht zu kommunizieren, gelingt es uns auch nicht, bei der Kommunikation eine Ebene von der anderen zu trennen. Dennoch versuchen es die Menschen immer wieder.

Das ist vor allem darauf zurückzuführen, daß unsere Generation nach dem Ideal erzogen wurde, ihre Gefühle zu unterdrücken (»Über Gefühle spricht man nicht!«). Man versucht aus diesem Grund beständig, im Gespräch das, was einen bewegt, gar nicht erst auszudrücken und lieber auf der neutralen Inhaltsebene zu kommunizieren. Indem man die Gefühle (über die zu sprechen schwer wäre) einfach ausklammert, macht man es sich (scheinbar) leicht.

In Wirklichkeit erleichtern wir aber mit dieser »Gefühlsbremse« unser Leben nicht, sondern erschweren es wesentlich. Die menschliche Kommunikation spielt sich heute allenthalben in einer gekünstelt-sachlichen Atmosphäre ab, die dem einzelnen wiederum das Gefühl vermittelt, er würde vom anderen nicht verstanden. Höhepunkt dieser Entwicklung ist ein reines Argumentieren auf der Verstandesebene, bei dem jeder Gesprächsteilnehmer vollauf damit beschäftigt ist, bessere Argumente zu suchen und anzuwenden, und keiner mehr Zeit hat, dem anderen zuzuhören oder sich ihm emotional zuzuwenden. Der Verhaltensforscher Konrad Lorenz sieht heute bereits in der rationalen Sprache den Totengräber der Moral. Eben noch als evolutionäre Errungenschaft hochgelobt, wird der Verstand auf einmal zum gefährlichen Widersacher der Seele.

Die Beziehungsebene lassen wir stetig verkümmern. Dabei ist das *Wie* genauso wichtig wie das *Was*. Das Gefühl genauso wichtig wie der Verstand.

Wie unsinnig der menschliche Versuch manchmal ausfällt, den Verstand über das Gefühl zu stellen, erkennen wir, wenn unsere Gefühle in rationale Argumente verpackt werden. Ein typischer Satz für solch einen Vorgang lautet: »Lassen Sie uns jetzt mal sachlich miteinander reden!« Was oberflächlich als Aufforderung zum verstandesmäßigen Meinungsaustausch scheint, strotzt beim näheren Hinsehen vor Emotionen. Man fordert den anderen auf, auf der Inhaltsebene zu kommunizieren, und unterstellt ihm gleichzeitig, bisher unsachlich gewesen zu sein. Dieser Widerspruch zwischen dem Gesagten und dem Gefühl, das die Worte vermitteln, verstärkt beim Gesprächspartner noch mehr die Meinung, er sei von dem anderen nicht verstanden worden. Ein Teufelskreis gerät in Bewegung: Weil der eine sich unverstanden fühlt, versucht er seine Argumente noch aggressiver vorzutragen und sich besser darzustellen. Das erweckt beim anderen den Wunsch, die aggressiven Argumente mit ebensolchen Argumenten zu beantworten.
Zu allem Überfluß geschieht noch ein zweites: In dem Ausmaß, in dem man die eigene Wertung und das Gefühl aus einem Gespräch verdrängt, macht man die Kommunikation synthetisch. Heute sind wir durch diese Fehlentwicklung bald schon soweit, die falsche, die künstliche Kommunikation als die einzig erstrebenswerte anzusehen.
Alles andere überrascht uns, wie das folgende Beispiel zeigt: Im Oktober 1974 erschien in der Zeitschrift »Playboy« ein ausführliches Interview mit dem Automobilrennfahrer Niki Lauda. Lauda, damals am Anfang seiner Karriere, versuchte sich in diesem Gespräch als sachlich-kühler Mensch zu profilieren, für den die Beziehungsebene voll und ganz hinter der Inhaltsebene zurücksteht.
Gelegenheit dazu gab ihm schon die erste Frage:
Playboy: Haben Sie nicht manchmal Angst, wenn Sie am Steuer Ihres Ferrari sitzen?
Lauda: Während des Rennens nicht. Da bin ich so konzentriert, daß Angst überhaupt nicht aufkommt. Natürlich muß man den Gedanken der Angst einmal durchdenken. Ich habe das vor drei Jahren getan, als ich anfing, Grand-Prix-Rennen zu fahren. Und da kommt man an einen Punkt, wo man Angst entweder bewältigt, oder man muß aufhören. Mit der Angst im Nacken kann man keine Rennen fahren und gewinnen schon gar nicht.
Kurz darauf sagte Niki Lauda: »Ich verfolge konkret und mit aller

Konsequenz mein Ziel und bemühe mich, das so richtig wie möglich zu machen.«

Deutlicher kann man die Inhaltsebene kaum darstellen. Da kommt ein Mann, stellt sich hin und sagt, daß er seine Gefühle an- und abschalten kann wie einen Fernsehapparat. Bald darauf war vom »Computer Lauda« die Rede, von einem Menschen, der selbst da die sachlich-logische Intelligenz bewahrt, wo andere nur noch auf der Beziehungsebene reagieren können. Lauda, der sich darstellte, wie es unsere Zeit erwartete, wurde zum Idol.

Ein Kreislauf kam in Bewegung: Er verhielt sich so rational, wie unsere Zeit es vorschrieb. Damit wurde er als Mann im Scheinwerferlicht wiederum für viele andere zum Alibi ihres Redens und Handelns auf der reinen Verstandesebene.

Fast auf den Tag genau zwei Jahre nach Erscheinen des Interviews geschah mit Niki Lauda etwas höchst Merkwürdiges:

Nach einem schweren Unfall auf dem Nürburgring, der Lauda beinahe das Leben gekostet hätte, sollte er zum letzten Rennen des Jahres auf dem japanischen Kurs von Fuji antreten. An jenem 24. Oktober 1976 lag Lauda im Kampf um den Weltmeistertitel mit wenigen Punkten Vorsprung vor seinem Konkurrenten James Hunt. Gewann Hunt dieses letzte Rennen, mußte Lauda einen der vier nächsten Plätze belegen, wollte er dennoch Weltmeister werden. Eine Aufgabe, die dem Weltmeister von 1975, Lauda, an und für sich keine großen Schwierigkeiten hätte bereiten sollen. Dann aber kam doch alles anders.

In Japan goß es in Strömen, Nebel war aufgekommen, der Kampf der Rennfahrer mit ihren 490-PS-Geschossen wurde lebensgefährlich. Nach zwei Grand-Prix-Runden lenkte Niki Lauda seinen Ferrari an die Box. Knapp neuntausend Meter lang hatte Lauda einen Kampf gegen sich selber ausgefochten. Sollte er den Sieg, für den er ein Jahr lang gearbeitet und nach seinem Unfall gelitten hatte, einem anderen überlassen, oder sollte er bis zum letzten Augenblick um den Weltmeistertitel kämpfen?

Niki Lauda gab auf.

Als er seinen Wagen an den Boxen abstellte, bat der Teammanager von Ferrari Lauda, der guten Reputation willen einen Motorschaden vorzutäuschen. Lauda lehnte ab. Der Mann, der seit Jahren nur auf der Inhaltsebene kommuniziert hatte, zeigte auf einmal Gefühl, er gab bekannt: »Ich habe einfach Angst gehabt. Ich bin nicht so verrückt, mit zweihundertachtzig Stundenkilometer ins Nichts zu rasen. Es gibt wichtigere Dinge als die Weltmeisterschaft – nämlich das Leben und meine Frau!«

James Hunt wurde Weltmeister, doch alle Welt sprach nach diesem Rennen von Niki Lauda. Englische Journalisten verliehen ihm einen Tapferkeitspreis, deutsche Zeitungen lobten ihn seines großen Mutes wegen.

Die Ratio wurde irrational, er bewies Mut, weil er Angst gezeigt hatte. Das Niki-Lauda-Syndrom, wenn wir es so nennen wollen, beherrscht die Welt bereits derart, daß das Gewöhnliche außergewöhnlich geworden ist.

Eine Lösung für dieses Problem kann jeder Mensch nur bei sich selbst finden: Wir müssen den Widerspruch zwischen unserem Fühlen und unserem Reden beseitigen, wir müssen beginnen, der Beziehungsebene ihren Platz im Rahmen unserer Kommunikation einzuräumen. Anstatt ständig unsere Überlegenheit zu demonstrieren, müssen wir versuchen, anderen Menschen zuzuhören und mit ihnen über ihre Gefühle zu reden. Diese Entwicklung kann sicherlich nicht von heute auf morgen geschehen, sie wird aber mit der Zeit Erfolg haben, wenn wir alle konsequent die Inhaltsebene (»Das tut man eben nicht, und damit hat es sich!«) durch die Beziehungsebene ersetzen, Gefühle zeigen und auch sagen, was wir fühlen (»Du kränkst mich«, »Du verletzt mich«, »Ich mache mir deswegen Sorgen«, »Ich habe Angst«).

Erst wenn die beiden Ebenen bei unseren Gesprächen wieder übereinstimmen, haben wir zum richtigen Reden zurückgefunden.

3. Wir verzichten auf den Spiegel unserer Seele

Keinem Menschen gelingt es, sich ohne Hilfe zu verändern. Wer sich ändern will, braucht dazu eine Art soziale Kontrolle, er braucht Mitmenschen, die auf ihn eingehen. Erst die Reaktionen der Mitmenschen ermöglichen uns Rückschlüsse auf unser verändertes Verhalten, ein Vorgang, den Wissenschaftler *Feedback* nennen. Am einfachsten läßt sich das, was wir bei anderen Menschen finden, als Spiegel unserer Seele umschreiben.

Stellen wir uns einmal vor: Eine Frau hat einen neuen Lippenstift gekauft und schminkt sich, ehe sie ausgeht, die Lippen. Sie weiß nicht, ob ihr die neue Farbe steht, sie weiß nicht, ob der Strich ordentlich gezogen ist. Ohne in einen Spiegel geschaut zu haben, in dem sie das Ergebnis ihrer Bemühungen nachprüfen kann, wäre die Frau unsicher. Der neue Lippenstift soll ihr Schönheit und Selbstsicherheit geben. Ohne Spiegel aber verkehrt sich die Selbstsicherheit in Unsicherheit.

Mit unserer Psyche ist es ähnlich. Wir sehen uns in einer bestimmten Rolle, aber wie wir wirklich aussehen, kann uns nur ein »Spiegel« zeigen. Und damit kommen wir zum Ausgangspunkt unseres Vergleichs zurück: Der Spiegel der Psyche sind die anderen Menschen, die Menschen, die auf uns eingehen.

Wir erhalten Aufschlüsse darüber, wie unser Verhalten aufgenommen wird. Wir hören Antworten auf das, was wir sagen, wir stellen fest, wie andere auf unser eigenes Handeln reagieren. Ohne diese Meldungen müßten wir notgedrungen so unsicher sein wie jene Frau, die beim Schminken auf den Spiegel verzichtet.

Angesichts dieser Erkenntnis muß uns eine Entwicklung, wie sie in den letzten fünfundzwanzig Jahren stattgefunden hat, um so beängstigender erscheinen: Je enger die Menschen räumlich zusammenleben, desto größer wird ihre bewußt gewählte seelische Vereinsamung.

Und die Menschen rücken immer enger zusammen: Die jüngsten Raumordnungsberichte der Bundesregierung aus dem Jahr 1976 zeigen, wie die Verstädterung in Deutschland stetig zugenommen hat: Lebten 1961 knapp 25 Millionen Menschen in den Großstädten der Bundesrepublik, so waren es 1974 fast 28 Millionen. Und obwohl wir so dicht beieinander leben, spricht man mit Recht allenthalben von der Anonymität in der Stadt.

Wer bewußt Abstand hält, bringt sich aber um die Chance, ein möglichst klares Spiegelbild seiner selbst zu finden. Noch nie zuvor in der Geschichte der Menschheit haben wir uns in solch starker Isolation befunden wie in den letzten Jahren. Wir können mit unseren Autos, mit der Bahn, mit dem Schiff oder dem Flugzeug zwar überallhin reisen, aber selbst in den fremden Ländern sind wir stolz auf unsere Vereinzelung. Die Mittel für eine kommunizierende Gesellschaft scheinen im Überfluß vorhanden zu sein, aber wir machen von ihnen keinen Gebrauch. Das menschliche Fehlverhalten, der Mangel an Kontakten wird zum Lebensglück hochstilisiert. Man legt sich Ausreden zurecht, warum es richtig ist, sich zurückzuziehen (»Ruhe und Frieden, wenn man die Tür hinter sich schließt«, »Die Menschheit ist schlecht«, »Man hört und liest soviel Böses«, »Endlich für die Familie dasein«, »Alle anderen sind Egoisten«).

Jüngste Untersuchungen zeigen auch noch einen anderen Effekt, der uns beweist, wie eng die psychische Vereinsamung mit körperlichem Verfall verbunden ist: Die amerikanische Wissenschaftlerin Lisa Berkmann untersuchte neun Jahre lang 6982 Personen beiderlei Geschlechts und verschiedener Altersgruppen und kam zu der Erkenntnis, daß gesellige Menschen länger leben als einsame. Das Risiko der Alleinstehenden, im Berichtszeitraum zu sterben, war zwei- bis dreieinhalbmal so hoch wie das der geselligen Menschen oder zumindest jener, die einen Ehepartner hatten.

Der auffälligste Unterschied aber trat laut Lisa Berkmann in der Gruppe der 30 bis 49 Jahre alten Frauen zutage. Sie liefen Gefahr, viereinhalbmal eher zu sterben als ihre Geschlechtsgenossinnen mit guten zwischenmenschlichen Beziehungen. Frau Berkmann stellte dazu noch fest, daß sie bei ihrer Untersuchung bemüht war, ausschließlich nach dem Kriterium der Geselligkeit oder Isolation vorzugehen und Faktoren wie Alter, Gesundheitszustand, Zufriedenheit oder Unzufriedenheit und andere psychische Gegebenheiten beiseite zu lassen.

4. Reden bringt den Menschen Heilung

Die Mitmenschen leisten aber noch viel mehr, als nur einen Spiegel unserer Seele abzugeben. Sie ermöglichen auch die seelische Heilung eines Menschen. Um das näher zu erläutern, brauchen wir nur auf ein sehr einfaches Beispiel zu verweisen: Ein Therapeut, der menschliches Fehlverhalten zu behandeln sucht, tut dies mit nichts anderem als mit Gesprächen.

Er redet entweder allein mit den Klienten und versucht sie dabei an die Wurzeln ihrer Probleme heranzuführen, oder die Klienten versuchen sich selber in Gruppentherapien unter der Anleitung eines Therapeuten zu helfen.

Obwohl wahrscheinlich jeder erwachsene Mensch über die Bedeutung eines Gesprächs Bescheid weiß, richten wir uns nicht danach. Wir reden uns nicht genug »von der Seele«.

Im Gegenteil. Immer mehr Menschen verspüren den Wunsch in sich, allein zu sein, auf einer einsamen Insel zu leben und ohne ihre Mitmenschen glücklich zu werden. Diese Träume abertausender Menschen würden sich, sofern sie einmal in Erfüllung gingen, als pure Täuschung erweisen. Die Einsamkeit ist für den Menschen nicht erstrebenswertes Ziel, sondern Strafe.

Noch heute kennt die Gerichtsbarkeit eine besondere Form der Bestrafung, nämlich die Einzelhaft. Dem Delinquenten wird nicht nur das Recht auf Arbeit, sondern auch die Möglichkeit, sich mit anderen Menschen auseinanderzusetzen, untersagt. Das, was vom Gesetz in verschiedenen Ländern der Erde als drakonische Form der Strafe vorgesehen ist, pflegen wir heutzutage bereits in der Freiheit zu tun. Wir ziehen uns in uns selbst zurück und nehmen uns damit die Chance, durch Gespräche mit anderen Menschen die gefühlsmäßige Last, die uns bedrückt, loszuwerden.

Dem Erwachsenen ist es bis zu einem gewissen Grade möglich, den Mangel an Auseinandersetzungen auszugleichen. Er kann dies durch besondere Hinwendung zu seinem Beruf oder durch außergewöhnliches soziales oder gesellschaftliches Engagement tun.

Bei Kindern und Jugendlichen ist das anders. Sie empfinden den Widerspruch zwischen dem Gefühl und der Unmöglichkeit, diesem Gefühl Ausdruck verleihen zu können, viel stärker. Sie passen sich auf Grund ihrer bisherigen Erfahrungen und im Rahmen des von ihnen erwarteten Umgangs mit anderen Menschen zwar an, aber sie fühlen dabei stets ein unerklärliches Unwohlsein.

Die Folge sind Verhaltensstörungen wie Nägelkauen und Bettnässen, Stottern, Magersucht, Verdauungs- und Schlafstörungen. Jedes fünfte Kind in der Bundesrepublik, so erkannten Schulpsychologen, ist bereits schwer verhaltensgestört. Jedes zehnte Schulkind leidet unter Kontaktstörungen oder wird oft beim Lügen oder Stehlen ertappt. Frei von psychischen Defekten scheinen nach Schätzungen der Experten nur fünfzig Prozent der bundesdeutschen Schulkinder zu sein.

Aus der Unmöglichkeit, Gefühle mitteilen zu können, kann aber auch Jähzorn, Wut und Aggressivität entstehen. Kindliche Merkmale, die vehement auf ein späteres Abgleiten in die Gewalt hindeuten.

5. Vielen Menschen gelingt es heute nicht mehr, eine Identität zu finden

Der Mensch unterscheidet sich vom Tier vor allem dadurch, daß er ein Bewußtsein hat. Ein Lebewesen, das nichts von sich weiß, kann auch kein begriffliches Denken hervorbringen. Wir verfügen jedoch über Verstand, denken und handeln deshalb nicht nur rein instinktiv, sondern mit Bewußtsein.

Je jünger ein Kind ist, desto weniger ist es sich seiner selbst bewußt. Ein kleines Kind kritisiert die Umwelt nicht, es versucht, sie langsam zu begreifen. Das Leben und die Menschen werden nicht in Frage gestellt, sie sind eben so – und nicht anders.

Hinzu kommt, daß die Erwachsenen von einem kleinen Kind völlig verschieden sind. Nehmen wir an, ein vierjähriger Junge steht neben einem vierzehnjährigen und ein vierunddreißigjähriger Mann neben einem vierundvierzigjährigen. Rein rechnerisch klafft in beiden Fällen ein Altersunterschied von zehn Jahren. Dennoch scheint mit dem Alter auch die Differenz der Jahre zu verschmelzen. Das spüren die Kinder selbst am besten. Jüngere Geschwister mit oft nur ein oder zwei Jahren Altersunterschied werden verächtlich als die Kleinen bezeichnet. Solange die kindliche Entwicklung noch nicht abgeschlossen ist, werden die Monate, die Jahre zu Welten.

Dies kann erklären helfen, wie wenig anfangs das Vorbild, die Autorität, also die maßgebliche Person, von einem Kind angezweifelt wird. Was die Eltern tun, ist recht getan. Mit den Jahren ändert sich diese Einstellung. Das Kind bekommt ein Ich-Bewußtsein, die eigene Persönlichkeit bildet sich. Wenn dieser Prozeß auch unbewußt vor sich geht, so kann das Kind doch bald durch Vergleiche feststellen, daß es seinem Vorbild, der Autorität, immer ähnlicher wird.

Es entsteht ein schwerwiegender Konflikt, wenn es darum geht, die eigene Persönlichkeit laufend zu kontrollieren und sich an dem Vorbild zu messen. Diese stete Auseinandersetzung ist ein ganz natürlicher Prozeß in der Entwicklung eines Kindes: Die Kinder kommen in die Flegeljahre. Dabei will ein Junge, der sich jetzt mit dem Vater auseinanderzusetzen beginnt, nichts anderes, als fortwährend nachprüfen, wie erwachsen er schon ist. Er will sehen, wie ähnlich er seinem Vorbild geworden und wie stark seine Persönlichkeit bereits ausgeprägt ist.

Diese Entwicklung nennen wir die Identitätsfindung. Sie ist für jeden

Menschen außerordentlich wichtig. Wer seine Identität nicht findet, hat im späteren Leben Probleme bei seiner Daseinsbewältigung. Er wird sich bald diesen, bald jenen Gruppen anschließen, unsicher sein und in Wahrheit nichts anderes suchen als Vorbilder, mit denen er sich identifizieren kann. Die entscheidende Phase der Identitätsfindung liegt zwischen vierzehn und sechzehn Jahren. Dann ist man sich über seine Funktion im sozialen System im klaren und beginnt, in diesem System eine Stelle einzunehmen.

Das Heranwachsen ist also die Zeit der Suche nach einer Rolle in unserer Gesellschaft. Und gerade da werden von den Eltern die schwerwiegendsten Fehler begangen.

Die Eltern helfen den Kindern nicht bei der Identitätsfindung, indem sie mit dem Kind reden, sondern sie verschanzen sich hinter oberflächlichen Ausreden. Psychologische Untersuchungen aus jüngster Zeit zeigen deutlich, daß die mangelnde Kommunikation gern durch Dogmen ersetzt wird. Ein beliebter Spruch in diesem Zusammenhang ist: »Solange du die Füße unter meinen Tisch setzt, hast du zu tun, was ich sage!« Das aggressive Argumentieren auf der Inhaltsebene wird in die Familie getragen, um notwendige Auseinandersetzungen, die Zeit erfordern, zu vermeiden. In dem Maße aber, in dem Heranwachsenden nicht die Chance gegeben wird, ihre Rolle im Leben selbst mitzugestalten, ihre Identität zu finden, nehmen die Konflikte zwischen Eltern und Kindern zu.

6. Die Eltern helfen ihren Kindern nicht im Kampf um die Identität

Normalerweise geht das Finden der eigenen Identität auch im besten Fall nicht ohne Schmerzen, wenn man es so nennen will, ab. Ein fünfzehnjähriger Junge beispielsweise will sich mit seinem Vater messen. Aber der Junge ist in diesem Alter noch immer zu schwach, um sich mit dem Vater sinnvoll anlegen zu können. Er spürt das auch und beginnt sich ein Feindbild aufzubauen, dessen schlechteste Eigenschaften er überdeutlich herausstellt. Für den Jungen ist der Vater nun nicht mehr die Autoritätsperson, die er jahrelang unangezweifelt war, sondern ein Gegner. Der Übermensch von einst läßt Fehler erkennen, Ansatzpunkte zur Kritik.

Dieser Entwicklung kann man Einhalt gebieten, indem man mit dem Heranwachsenden offen über alles redet. In dem Maße aber, in dem sich

die Väter nicht genügend ihrer Familie widmen, wachsen die vermeintlichen Fehler ins Unermeßliche an, steigt die Chance, daß das Kind in seinem Erzieher nur das Schlechte sieht und Fehler des Vorbildes nicht wiedergutzumachen sind.
Dazu kommt noch, daß für die Erwachsenen vieles, was von den Kindern negativ erfahren wird, gar nicht als Fehlverhalten zu erkennen ist. Wenn Väter für ihre Familie keine Zeit haben, gibt es dafür Gründe, die von der Gesellschaft sogar gutgeheißen werden.
Nehmen wir zwei Extremfälle: In dem einen ist der Vater eines jungen Mädchens voll durch seinen Beruf als Buchhalter einer großen Firma in Anspruch genommen. Er macht Überstunden, kommt erst heim, wenn seine Tochter bereits schläft, und besucht auch am Wochenende Fortbildungskurse oder nimmt an geschäftlichen Besprechungen teil. Wenn das Kind seinen Vater doch einmal zu Gesicht bekommt, ist er mürrisch und müde. Aber der Mann verdient viel Geld, und die Familie kann sich jedes Jahr ein neues Auto kaufen.
In dem anderen Fall geht der Vater eines jungen Mädchens ebenfalls voll und ganz in seinem Beruf auf. Er ist Pfarrer und Tag und Nacht für seine Gemeindemitglieder da. Am Wochenende hält er Bibelstunden ab. Wenn das Kind seinen Vater doch einmal zu Gesicht bekommt, ist er mürrisch und müde. Aber der Pfarrer opfert sich für andere.
Unsere Gesellschaft wertet beide Verpflichtungen verschieden. Im ersten Fall wurde die Familie des Geldes willen vernachlässigt. Im anderen Fall jedoch ist die Aufopferung von hohem moralischem Wert. Es ist ein Opfer für andere Menschen auf Kosten der eigenen Familie. Dieses Opfer wird von der Gesellschaft voll und ganz anerkannt. Es ist ein gutes Opfer.
Kinder erleben es jedoch nicht so. Sie bringen weder Verständnis dafür auf, daß sie den Liebesentzug mit Geschenken oder der Möglichkeit, jedes Jahr in einem neuen Auto mitfahren zu dürfen, entgolten bekommen, noch möchten sie ihren Anteil an väterlicher Zuwendung Pfarrkindern opfern. Die Kinder erleben in beiden Fällen den Entzug gleich schmerzlich, unabhängig davon, ob die Zeit Gläubigen, Kranken, Armen oder dem beruflichen Erfolg zugute kommt. So erklärt sich auch der Widerspruch zwischen der nach außen hin intakten Familie, deren Oberhaupt im Dienste anderer und anerkannt von der Gesellschaft handelt, und der zerstörerischen Gewalt, die dieser Familie entspringt.

Fassen wir noch einmal zusammen: Mit der Entwicklung des Bewußtseins beginnt beim Kind die Suche nach seiner Rolle im Leben. Wird diese Rollensuche – die Identitätsfindung – von den Eltern durch Gespräche unterstützt, bringen die Eltern dem Kind Verständnis entgegen, gelingt es, die schweren Jahre relativ unbeschadet zu überstehen.
Werden die Gespräche jedoch durch Drohungen, Dogmen und Kontaktentzug ersetzt, wird dem Kind die Identitätsfindung erschwert, ja manchmal sogar unmöglich gemacht.
Damit sind wir auf der Suche nach einem besseren Verständnis der neuen Gewalt einen entscheidenden Schritt vorangekommen: *Einer der auslösenden Faktoren der neuen Gewalt ist die Tatsache, daß es den Trägern dieser Gewalt nicht gelungen ist, ihre Identität zu finden.*

7. Eine Fehlentwicklung kann bei einem Heranwachsenden sofort zu Extremen führen

Die meisten Erwachsenen können nicht begreifen, was in der Psyche eines Kindes während der Pubertätszeit vor sich geht. Sie verwechseln den Kampf um die Identität mit bösem Willen und Aufsässigkeit, und ihre eigenen Kinder werden ihnen mit einem Male zu unverständlichen Wesen. Aber was geschieht tatsächlich im Verhältnis zwischen Eltern und Kindern während dieser wichtigen Zeit?
Der Vater, für das Kind der Held der frühen Jahre, wird Gegenstand der Kritik. Er wird plötzlich nicht nur ein wenig kritisiert, er muß sich eines wahren Trommelfeuers kindlicher Angriffe erwehren. Die Reaktion des Vaters in dieser Zeit ist für die weitere Entwicklung seines Kindes außerordentlich wichtig: Reagiert er kläglich oder zieht er sich gar beleidigt zurück, fällt es dem Kind erheblich schwerer, seinen Platz in der Gesellschaft zu finden. Dazu wird dem Kind noch ein vordergründiger Schluß aufgezwungen. Es sagt sich: So wie mein Vater möchte ich nie werden!
Diese Entwicklung fällt mit einer gefährlichen kindlichen Verhaltensweise zusammen. Dabei spielt wieder das Denken in Extremen eine große Rolle. Genausowenig wie das Kind die guten und die schlechten Seiten des Vaters objektiv gegeneinander aufwiegen kann und nur die

negativen Dinge herausgreift, gelingt es ihm, die Erfahrungen, die es im Elternhaus macht, sachlich und unvoreingenommen zu bewerten. Vernünftig wäre es, all die Dinge, die man für gut befindet, zu übernehmen, und das, was einem an den Eltern mißfällt, selbst besser zu machen.

So »vernünftig« reagiert aber kein Kind, denn es ist in dieser Entwicklungsphase ganz natürlich, daß es überspitzt, um die Lösung vom Elternhaus zu vollziehen.

Diese aus psychologischer Sicht notwendige kindliche Reaktion birgt allerdings die Gefahr in sich, daß manche Kinder weit über das Ziel hinausschießen. Je strenger der Erziehungsstil der Eltern war, desto extremer wird das Mädchen oder der Junge reagieren. Ein Kind, das das Gefühl hat, sein besonders sauberes Elternhaus gibt ihm bei all der Putzwut keine Chance zu richtiger Entwicklung, schließt daraus nicht etwa, es sei eben besser, ein bißchen weniger ordentlich zu leben, sondern fällt ins andere Extrem: Sauberkeit war schlecht – also muß man künftig schmutzig sein. Und weiter noch: Familie ist schlecht – also ist Kommune alles. Die Gesellschaft ist schlecht – also muß sie verändert werden.

Zwischen diesem Schwarz-Weiß-Denken in der kindlichen Phase der Identitätsfindung und der Tatsache, daß in vielen Familien nicht richtig miteinander geredet wird, besteht ein enger Zusammenhang. Dort, wo man über die Probleme der Kinder offen spricht, wo Eltern ihren Kindern auch zuhören, können die kindlichen Aggressionen im Gespräch abgebaut werden. In jenen Familien aber, wo auf Kritik mit dogmatischer Bestimmtheit geantwortet wird, wo die Eltern nicht zuhören, sondern nur argumentieren, verstärken sich die Aggressionen der Kinder, bis sie, im Extremfall, zur Aggressivität ausarten.

Erfahrungen und Aggression

Alles, was wir in unserem Leben tun, hängt davon ab, welche Erfahrungen wir vorher gemacht haben. Kommt eine Entscheidung auf uns zu, wählt unser Gehirn blitzschnell alles Wissenswerte aus, das diese Entscheidung beeinflussen könnte. Manche Erfahrungen konnten wir selbst machen, indem wir bestimmte Dinge einfach ausprobierten. Bei anderen mußten wir uns auf die Ratschläge fremder Menschen verlassen, weil es uns in diesem oder jenem Fall nicht möglich war, Erfahrungen selber zu sammeln.

Die Erkenntnis, daß man sich auch auf die Informationen anderer Menschen verlassen kann, ist wiederum eine Erfahrung.

Ein kleines Kind wird dazu neigen, selbst alles zu er-greifen, um es zu be-greifen. Das heißt, es würde am liebsten ins Wasser hüpfen, ins Feuer langen und aus dem Fenster springen. Langsam macht ein Kind aber im Laufe seiner Entwicklung die Erfahrung, daß sich nicht alles selbst erproben läßt und man deshalb den Rat fremder Menschen annehmen muß.

Anfangs ist diese Erkenntnis den Kindern ganz einfach beizubringen. Die Erwachsenen sind die Autorität, das Bewußtsein der Kinder ist noch nicht so ausgeprägt, die Kinder akzeptieren, was die Erwachsenen ihnen sagen.

In dem Maße, in dem die Erwachsenen ihre Erfahrungen in dieser Zeit ehrlich und geschickt an die Kinder weitergeben, werden die Kinder auch später die Ratschläge anderer annehmen oder nicht.

Gehen wir bei unseren Überlegungen noch einen Schritt weiter. Die Kinder lernen, die Erfahrungen der ersten Zeit später für ihr Handeln zu nutzen. Dabei gehen sie von einem naheliegenden Grundsatz aus: Was bisher Erfolg brachte, ist gut, was Mißerfolg brachte, wird abgelehnt. Ein vernünftiger Grundsatz: Wenn ein Baby Hunger hat, schreit es. Schreit es, dann wird es von der Mutter gefüttert. Der Erfolg liegt auf der Hand, und das Kind wird mit den Jahren um die Erfahrung reicher, daß es etwas sagen muß, wenn es hungrig ist.

Ist einem kleinen Kind kalt, und es kriecht unter eine Decke, dann wird ihm wieder warm. Der Erfolg ist spürbar, und die Erfahrung kann ein Leben lang angewandt werden.

Nun gibt es aber für ein Kind auch viel kompliziertere, widersprüchlichere Erfahrungen, die zu bewerten und zu analysieren weit über seine Fähigkeiten hinausgehen. Nehmen wir ein Beispiel: In unserer Gesellschaft ist Besitz erwünscht und erstrebenswert, Diebstahl jedoch verboten. Ein Kind, das im Sandkasten stiehlt, sich dabei ein neues, vielleicht lang ersehntes Spielzeug aneignet und nicht erwischt wird, akzeptiert den Diebstahl als durchaus positive Erfahrung. Bei nächster Gelegenheit

wird es möglicherweise wieder stehlen. So lange, bis es jemand beim Diebstahl ertappt.
Jetzt gibt es zwei Möglichkeiten. Beide können zum Erfolg führen, in beiden Fällen ist die Chance gleich groß, daß das Kind die Erfahrung macht, etwas Falsches getan zu haben.
Im ersten Fall wird das Kind von seinen Eltern verprügelt, das fremde Spielzeug wird ihm weggenommen, und damit meinen die Eltern die Sache erledigt zu haben.
Vielleicht wird dieses Kind von nun an wirklich nie mehr stehlen. Es hat die Erfahrung gemacht: Wer stiehlt, bekommt Prügel, und das Spielzeug wird einem zu allem Überfluß auch noch weggenommen. Der Spaß hat sich also nicht gelohnt. Zugleich erfährt es bei dieser Art des Vorgehens noch etwas anderes: Wer schlägt, bekommt recht!
Denn niemand hat im ersten Fall versucht dem Kind begreiflich zu machen, warum man eben nicht jedes Spielzeug bekommen, alles, was einem gefällt, an sich nehmen kann. Nicht die Schläge haben die kindliche Empfindsamkeit getroffen, sondern die »unerklärten« Schläge als Reaktion auf eine kindliche Aktion.
Die zweite Möglichkeit wäre, mit dem Kind über den Diebstahl zu reden, dem Kind, das seine Erfahrungen machen muß, Verständnis entgegenzubringen und die Zusammenhänge zwischen Besitz und dem Wunsch nach Besitz zu erklären. Dies würde natürlich viel länger dauern, die Eltern müßten mehr Zeit opfern, jedoch würde dem Kind die Erfahrung erspart bleiben, daß Gewalt gleich Recht ist.
Leider ist die erste Methode in den letzten zwei Jahrzehnten gang und gäbe geworden. Weil Zeit Geld ist, wird die zeitsparendste Art des Vorgehens angewandt, die Gewalt an die Stelle des Gesprächs gesetzt. Kinder durchschauen diesen Sachverhalt natürlich nicht, für sie reduziert sich ihre Erfahrung auf die Formel: Wer gewalttätig ist, bekommt recht!
In Kindergärten und Schulen bietet sich ihnen die Möglichkeit, die neue Erkenntnis gleich anzuwenden. Und siehe da, sie ist von Erfolg gekrönt. Auch dort wird als Führer anerkannt, wer in Wort und Tat am gewalttätigsten ist. Viele Lehrer und Kindergärtnerinnen erkennen diese Situation, die meisten von ihnen drücken sich aber vor einer Aussprache, weil sie die Zeit dafür nicht opfern möchten (oder auf Grund des Lehrplans gar keine Zeit dafür haben).

Damit nicht genug, erleben Kinder oftmals noch etwas ganz und gar Merkwürdiges. Gewalt, die sie von Erwachsenen erlernt haben, wird wieder mit Gewalt bestraft.
Ein Beispiel, wie es jeden Tag in unzähligen Familien vorkommt: Ein kleiner Junge gerät mit seiner Schwester in Streit. Die Kinder beginnen einander zu verprügeln, das schwächere, in unserem Fall das Mädchen, verliert.
Was ist die Folge? Der Vater verprügelt nun den Jungen, auf daß er lernt, kleine Mädchen nicht zu verprügeln. Der Stärkere wendet also erneut Gewalt gegen den Schwächeren an, um ihm die Gewalt auszutreiben. Der kleine Junge kommt in eine ausweglose Situation. Vielleicht hat ihn seine Schwester gehänselt, und er glaubte, die Gewalt mit gutem Grund angewandt zu haben – und plötzlich wird er auch dafür bestraft. Er fühlt sich als Märtyrer. Der gefährliche Kreislauf der Gewalt hat sich geschlossen.
Wenn wir aus diesen Überlegungen einen Schluß ziehen, können wir erkennen, woran es uns im Umgang mit der Gewalt mangelt. Wir lernen von klein auf, auf Gewalt falsch zu reagieren. Uns wird beigebracht, Gewalt mit noch gewalttätigerer Gewalt zu begegnen. Einer ist immer der Stärkere, und am Ende wird der Stärkste Sieger bleiben.
Ein furchtbarer Gedanke, wenn man ihn auf unsere Gesellschaft überträgt und sich vorstellt, wieviel Leid, wieviel Angst, wieviel Brutalität, wieviel Zerstörung, Blut und Tränen es geben muß, ehe sich der wahrhaftig Stärkste durchgesetzt hat.

Die Gewalt und die Gesellschaft

Gesellschaftliche Zyklen

Als die Beamten des Bundeskriminalamts im Zuge der Fahndung nach den meistgesuchten terroristischen Gewalttätern im Herbst 1977 deren Geburtsdaten verglichen, machten sie eine interessante Feststellung: Die Menschen, die sich terroristischer Gewalt bedienen, werden immer jünger. Willy Peter Stoll wurde 1950 geboren, Susanne Albrecht 1951, Christian Klar im Jahr 1952 und Adelheid Schulz gar erst 1955. Diese Jahreszahlen lassen auf den ersten Blick eine Gemeinsamkeit erkennen, die die vier Terroristen miteinander verbindet: Sie hatten die Kriegszeit, die Währungsreform und die verbissene Aufbauarbeit der Nachkriegsjahre nicht miterlebt.

Woran sie sich zurückerinnern können, war die Zeit des Kampfes um Wohlstand und Konjunktur, die Sucht nach Reichtum und die daraus resultierende innere Vereinsamung. Nach dem totalen Besitzverlust der Kriegsgeneration verspürten die Menschen einen übergroßen Drang nach materieller Sicherheit. Es war die Zeit, als die Erwachsenen das, was im Krieg zerstört worden war, um jeden Preis wiederaufbauen wollten.

Wer in den fünfziger Jahren Aggressionen in sich verspürte, hatte vielerlei Möglichkeiten, diesen Drang anders als in Brutalität auszuleben. Das Konstruktive zählte, das Zerstörerische hatte man satt. Die Menschen wollten das, worauf sie jahrelang hatten verzichten müssen, so rasch wie möglich nachholen, und jeder versuchte, durch Arbeit seine Chancen zu nutzen. Die Aggressionen, die es in dieser Zeit gab, wurden von den meisten Menschen in Aktivitäten ausgelebt, die Lust am Schaffen verdrängte die Brutalität.

Diese unermüdliche Arbeit kostete die Menschen allerdings Zeit. Dadurch setzte man unbedacht jene Saat der Gewalt, die erst heute aufgeht: Man redete nicht mehr miteinander. Die Eltern waren abends zu müde, mit ihren Kindern auch noch deren Probleme zu diskutieren, und wählten den zeitsparendsten Weg: Kindliche Fehler wurden entweder mit Gewalt nach dem Motto, eine Tracht Prügel hat noch keinem geschadet, oder mit dogmatischen Sprüchen (»So etwas tut man eben nicht, damit hat es sich!«) beantwortet. Besonders in Familien, in denen Vater und Mutter arbeiteten, entfremdete man sich immer mehr. Man begann, die Kinder wie ein Auto irgendwo abzustellen, und als sich die Kinder abends oder am Wochenende die mangelnde Zuneigung holen wollten, reagierten die meisten Eltern aggressiv.

Zu dieser Vereinsamung der einzelnen Familienmitglieder kam noch eine Teilung der Familien: Während vor dem Krieg oft drei oder vier Generationen unter einem Dach zusammenlebten, brachen die Familien nach dem Krieg auseinander. Der Drang zur Individualität war die Ursache, außerdem machten Auto, Bahn und Flugzeug die Menschen beweglicher: Sie suchten sich Arbeit in anderen Städten, nahmen dort eine Wohnung, heirateten, bekamen Kinder – und lebten Hunderte Kilometer von den Eltern entfernt.

Früher konnten die Großeltern bei ihren Enkelkindern viele Fehler ausgleichen: Hatten die Eltern einmal keine Zeit, sich um ihre Kinder zu kümmern, ihnen zuzuhören und mit ihnen zu reden, so brachten die Großeltern die Zeit dafür auf. Da man eng zusammenlebte, war das ganz natürlich. Heute wird die Rolle der Großeltern von Organisationen übernommen. Aber naturgemäß können sich diese Institutionen wie Kinderkrippen, Kindergärten, Tagesaufenthaltsstätten für Kinder nicht in dem Maße um jeden einzelnen kümmern, wie das früher die Großeltern getan haben. Noch ein anderer Gesichtspunkt scheint in diesem Zusammenhang wichtig: Der Wunsch nach Reichtum und materieller Sicherheit wird nicht von allen Generationen gleich stark empfunden. Eltern und Kinder begannen in zwei völlig verschiedenen Welten zu leben. Hier der Vater, die Mutter in einem »Nie-mehr-arm-Rausch«, dort die Kinder, die nicht den Besitzverlust, sondern den Identitätsverlust zu beklagen haben.

In der Kleinfamilie von heute sind die Kinder voll und ganz dem ausgeliefert, was die Eltern aus ihrem Leben machen wollen. Möchten die Eltern Karriere machen, haben die Kinder ihren Teil (Entzug der Aufmerksamkeit und Liebe im Austausch gegen Sachspenden) gefälligst beizutragen. Aber gerade die Nachkriegsgeneration ist für die Sucht

nach Karriere und Wohlstand wenig empfänglich und kann dieses Tauschgeschäft nicht verstehen.
Max Frisch schrieb dazu:

> »Wie unschuldig – oder schuldig – sind wir an der Wiederkunft des Terrorismus, nicht als Sympathisanten, die wir als Reformdemokraten nie und nicht einen Augenblick lang haben sein können, sondern als Biedermänner, schuldig durch familiären und institutionalisierten Unverstand gegenüber einer ganzen Generation?... Was finden sie denn vor, die Heranwachsenden, welches Ziel – über die eigene Person hinaus –, welchen Daseinssinn?«

Ein Fehler verstärkt den anderen:

- Die Kinder haben nicht gelernt, die Probleme, die sie bedrücken, auszusprechen. Das Gespräch, das auf der Verstandesebene stattfindet, kann bestenfalls Meinungsaustausch sein. Logische Gründe lassen sich für das allgemeine Unwohlgefühl jedoch nicht finden, die rationalen Argumente der Eltern (»Du hast ja alles, was du dir wünschst, uns ist es lange nicht so gut gegangen«) sind verständlich. Die Reaktion der Kinder, ihre Probleme mit sinnloser Gewalt abzureagieren, ist dagegen unverständlich.
- Die Vereinsamung unserer Zeit trifft die Kinder besonders schmerzlich. Es ist sicher kein Zufall, daß gerade die Städte, wo die Vereinsamung besonders stark ist, immer wieder neue Gewalt hervorbringen, während sich die Gewalt auf dem Land nicht festsetzen konnte.

Im Gegensatz zur Anonymität in der Stadt kennen die Menschen auf dem Land einander und sind aufeinander angewiesen. Man muß, um überleben zu können, einander helfen. Aus diesem Grund reden die Menschen auf dem Land auch offener miteinander. (Zum Beispiel beim abendlichen Stammtisch im Wirtshaus.)
Die Geschichte lehrt uns, daß gesellschaftliche Entwicklungen, wie wir sie in den 50er und 60er Jahren miterleben konnten, nicht ungewöhnlich sind. Betrachtet man etwa die zurückliegenden siebzig Jahre, fällt einem ein gewisser Rhythmus von Aktion und Reaktion auf, eine zyklische Wiederkehr bestimmter Verhaltensmuster.
Die fünfziger und sechziger Jahre, in denen die Menschen ihr Heil als

Einzelgänger suchten, sind offenbar eine Reaktion auf die Massengesellschaft im Dritten Reich. Die straffe Ordnung der Nazizeit kann wiederum als Antwort auf die wilden Jahre der Weimarer Republik verstanden werden, jene als Antwort auf den Ersten Weltkrieg und die Kaiserzeit mit all ihren Zwängen und hierarchischem Denken.

Die zunehmende geistige Distanz fördert die neue Gewalt

Am Montag, dem 18. August 1975, meldete die »Süddeutsche Zeitung« in fünfundvierzig Zeilen eine Reihe von Verbrechen, die dem Anschein nach nur am Rande mit unserem Thema zu tun haben:

> »Ein neuer krimineller und lebensgefährlicher Auto-›Sport‹ hat in den letzten Tagen auf den französischen Straßen ein Todesopfer und acht Verletzte gefordert. Im Stil der amerikanischen Auto-Rodeos werden Kleinwagen mit schweren, meist gestohlenen Limousinen gejagt und dann so lange mit den Stoßstangen geschoben, bis sie verunglückt liegenbleiben. Wie die französische Polizei am Sonntag mitteilte, handelt es sich bei den Tätern hauptsächlich um junge Männer, die sich teilweise in Banden organisiert haben. Der bisher schlimmste Zwischenfall hatte sich in der Nähe von Bontoise im Departement Val d'Oise ereignet. Dort rammte ein Peugeot 504 auf einer Landstraße einen Citroen 2 CV und schob ihn mit ständig steigender Geschwindigkeit über zweihundert Meter vor sich her. Dabei schleuderte die Beifahrerin aus dem Kleinwagen auf die Straße. Sie war sofort tot. Anschließend drückten die Täter das Autowrack mit dem verletzten Ehemann sowie den zwei Kindern in den Straßengraben und entkamen. Bereits zwanzig Minuten nach dem Mord starteten die Unbekannten den nächsten Rammversuch. Der Gejagte konnte jedoch entkommen und die Polizei alarmieren. Die Fahndung verlief genauso ergebnislos wie die Suche nach einem Peugeot 504, der bei Bordeaux einen Renault R4 demoliert hatte.
> Gefaßt hat die Polizei bisher erst zwei ›Rodeo-Fahrer‹, die bei Chalons-sur-Marne mit einem Citroen DS einen Renault R4 mit der

Stoßstange vier Kilometer weit vor sich herschoben. Nachdem der Kleinwagen gegen einen Hochspannungsmast geprallt war, wurden die fünf Insassen verletzt aus den Trümmern geborgen. Bei Chaumontel hat die Polizei inzwischen einen Peugeot-Autofriedhof entdeckt. Alle dort abgestellten Wagen waren gestohlen und hatten ›Rodeo‹-Unfallspuren.«

Soweit die Meldung aus der »Süddeutschen Zeitung«.

Das, was an jenem Wochenende im August 1975 geschah, zeigt uns in all seiner Gemeinheit ein typisches Merkmal der neuen Gewalt. Es demonstriert sichtbar eine Entwicklung, die mit ihr Hand in Hand geht: die wachsende emotionale Distanz zwischen dem Täter und seinem Opfer, die die Brutalität fördert. Im vorliegenden Fall war der Abstand, den die Täter zu ihren Opfern suchten, auch körperlich gewahrt: Sie griffen ihre Opfer nicht direkt an, sie schlugen nicht mit Fäusten oder Knüppeln zu, sondern zogen sich während der Gewaltausübung zurück in die Anonymität des Autos.

Es bedürfte gar nicht solch krasser Ereignisse, um zu verstehen, daß die Aggressivität mit dem geistigen und körperlichen Abstand anwächst. Bei unserem Reden, Denken und Fühlen ist es ähnlich wie bei unseren Handlungen. Was man kennt, wird verständlich und entschuldbar. Fehler bei Menschen, die man kennt, scheinen einem eher verzeihlich, man greift sie deshalb nicht an. Was man jedoch nicht kennt, bleibt einem eher unverständlich und unverzeihlich, fördert die Aggressivität. Man ist auf Hörensagen angewiesen und kann sich seine Meinung allein aus zweiter Hand bilden. Wer immer nur hört, daß Gastarbeiter arbeitsscheu sind und Farbige riechen, der wird wahrscheinlich daran glauben, bis er es anders erlebt.

Nehmen wir ein anderes Beispiel. Jeden Tag spielen sich hinter geschlossenen Autoscheiben Pantomimen ab, wenn ein Autofahrer den anderen belehren und beschimpfen will. Könnte er mit ihm reden, würde er die Fehler oder die Unvorsichtigkeit wahrscheinlich ganz anders beurteilen. So aber ist man voneinander getrennt, kennt nur das Ärgernis und nicht den Menschen, der seine Handlung vielleicht erklären könnte. Die Aggressivität, die sich aufstaut, erleichtert den Gewaltausbruch.

Andrerseits – wem ist es noch nicht passiert, daß er nach einem ausführlichen Gespräch seine Meinung über einen anderen Menschen revidieren mußte? Wer hat sich nicht schon schamhaft eingestehen müssen, von einem Mitmenschen eine völlig verkehrte Vorstellung gehabt zu haben?

Wie wir uns in Gruppen einigeln, ohne es zu merken

Immer häufiger bilden sich Gruppen, die gegeneinander zum Kampf antreten. Die Jungen stehen gegen die Alten, die Autofahrer gegen die Fußgänger, die Gegner der Atomkraftwerke gegen die Befürworter, die Hundefreunde gegen die Hundefeinde.
Jede Gruppe hat ihre Argumente, die sie beharrlich vertritt, je nachdem wechselt man die Gruppe, ohne dabei die Merkwürdigkeit des Verhaltens zu beachten: Da wird der junge Fußgänger plötzlich zu unserem Verbündeten im Kampf gegen die Atomkraftwerke, während wir ihn an anderer Stelle in unserer Rolle als Autofahrer wütend bekämpfen. Nicht der andere Mensch wird von uns mit Gewalt angegriffen, sondern seine Meinung. Für den Menschen, der hinter der Meinung steht, interessieren wir uns nicht.
Im Herbst 1977 parkte in München ein Sportwagenfahrer sein Auto zur Hälfte auf einem Radweg. Ein Radfahrer, der sich durch den Wagen behindert fühlte, tötete den Autofahrer mit einem Faustschlag. Die aufgestaute Aggressivität gegen die Sportwagenfahrer artete brutal aus.
Neben der unbewußten Distanz gibt es auch eine bewußte Distanz, die konsequent eingehalten wird. Das einfachste Beispiel ist die Uniformierung. Man schafft Symbole der Gemeinsamkeit, die die Zusammengehörigkeit einer Gruppe signalisieren, und stellt so den Abstand zur anderen Gruppe her. Seit Menschengedenken tragen Soldaten verschiedener Länder unterschiedliche Uniformen. Auf dem Fußballplatz ist es heute nicht anders als auf den Schlachtfeldern früherer Zeiten: »Kämpfer« auf dem Rasen tragen ihren besonderen Dreß, der bei Spielen zwischen Nationalmannschaften oftmals die Landesfarben hat.
Bei Gewalttätern ist dieser Vorgang nicht viel anders. Sie suchen den Abstand zum Feindbild, das sie sich aufgebaut haben, egal, ob es nun der rivalisierende Fußballverein, die gegnerische Rockerbande oder die

verschwommene Vorstellung von einer Gesellschaft ist, die man bekämpfen möchte. Auch hier kommt es wieder zu einer Uniformierung, mit der man sich von den Gegnern abgrenzt.
Die bunten Mützen und Schals in den Vereinsfarben, die Fahnen und Wimpel mit Emblemen, die eine Fußballanhängerschar von der anderen unterscheiden, die Lederkluft der Rockergruppen sind zur Genüge bekannt.
Anders ist es bei den Terroristen. Aus naheliegenden Gründen ist ihnen, bis auf wenige Ausnahmen, ein uniformiertes Auftreten unmöglich. Dennoch gibt es auch dafür Beispiele: Nachdem die vier Araber das Lufthansaflugzeug »Landshut« aus Palma de Mallorca entführt hatten, zogen sie sich T-Shirts mit einem aufgedruckten Porträt Che Guevaras an. Die Hemden hatten sie für diesen Zweck in Palma erstanden. Deutlicher als an der Kleidung zeigt sich die Distanzsuche bei den Terroristen in ihrer Sprache. Sie reden ein synthetisches Kauderwelsch aus Vulgärsprache, wissenschaftlichen Begriffen und Politpropaganda. In diese Sprache igeln sie sich ein, grenzen sie sich gegen andere ab. Ulrike Meinhof drückte die Distanz zu den anderen einmal so aus:

> »Wir sagen natürlich, die Bullen sind Schweine, wir sagen, der Typ in der Uniform ist ein Schwein, das ist kein Mensch, und so haben wir uns mit ihm auseinanderzusetzen.«

Mit dieser Abgrenzung gegen die verhaßten anderen werden die Hemmschranken, brutal zu agieren, systematisch abgebaut. Man erreicht einen größtmöglichen Abstand zum Staat und dessen Vertretern und schafft damit die Möglichkeit, Gewalttaten gegen diesen Gegner auszuführen.
Noch in einem weiteren Punkt zeigt sich die Übereinstimmung zwischen Terroristen, Rockern und Rowdys, wenn es darum geht, die Distanz zu ihren Widersachern herzustellen. Alle drei Gruppen suchen Schutzzonen, in die sie sich jeweils zurückziehen, wo sie sich sammeln und ihre Angriffe vorbereiten können.
Diese Schutzzonen sind mit den Revieren der Tiere zu vergleichen. Am augenfälligsten sind dabei wiederum die Schutzzonen der Fußballrowdys. Fast in jedem Stadion gibt es, oft in der Süd- oder Nordkurve, einen Sammelplatz für aggressive Fans, die in der Masse stark sind und aus diesem Zentrum die Gewalt nach dem Spiel in die Städte tragen. Eine

zweite Zone ist oft der Bahnhof, auf dem die Anhänger der Gästemannschaften zusammentreffen.
Bei der zweiten Gruppe der Gewaltträger, den Rockern, sind die Schutzzonen mannigfaltiger. Es können Kneipen sein, ausgebaute Kellerräume oder einfach abgegrenzte Parkgebiete. Diese Sammelbecken werden gegenüber Außenstehenden oder Angreifern bis aufs Blut verteidigt, in diese Winkel kann man sich zurückziehen, dort kann man neues Selbstvertrauen gewinnen und einen Abstand zum Gegner erreichen.
Nicht so leicht erkennbar ist der Sammelplatz der Terrorszene. Er wird mit dem diffusen Begriff »in den Untergrund gehen« umschrieben. Wer mit »in den Untergrund« kommt, hat sich mit dem Terror identifiziert und ist mit ihm infiziert. Der Weg in den Untergrund vollzieht sich für den Terroristen anfangs völlig unbemerkt. Ein Ereignis reiht sich an das andere, eine Straftat folgt der nächsten, man zieht sich im Zuge der Geschehnisse immer mehr zurück, bis es keine Rückkehr mehr in die Gesellschaft gibt, die man bekämpft.
Im ersten Moment erschreckt diese Erkenntnis den jungen Menschen. Im nächsten Augenblick jedoch bindet sie ihn noch fester an seine Kumpane. Der selbstgewählte Abstand schließt sie zusammen. Wer ausbrechen wollte, stünde zwischen allen Fronten. Man lebt gemeinsam gegen die Vernunft, das Recht und die Wirklichkeit.
Der Philosoph Carl Friedrich von Weizsäcker hat diese emotionale Distanz der Terroristen einmal so beschrieben: »Nachdem sich die Terroristen ein extremes Feindbild geschaffen hatten, fühlten sie sich legitimiert, gegen die Träger des bestehenden Systems eine ungleiche Moral anzuwenden, das heißt, sie so zu behandeln, wie sie von diesen nicht behandelt werden möchten.«

Wie Arbeit aggressiv machen kann

In den zwanghaften Beschränkungen, die sich unsere Gesellschaft in allen Bereichen auferlegt hat, liegen ebenfalls Wurzeln der neuen Gewalt verborgen.

In fast allen Teilen der zivilisierten Welt ist die Industrialisierung so weit fortgeschritten, daß der einzelne zwar noch immer etwas tut, aber die meisten Menschen den Überblick darüber verloren haben, was sie eigentlich schaffen. Am besten kann man das verstehen, wenn man sich die Vorgänge am Fließband einer Automobilfabrik ins Gedächtnis ruft: Dort wirken viele tausend Menschen an Arbeitsvorgängen mit, deren Ablauf sie nicht überblicken und deren Sinn und Zweck sie nicht kennen.

In der Sage muß Sisyphos, der Sohn des Königs Aiolos von Korinth, zur Strafe für seine Verschlagenheit einen mächtigen Felsbrocken den Berg hinaufwälzen, und kurz bevor er den Gipfel erreicht, geschieht immer wieder dasselbe – der Stein entgleitet Sisyphos, und er muß mit der sinnlosen Schinderei von neuem anfangen. Ganz ähnlich muß sich heutzutage ein Arbeiter vorkommen, der von früh bis spät nichts anderes zu tun hat, als eine Schraube in ein Stück Blech zu drehen. Er wird die tiefe Befriedigung, die eine kreative Arbeit verschaffen kann, an anderer Stelle suchen müssen. Womöglich widmet er sich einem Hobby oder schließt sich einem Sportverein an. Es kann aber auch sein, daß es ihm nicht so einfach gelingt, die täglichen Enttäuschungen im Beruf auf eine andere Art auszuleben. Dann besteht die Gefahr, daß er seelisch gestört wird. Die Folge können Depressionen sein, eine unerklärliche Unzufriedenheit, Alkoholsucht, Schlafstörungen, Impotenz und andere zivilisationsbedingte Leiden.

Als bei einem schwedischen Automobilwerk eines Tages die psychischen Beschwerden der Arbeiter am Fließband bedenklich anstiegen und jeden Tag immer mehr Arbeiter durch Krankheiten ausfielen, die zweifellos psychisch bedingt waren, entschloß sich die Firma zu einem bemerkenswerten Experiment. Man stellte die Fließbänder derart um, daß die Arbeiter nicht mehr gedankenlose Handbewegungen ausführen mußten, sondern am vollständigen Zusammenbau größerer Einzelteile des Autos beteiligt waren. Sie konnten so jeden Tag die Produkte ihrer Arbeit sehen und sich mit ihrer Tätigkeit identifizieren.

Von diesem Tag an hatte kaum einer der Mitarbeiter der Automobilfirma noch über seelische Störungen zu klagen, die Schäden, welche die fehlende Identifizierung mit der Arbeit hervorgerufen hatte, waren durch die Veränderung des Arbeitsablaufs zur Zufriedenheit aller Beteiligten behoben.

Halten wir uns dagegen einmal vor Augen, was geschehen kann, wenn sich die Frustration der Menschen nicht so einfach abbauen läßt wie im Fall der schwedischen Automobilfirma. Menschen, die wie Sisyphos in der Sage arbeiten, ohne einen Sinn in ihrem Handeln zu erkennen, fühlen sich zwangsläufig seelisch beengt. Die Folgen können wir mit der physikalischen Formel von Druck und Gegendruck umschreiben: In dem Moment, in dem wir uns durch irgend etwas bedrückt fühlen, reagiert unsere Psyche in einer ganz bestimmten Form darauf. Sie versucht, den Druck weiterzugeben, oder, um es mit einem anderen Vergleich zu sagen, sie läßt Dampf ab.

Einer der vielen Wege, den aufgestauten Druck loszuwerden, ist aggressives Verhalten.

Bei einem erwachsenen Menschen, der seine Identität gefunden hat und dem gefährdeten Alter zwischen zwölf und zwanzig Jahren entwachsen ist, führt das im allgemeinen nicht gleich dazu, daß er als Rocker, Rowdy oder Terrorist gewalttätig agiert. Er sucht sich vielmehr Ereignisse aus, die er dazu benutzen kann, seine Aggressivität auszuleben. Dieser Aggressivitätsabbau kann auf vielerlei Weise geschehen. Die einfachste und wohl am häufigsten angewandte Methode ist, daheim der Gewalt freien Lauf zu lassen. Männer verprügeln ihre Frauen, Frauen demütigen ihre Männer, gemeinsam richtet sich die Wut oft gegen die Kinder als die schwächsten Familienmitglieder.

Die Folgen dieser Gewalttaten sind jedes Jahr in den Polizeistatistiken nachzulesen – schwere Mißhandlungen, die in manchen Fällen zum Tod des betroffenen Kindes führen. Meist aber werden die Straftaten der Polizei gar nicht bekannt. In der »Münchner Medizinischen Wochenschrift« wurde 1978 das Ergebnis einer wissenschaftlichen Untersuchung veröffentlicht, aus dem hervorgeht, daß meist die Kinder in den Wohngebieten am Stadtrand gequält werden. Kinder aus sozial tieferen Schichten werden öfter mißhandelt als Kinder, deren Eltern sozial besser gestellt sind. Insgesamt kamen die Wissenschaftler aber zu dem erschreckenden Schluß, die Dunkelziffer der Kindesmißhandlungen sei wenigstens zehnmal höher als die Zahl der bekannt gewordenen Fälle.

Die Kinder verschweigen die Herkunft von Blutergüssen und frisch verschorften Wunden aus Furcht vor neuerlichen Prügel, und Nachbarn oder Lehrer mischen sich größtenteils aus Interesselosigkeit nicht ein. Wenn die Polizei davon erfährt, ist es oftmals zu spät. Die Kinder sind ihren Qualen erlegen, oder die seelischen und körperlichen Schäden, die bei ihnen angerichtet wurden, sind unheilbar. Anfang des Jahres 1978 wurden folgende drei Vorfälle bekannt, die alle mit dem Tod der betroffenen Kinder geendet hatten:

- Eine Mutter tötete ihren Sohn, weil er seine Suppe nicht aufessen wollte.
- Eltern verprügelten ihre kleine Tochter, weil sie zum wiederholten Mal in die Windeln gemacht hatte.
- Ein Mann und eine Frau ließen ihre einjährige Tochter buchstäblich verhungern. Als das Kind starb, wog es nur noch 4900 Gramm.

Diese drei Beispiele sind ganz wahllos aus einer Reihe gleichartiger Gewalttaten ausgewählt. Man schätzt, daß jedes Jahr in der Bundesrepublik zwischen viertausend und zehntausend Kinder von ihren Eltern oder Erziehungsberechtigten schwer mißhandelt werden.
Welche gefährliche Erfahrung, die weit über den körperlichen Schmerz hinausgeht, ein Kind damit unter Umständen für sein ganzes Leben macht, liegt auf der Hand: Es lernt jeden Ärger, und mag er noch so gering sein, mit Aggressivität zu beantworten. Dort, wo andere Kinder einer Enttäuschung mit Verständnis begegnen, wird es Gewalt anwenden und das, was es von den Eltern gelernt hat, tausendfach wiederholen: mit dem Recht des Stärkeren Schwächere zu unterdrücken.

Erst wenn wir lernen, andere Menschen zu akzeptieren, wird die Aggressivität schwinden

Am einfachsten wäre es, jedem Kind die Rolle von Aktivität und Aggressivität in unserer Gesellschaft zu erklären. Es könnte sich in seiner Entwicklung stets danach richten und versuchen, mit Hilfe anderer Menschen den guten Weg der Aktivität einzuschlagen und alle Aggressivität zu meiden.
Leider geht das nicht, denn ehe ein Kind die logischen Schlüsse aus unseren Erklärungen zieht, hat es bereits auf Grund seiner Erfahrung einen der beiden Wege gewählt. Man könnte bei einem solchen logischen

Erklären sogar das Gegenteil von dem erreichen, was man will: Indem man willkürlich Normen setzt (»Das tut man eben nicht, und damit hat es sich!«), verstärkt man die Aggressivität.

Es gibt aber einen anderen Weg, Kinder zum Guten hinzuführen, der zudem noch viel einfacher ist. Ein Kind lernt sich aggressiv zu äußern nur dann, wenn es aggressiv behandelt wird. In dem Maße jedoch, in dem es die Aufmerksamkeit – der Psychologe verwendet dafür das Wort Akzeptanz – seiner Mitmenschen erfährt, lebt es seine Aggressivität als Aktivität aus.

Wenn wir die Gewalt von Anfang an erfolgreich bekämpfen wollen (und dazu gehört nicht nur der Sieg in akuten Notfällen, sondern eine sorgfältige Vorsorge), müssen wir lernen, unsere Mitmenschen zu akzeptieren.

Das ist viel schwieriger, als man im ersten Moment meint. Der erste Schritt, andere zu akzeptieren, ist, ihnen zuzuhören. Das gilt auch dann, wenn sich die Meinung der Gesprächspartner mit unserer Meinung ganz und gar nicht deckt. Wir müssen akzeptieren (so schwer das im einzelnen Fall auch sein mag), daß der andere auf Grund seiner Entwicklung und Erfahrung eben zu dieser Meinung gekommen ist. Erst wenn wir uns dazu durchgerungen haben, können wir den zweiten Schritt tun: Versuchen, andere Menschen (und damit sind auch die Gewalttäter gemeint) zu verstehen. Denn ehe wir nicht wissen, was die anderen zu ihren Handlungen getrieben hat, können wir Fehlentwicklungen auch nicht rückgängig machen.

Der dritte Schritt ist der allerschwerste: Wir sollten zu der inneren Einstellung kommen, in dem anderen Menschen einen guten Menschen zu sehen. Am besten fangen wir bei unserem Versuch, andere zu akzeptieren, bei den Kindern an.

Drei Beispiele, bei denen die Eltern es gut meinten und dennoch alles falsch machten

Es gibt viele Wege, wie kleine Kinder durch falsche Behandlung von ihren Eltern zur Aggressivität erzogen werden. Drei Wege mit den für unsere Zeit typischen Merkmalen wollen wir hier beschreiben:

1. Weg: Der Junge, dessen Eltern seinetwegen ihre persönliche Freiheit aufgeben und heiraten mußten.

Anne B. war ein recht hübsches Mädchen, mittelgroß, dunkelhaarig und ein wenig mollig. Sie lernte Friseuse. Ihr Vater war früh verstorben, die Mutter arbeitete als Aufwartefrau. Auf dem Heimweg von der Arbeit lernte Anne B. einen jungen Mann kennen. Beide kamen ins Gespräch, freundeten sich an, und irgendwann ergab es sich, daß Anne B. mit dem jungen Mann schlief und schwanger wurde. Allein deshalb heirateten beide.

Das geschah Anfang der sechziger Jahre; eine Abtreibung kam aus moralischen und materiellen Gründen nicht in Frage.

Zur erwarteten Zeit schenkte Anne, nunmehr verheiratete S., einem gesunden Jungen das Leben, der schon bald körperlich recht prächtig gedieh.

Ganz anders war es um die Psyche des Kindes bestellt.

Anne mußte sich noch mehr einschränken, als sie dies als lediges Mädchen, bei der Mutter wohnend, bereits getan hatte. Diese Benachteiligung führte sie auf die Geburt des Kindes zurück. Unbewußt entzog sie dem Jungen die Liebe.

Ihr Mann wiederum fühlte sich in der Ehe gebunden und durch das Kind an Lebensumstände gekettet, die ihm nicht behagten.

Die ersten Jahre im Leben des kleinen Jungen verbrachten die Eltern fast ausschließlich daheim. Sie taten das aber nicht aus dem Bedürfnis, sich voll und ganz ihrem Sohn zu widmen, sondern einzig und allein aus finanziellen Sorgen. Sie hatten Zeit für ihr Kind, doch diese Zeit nutzten sie nicht. Sie konnten auch in der Folgezeit dem Jungen nicht ihre Gefühle zeigen, sondern blieben stets bei rein rationalen Erklärungen, die immer wieder endeten: »Du mußt glauben, was wir dir sagen, denn wir sind älter als du und haben mehr Erfahrung.«

Mit den Jahren bildete sich ein Aggressionsstau bei dem Jungen, weil er nie gelernt hatte, seine Gefühle auszusprechen.

Er wurde jähzornig, war in den ersten Schuljahren ein in der Klasse gefürchteter Schläger, der oftmals begann, grundlos seine Kameraden und Mitschüler zu verprügeln, und mußte sich deshalb auf dringendes Anraten der Schulleitung einer jugendpsychologischen Untersuchung unterziehen.

2. Weg: Das Mädchen, das von seinen Eltern als Symbol einer intakten Familie mißbraucht wurde

Jochen O. hatte sein Studium und seine Medizinalassistentenzeit beendet, ehe er seine Jugendfreundin Franziska heiratete. Das weitere Leben der beiden war vorgeplant wie der Programmablauf eines Fernsehsenders. Jochen O. würde Facharzt werden, eine Karriere starten, beide, aus einfachen Verhältnissen stammend, würden Eingang in höhere gesellschaftliche Kreise finden.

Als knapp ein Jahr nach der Trauung das Kind zur Welt kam, freuten sich beide sehr über die Geburt des Mädchens. Der Zukunftsplan sah vor, daß es bei diesem einen Kind bleiben sollte. Mehr Kinder schienen den Eltern ein zu großes Opfer zu sein, eines jedoch entsprach ihren Vorstellungen von einer intakten Familie.

Das Mädchen wuchs heran, der berufliche Erfolg des Facharztes Jochen O. ließ nicht auf sich warten. Lange Zeit blieb das kleine Mädchen isoliert. Am Wohnort, etwas außerhalb einer Großstadt, fanden sich keine Spielpartner, die den Eltern nach Alter und Herkunft geeignet schienen.

Einem aufmerksamen Beobachter wäre schnell aufgefallen, daß das Kind von seinen Eltern abgeschoben wurde. Zeit spielte eine übergroße Rolle im Leben der Arztfamilie, die Mutter nahm oft genug die Dienste eines Babysitterservice in Anspruch.

Das Mädchen entwickelte sich zu einem introvertierten, scheuen Geschöpf, das sich auch später, in den ersten Schuljahren, merklich von anderen Kindern distanzierte. Erst als es mit zehn Jahren zu einer Gruppe von Kindern stieß, die durch besonders lautes, aggressives Verhalten auffiel, schien es glücklich zu sein.

Es wurde bald das lauteste und aggressivste Kind von allen. Beschwerden, nach denen die Kindergruppe mit der Tochter von Jochen O. an der Spitze Tiere gequält, Kraftfahrzeuge beschädigt und mutwillig Fensterscheiben eingeschlagen hatte, konnten von dem prominenten Arzt durch finanzielle Wiedergutmachung unterdrückt werden.

Im stillen freute sich Jochen O. sogar darüber, daß aus seinem duckmäuserischen Töchterchen endlich ein jungenhafter Rabauke geworden war.

Erst als das Mädchen, gerade elf Jahre alt, eines Abends nicht mehr

heimkam, sondern Tage später von der Polizei an einer Autobahnraststätte viele hundert Kilometer vom Wohnort entfernt aufgefunden wurde, machte sich Jochen O. Gedanken.
Er zog einen erfahrenen Jugendpsychologen zu Rate, widmete lange Abende dem Gespräch mit seiner Tochter und versuchte mit allen Mitteln, die Fehler der vergangenen Jahre gutzumachen.

3. Weg: Das Mädchen, das von seiner Mutter in Kinderkrippe, Kindergarten und Ganztagsschule gegeben wurde

Karoline P. lernte den Vater ihres Kindes während eines Urlaubs am Meer kennen. Sie war 19 Jahre alt und lebte in einem Einzimmerapartment in einer deutschen Großstadt. Ihr ging es recht gut: Sie arbeitete als Verkäuferin in einem Warenhaus und konnte über ihren Verdienst allein verfügen. Ihr Urlaubsfreund war dreißig Jahre alt, verheiratet und lebte an einem anderen Ort in Deutschland, viele hundert Kilometer von ihr entfernt. Er erfuhr niemals, daß seine Freundin einer Tochter das Leben geschenkt hatte.
Als Karoline P. erfuhr, daß sie schwanger war, freute sie sich, war glücklich, daß es gerade von diesem Manne war, und nahm sich vor, ihr Kind mit niemandem zu teilen. Sie unterrichtete nicht einmal den Vater von der Geburt Roswithas, wie sie das Kind nannte.
Die ersten Wochen nach der Geburt schienen die Richtigkeit ihres Vorsatzes nur zu bestätigen. Sie hatte, als junge Mutter, von ihrer Firma Urlaub erhalten und konnte sich mit viel Liebe dem Baby widmen.
Ersparnisse und finanzielle Zuwendungen der Eltern halfen ihr. Auch um die Zukunft machte sie sich keine Sorgen. Roswitha sollte in einer Kinderkrippe und später in einem Kindergarten untergebracht werden, ehe sie alt genug war, eine Ganztagsschule zu besuchen.
Mehr als drei Jahre lang brachte die junge Frau ihre kleine Tochter morgens in die Kinderkrippe, von deren Ordentlichkeit und Reinlichkeit sie sich überzeugt hatte, und holte sie abends nach Geschäftsschluß wieder ab.
Mutter und Tochter sahen einander jeden Tag nur kurze Zeit. Am Morgen gelang es Karoline P. gerade noch, ihre Tochter rechtzeitig vor der Arbeit abzuliefern, neun Stunden später war sie meist so müde, daß

sie in einem Sessel vor dem Fernsehapparat einschlief. Roswitha wurde ein kränkliches Kind, mußte oftmals dem Kindergarten und später der Schule fernbleiben, obwohl die Ärzte keine organischen Schäden feststellen konnten. Dann wurde sie tagsüber von einer Nachbarin versorgt.

Mit vierzehn Jahren wurde Roswitha von der Polizei in Gewahrsam genommen. Sie hatte sich einer Bande jugendlicher Rocker angeschlossen, die über längere Zeit ein ganzes Stadtviertel terrorisierten.

Eines Tages überfiel die Bande ein junges Pärchen und prügelte den Mann mit einer Fahrradkette nieder. Roswitha und weitere Mitglieder der Gruppe wurden von Zeugen erkannt und von der Polizei vernommen.

Ihre Mutter, inzwischen knapp 34 Jahre alt, konnte sich Roswithas Sturz vom vermeintlich behüteten Mädchen zur jugendlichen Gewalttäterin nicht erklären.

Ein positives Erlebnis kann viele Jugendliche auf dem Weg in die Gewalt zur Umkehr bewegen

Ehe wir uns noch einmal mit diesen drei Fällen beschäftigen und Lehren aus ihnen ziehen, sollten wir mit einem weitverbreiteten Mißverständnis aufräumen. Viele Menschen meinen, daß man aus bestimmten Ereignissen genaue Rückschlüsse auf die Entwicklung eines Kindes ziehen könne.

Schön, wenn es so wäre. Wir brauchten nur eine Schablone zur Hand zu nehmen und Gut und Böse auszusortieren. Überwiegt das Gute, besteht keine Gefahr – hat das Böse das Übergewicht, müssen die Kinder behandelt werden.

Leider ist es nicht so einfach. Man kann psychische Entwicklungen bei einem Kind nicht auf Grund sichtbarer Merkmale diagnostizieren wie etwa Ziegenpeter oder Masern. Die Verhältnisse, in denen das Kind aufwuchs, können uns bestenfalls Hinweise auf seine zukünftige Entwicklung geben, niemals aber können wir daraus mit Sicherheit den Weg in die Aktivität oder in die Aggressivität ablesen. Weder Jähzorn mit

zwölf noch ein zweifelhafter Freundeskreis mit fünfzehn sind schlüssige Beweise für drohende Gewalt. Das mögen Alarmzeichen sein, die die Aufmerksamkeit der Eltern erfordern, mehr aber nicht.
Der Weg in die Gewalt ist nicht Folge eines einzigen einschneidenden Erlebnisses, sondern immer der Höhepunkt eines langwierigen, viele Jahre andauernden Entwicklungsprozesses, der von den Eltern nicht wahrgenommen wurde.
Eltern sehen erst das Ergebnis, ohne sich über die Entwicklung, die dahin geführt hat, Gedanken zu machen. In ihren Augen ist oft eine ganz bestimmte Bekanntschaft oder gar ein Film die Ursache der gewalttätigen Handlungen gewesen. Das mag vielleicht das auslösende Moment gewesen sein, die Ursache aber geht viel weiter zurück.
Andererseits kann ein positives Erlebnis einen jungen Menschen, der auf Grund einer falschen Erziehung zur Gewalt neigt, zum Guten hin verändern und die Aggressivität eindämmen.
Es war ganz gewiß das Unglück vieler Gewalttäter, daß sie im rechten Augenblick nicht den richtigen Menschen kennenlernten. Jenen Menschen nämlich, der durch Vermittlung neuer Werte dem latent gewalttätigen Jugendlichen hätte helfen können: Er hätte dem Jugendlichen das offene Reden beibringen können, hätte ihn durch Zuhören und Akzeptanz überzeugen und beim Finden der Identität helfen können. So kompliziert sich diese Hilfsmaßnahmen in der Theorie anhören, so einfach sind sie in der Praxis. All das kann einen fehlgeleiteten Jungen oder ein falsch erzogenes Mädchen ein Mensch lehren, der den anderen als Menschen akzeptiert und die Fähigkeit besitzt, ihn zu verstehen, auch wenn es schwerfällt. Oftmals gelingt das gleichaltrigen Partnern am besten.

Eine Analyse der drei Fälle

Mit der Erkenntnis, daß das Abgleiten in die Gewalt nicht von einem Tag auf den anderen geschieht, sondern immer nur der sichtbare Höhepunkt einer lang andauernden Fehlentwicklung ist, können wir an die Analyse der drei geschilderten Fälle herangehen, die jeweils mit einer Gewalteskalation endeten.

Eine Übereinstimmung liegt auf der Hand: Alle Eltern wußten nicht, was in ihren Kindern eigentlich vorging. Darüber hinaus gelang es ihnen nicht, den Kindern ihre Gefühle zu zeigen.

Dabei wäre es ganz einfach gewesen, beide Versäumnisse mit einigem guten Willen nachzuholen. Die komplexe Gefühlswelt der Kinder kann von Erwachsenen am einfachsten durch Gespräche erforscht werden. Bei diesen Gesprächen spielen wiederum Fragen eine große Rolle. Wer ein Kind mit seiner vorgefaßten Meinung abfertigen will, bemüht sich allerdings vergeblich. Kinder müssen akzeptiert werden, die dümmste Antwort auf eine scheinbar dumme Frage wäre: »Frag doch nicht so dumm!«

Kinder spüren genausogut wie Erwachsene, wenn sie von anderen Menschen als lästig empfunden werden. Nur können sich die Erwachsenen dagegen wehren: Sie sind gleichberechtigte Partner, können Erklärungen für die Gefühle des anderen finden (»Er ist überarbeitet«, »Er hat Sorgen«), während das bei Kindern, die den Erwachsenen ausgeliefert sind, nicht möglich ist: Das Gefühl, überflüssig, lästig oder unverstanden zu sein, kann alsbald in Aggressivität umschlagen.

Bei dem Jungen in unserem ersten Beispiel äußerte sich die Aggressivität schon sehr bald. Er war jähzornig und brutal.

Das Mädchen im zweiten Fall dagegen zog sich lange Zeit wie in ein Schneckenhaus zurück, schließlich riß es von daheim aus. (Wir sagten bereits, daß die Flucht aus dem Elternhaus nichts Ungewöhnliches ist. Jedes Jahr laufen rund dreißigtausend Kinder in der Bundesrepublik von zu Hause fort.)

Der dritte Fall, mit dem wir uns befaßten, ist anders geartet. Das Baby verbrachte die wichtigsten ersten drei Lebensjahre in einer Kinderkrippe. »Ein Großteil der Säuglinge und Kleinkinder«, so stellte der bekannte Münchner Arzt und Professor für Kinderheilkunde Theodor Hellbrügge fest, »wird in der Massenpflege unter aller Augen systematisch und meist irreversibel intellektuell und sozial geschädigt.« Aus psychologischer Sicht dürfte es diese Art von Kleinkinderbewahranstalten gar nicht geben: Ein Säugling und Kleinkind braucht in diesem Alter in besonderem Maße Zuwendung und Liebe – und dies ist in den institutionalisierten Kinderbewahranstalten nicht möglich. Die Kinderschwestern sind mit allen Kindern zu sehr beschäftigt, als daß sie sich um jedes Kind mehr als unbedingt notwendig kümmern könnten. Jungen

und Mädchen bekommen zwar ihre leiblichen Bedürfnisse erfüllt, es fehlt jedoch an der Erfüllung der gefühlsmäßigen Wünsche nach Wärme und Zärtlichkeit.
In unserem Fall war es der Mutter auf Grund ihrer beruflichen Beanspruchung nur sehr beschränkt möglich, in der verbleibenden Zeit am Abend und am Wochenende wiedergutzumachen, was in der Kinderkrippe versäumt wurde.
Dabei dürfen wir nicht vergessen: Man kann Kindern nicht zu jeder Zeit Gefühle aufzwingen. Zwei wesentliche Gesichtspunkte müssen bei einer erfolgreichen emotionalen Weiterbildung berücksichtigt werden: Einerseits die Bereitschaft der Erwachsenen, das Gefühl zu geben, andererseits die Bereitschaft beim Kind, das Gefühl entgegenzunehmen. Das Kind möchte vielleicht gerade spielen, ist müde oder durch andere Ereignisse abgelenkt, um die Liebe, die ihm entgegengebracht wird, aufzunehmen.
Fassen wir deshalb noch einmal die fünf Punkte zusammen, die für eine glückliche kindliche Entwicklung notwendig sind:

- Liebe
- Interesse
- Verständnis
- Zeit
- Geduld

In den ersten sechsunddreißig Lebensmonaten beginnt ein Kind sein Bewußtsein zu entwickeln und Hand in Hand damit seine Aktivität zu entfalten. Gerade in jener Zeit sind diese fünf Punkte beim Umgang mit einem Kind ganz besonders wichtig. Das bekannte Sprichwort »Was Hänschen nicht lernt, lernt Hans nimmermehr« könnte in diesem Sinne umgewandelt werden: »Was Hänschen nicht fühlt, fühlt Hans nimmermehr.« Auch Gefühle wollen erlernt sein. Das, was in den drei frühesten Lebensjahren von den Eltern in dieser Beziehung versäumt wurde, kann nur schwer wiedergutgemacht werden.

Wie Eltern die frühen Signale der Aggressivität bei ihren Kindern erkennen können

Fragen und Antworten

Gerade zu dem wichtigsten psychologischen Aspekt, der vorsorglichen Behandlung der neuen Gewalt, wurden in jüngster Zeit dem Autor Wolfgang Salewski immer wieder charakteristische Fragen gestellt. Diese Fragen und die Antworten darauf seien hier wiedergegeben, da sie Eltern und Erziehern in knappster Form eine Hilfe bieten.

Frage: Haben es Kinder heute schwerer, ein glückliches Leben zu erlernen, als frühere Generationen?
Antwort: Ja. Ganz ohne Zweifel. Denn in unserer Gesellschaft ist es lästig geworden, Kinder zu haben. Das bedeutet, daß die Kinder immer öfter irgendwo »abgestellt«, »geparkt« werden. Früher, als noch mehrere Generationen unter einem Dach lebten, konnten die Versäumnisse der einen Generation von der anderen leicht wiedergutgemacht werden.
Frage: Was heißt das?
Antwort: Wenn Eltern beispielsweise ihren Kindern nicht genügend Liebe und Geduld entgegenbringen konnten, weil es ihnen an der nötigen Zeit fehlte, sprangen oft die Großeltern ein und umsorgten die Kinder. Heute haben wir immer mehr Kleinfamilien, die in dem einen oder anderen Punkt bei einem Kind ein Defizit hinterlassen müssen.
Frage: Können Schule und Kindergarten nicht ebenfalls viel wiedergutmachen?
Antwort: Nein. Nehmen wir nur den Kindergarten als Beispiel. Das Kind wird von den Eltern abgegeben. Die Kindergärtnerinnen haben meist eine miserable Ausbildung, die Kinder sind sich im großen und ganzen selbst überlassen.
Frage: Also besser gar nicht in den Kindergarten?
Antwort: So kann man es nicht sehen. Auch der Kindergarten hat seine Funktion im Leben eines Kindes. Besonders wenn ein kleiner Junge oder

ein kleines Mädchen daheim keine Geschwister hat, lernt es, mit anderen besser zurechtzukommen. Wir nennen das ein Lernen von Rollen und sozialen Bedingungen in der Gruppe. Aber der Kindergarten lehrt ein Kind keine Gefühle.

Frage: Sind Einzelkinder eher gefährdet, gewalttätig zu werden, als Kinder mit Geschwistern?

Antwort: Das läßt sich nicht mit Ja oder Nein beantworten. Ehe ein Kind seine Aggression in Aggressivität auslebt, spielen viele Faktoren eine Rolle. Aber grundsätzlich kann man sagen, daß es für die Sozialisierung eines Menschen von großer Bedeutung ist, wenn er nicht als Einzelkind aufwächst.

Kinder, die isoliert aufwachsen, werden schneller erwachsen. Wenn man jedoch früh reif sein muß, gehen wesentliche gefühlsmäßige Aspekte verloren.

Frage: Angenommen, die Eltern verpassen in den ersten drei Lebensjahren die Chance, ihrem Kind die nötige gefühlsmäßige Zuwendung entgegenzubringen. Ist dieses Kind nun endgültig zur Gewalt verurteilt, oder gibt es noch eine Möglichkeit, ihm den Weg in ein glückliches, aktives Leben zu weisen?

Antwort: Nicht jedes Kind zeigt seine psychischen Störungen als Aggressivität, also Jähzorn, Gewalt, Brutalität. Genausogut kann es sich zurückziehen, ein Einzelgänger werden oder in einer Krankheit Zuflucht suchen. Aber man kann immer bei einem Kind oder bei einem Jugendlichen das Versäumte gutzumachen versuchen. Ob der Versuch positiv aufgenommen wird, ist eine Frage der Zeit, der Intensität und der Vorerfahrung.

Frage: Wie können Eltern lernen, ihre Gefühle dem Kind gegenüber richtig auszudrücken?

Antwort: Man muß Kinder vor allem einmal agieren lassen. Eltern haben meist schon eine Antwort, ehe die Kinder überhaupt gefragt haben. Es geht nicht darum, einem Kind bestimmte Dinge zu vermitteln, sondern das Kind soviel wie möglich selbst erleben zu lassen. Man kann dem Kind helfen, bestimmte Schlüsse zu ziehen, falsch wäre es aber, diese Schlüsse einfach dem Kind als Dogmen vorzusetzen. Hier müssen die Eltern ein neues Lernen beginnen, sie müssen konsequent damit anfangen, von der rein rationalen Begegnung wieder zur gefühlsmäßigen zurückzufinden.

Frage: Also auch das Kind unter Umständen schlechte Erfahrungen machen lassen?

Antwort: Wenn es sein muß, ja. Glaubt ein Kind nicht, daß eine Herdplatte glühend heiß ist, muß man versuchen, die Gefahren der heißen Herdplatte und die Schmerzen, die einer Mißachtung der Gefahren folgen, plausibel zu machen. Greift das Kind dennoch auf die Herdplatte, wird es die Warnungen der Erwachsenen bestätigt finden und die Erfahrung machen, daß die Erwachsenen recht hatten.

Frage: Haben es intelligente Kinder leichter?

Antwort: Sie haben möglicherweise mehr Chancen, Erfolgserlebnisse für sich zu verbuchen. Wer erfolgreich ist, dem gelingt es unter Umständen, seine latente Aggressivität zu sublimieren.

Frage: Gibt es im Leben eines Kindes Alarmsignale, die Eltern aufhorchen lassen sollten?

Antwort: Allgemein gesagt: Depressionen, Wutanfälle, Appetitlosigkeit, Bettnässen, Sprach-, Schlaf- und Spielstörungen, Ausreißen von daheim, plötzlicher Leistungsabfall in der Schule.

Leider werden einige dieser Anzeichen von den Eltern als sehr wohltuend empfunden. Wenn ein Kind sich zum Beispiel zurückzieht, sich mit sich selbst beschäftigt und die Eltern soweit wie möglich aus seinem Leben ausschließt. Die Eltern sind froh, plötzlich die längst gewünschte Ruhe zu haben.

Andere Eltern, die die Alarmzeichen sehr wohl bemerken, machen ebenfalls Fehler. Sie schicken ihre Kinder zum Psychiater, statt selbst zu gehen oder, wie es am besten wäre, zu dritt zu gehen, um die Beziehungen zueinander zu klären.

Wir müssen uns immer eines vor Augen halten. Nicht das Kind oder der Erwachsene allein sind in unserem Fall gestört, sondern immer die Beziehungen zwischen den Menschen.

Sehen wir es einmal abstrakt: Ein Kind X wird in der Familie Y anders agieren und reagieren als in der Familie Z. Dabei bleibt X immer gleich, nur die Erfahrungen und die Beziehungen zu Y und Z werden jeweils anders. Deshalb genügt es nicht, X zu ändern, sondern es müßte das Verhältnis von X zu Y oder Z verändert werden. Dazu bedarf es nicht gleich des Psychiaters oder des Psychologen. In dem Augenblick, in dem Eltern eine der genannten Veränderungen bei ihren Kindern bemerken, sollten sie sich mehr als je zuvor mit ihrem Kind beschäftigen.

Schlechte Schulnoten sind zum Beispiel oft nichts anderes als ein Signal, wie unverstanden ein Kind sich fühlt.

Frage: Was ist in einem solchen Fall zu tun? Redet man am besten gleich über die Leistungsschwankungen und die schlechten Noten?

Antwort: Nein. Das allein würde dem Kind wieder Schuldgefühle bereiten. Man kann über Gott und die Welt, die Lehrer und die Kameraden reden und so versuchen, daß es wieder besser geht. Wir konnten schon oft feststellen, daß mit der elterlichen Aufmerksamkeit der schulische Aufschwung erfolgte. Meistens übersehen die Eltern heute aber die Alarmsignale bei den Kindern. Sie suchen die Schuld nicht in ihrem Desinteresse oder in mangelnder Zeit, sondern sie fragen bei schlechten Noten zuallererst, ob das Kind vielleicht neue Lehrer oder andere Schulkameraden hat, die es negativ beeinflussen.

Frage: Gibt es noch andere psychologische Waffen, die Kinder unbewußt einsetzen, um sich die Aufmerksamkeit der Eltern zu verschaffen?

Antwort: Ja. Sie werden krank. Dabei können Kinder noch stärker als sonst die wohltuende Sorge der Erwachsenen verspüren. Kranksein kann schön sein. Man ist als Kranker etwas ganz Besonderes. Alle Menschen nehmen sich Zeit für einen, selbst ausgefallene Wünsche werden erfüllt.

Wir behandeln in unserem Institut zur Zeit ein Mädchen, das, ohne daß man einen organischen Schaden festgestellt hätte, immer wieder zu erbrechen beginnt. Der Grund ihrer Krankheit ist das subjektive Gefühl, durch die Ansprüche, die in der Schule an sie gestellt werden, völlig überfordert zu sein. Die Aufmerksamkeit, die ihre vermeintliche Krankheit erregt, ist äußerst angenehm. Und so reagiert sie sich körperlich ab, indem sie erbricht.

Frage: Schon Sigmund Freud maß den Träumen eine außerordentliche Bedeutung bei. Sagen auch Kinderträume etwas über die Probleme und Gefühle der Kinder aus?

Antwort: Aber natürlich. Alpträume von Kindern sind eines der typischen Gefahrenmerkmale, die Eltern sehr aufmerksam machen sollten.

Frage: Woher kommen diese Alpträume?

Antwort: Dem Kind scheint der Druck der Umwelt so stark zu sein, daß es mit der Angst vor ihm nicht mehr allein fertig wird. Eigentlich ist es kein Wunder, wenn Kinder über Alpträume klagen. Überlegen wir doch nur – sie sehen die Welt praktisch aus der Käferperspektive. Alles ist auf die Erwachsenen ausgerichtet – Tische, Stühle, Stufen, Eßbesteck. Die Erwachsenen führen Gespräche miteinander, von denen sich Kinder oftmals ausgeschlossen fühlen. Kinder kommen sich dann verloren vor und bekommen Angstträume.

Frage: Was tut man gegen diese Alpträume?

Antwort: Die Eltern müssen in diesem Fall besonders feinfühlig auf das Kind eingehen und es in Gesprächen bewegen, seine Ängste zu erkennen und zu äußern. Sind sie einmal ausgesprochen, ist es schon um vieles besser.

Noch ein paar Worte zu den Träumen. Jeder Mensch träumt, auch wenn es uns manchmal gar nicht bewußt wird. Ohne Träume, in denen wir unsere Alltagsprobleme unbewußt aufarbeiten, könnten wir nicht leben, wir würden seelisch krank werden.

Frage: Wir haben noch nicht über die Schule und ihre Rolle im Leben eines Kindes gesprochen.

Antwort: Ein wichtiges Thema! Heute tut man in den Schulen doch nichts anderes, als den Kindern beizubringen, die Vorurteile der Lehrer brav nachzubeten. Wer das dann am besten beherrscht, bekommt die besten Zensuren. Keiner fragt die Kinder mehr, ob sie etwas vielleicht nicht verstanden haben oder mehr über das eine oder andere Gebiet wissen möchten. Durchgepaukt wird, was im Lehrplan steht, für Außergewöhnliches fehlt die Zeit. Und da sich unsere Welt immer weiter entwickelt, immer neue Wissensgebiete erschlossen werden und auch die alten nicht zu kurz kommen dürfen, werden die Kinder einfach mit Lehrstoff vollgestopft.

Wie wichtig wäre es dagegen, in der Schule die Kinder Erfahrungen machen zu lassen und ihnen auf diese Weise besondere Erfolgserlebnisse zu ermöglichen. Wer Erfahrungen machen will, darf jedoch nicht nur Lehrsätze auswendig lernen, sondern muß allmählich an diese Erkenntnisse herangeführt werden.

Keiner erklärt den Kindern, warum das, was sie sich aneignen müssen, wirklich für sie wichtig ist. Bestenfalls werden sie mit Binsenweisheiten getröstet wie dieser: »Nicht für die Schule, sondern für das Leben lernen wir!« Wozu man im Leben aber lateinisch konjugieren oder die Fortpflanzung der Molche kennen soll, das sagt niemand. Die Kinder müssen Dinge tun und lernen, von denen sie nicht wissen, ob sie überhaupt sinnvoll sind. Was man aber nicht einsieht, das lehnt man ab. Da die Jungen und Mädchen in diesem Alter noch zu schwach sind, sich gegen die Autoritäten aufzulehnen, äußern sie sich anders. Sie flüchten sich in Krankheiten oder in Aggressivität.

Frage: Wie sieht ein Kind das Problem der Rocker oder des Terrorismus, mit dem es ja durch seine Umwelt auch konfrontiert wird?

Antwort: Bei kleineren Kindern – damit meine ich Kinder bis höchstens acht oder neun Jahren – reduziert sich die gewalttätige Auseinandersetzung auf ein einfaches Räuber-und-Gendarm-Spiel. Ihr Verständnis reicht über diesen Punkt meist nicht hinaus. Je nachdem, wie sie durch ihre Umwelt darauf eingestellt wurden, sehen sie auf der einen oder der anderen Seite die Guten und die Bösen.

Anders ist es bei Jugendlichen. Sie begreifen die groben Zusammenhänge und akzeptieren Schlagworte. Besonders in dem Alter zwischen 16 und 18 Jahren besteht die große Gefahr, daß man Gewalttäter ganz attraktiv findet. Gibt es nun im Freundes- oder Bekanntenkreis Personen, die den jungen Menschen zum Mitmachen verleiten, kann es geschehen, daß aus der passiven Bewunderung aktive Aggressivität wird. Allerdings darf man eines nicht übersehen: Es muß dem jungen Menschen möglich sein, bei dem Täter im weitesten Sinne einen guten Kern zu finden, ihn also als Robin Hood glorifizieren zu können, der die bösen Reichen beraubt, um die guten Armen zu beschenken. Im Western-Film zeigt sich dieser Aspekt deutlich. Der Held ist gewalttätig, aber immer nur im Dienste der guten Sache. Unsere Terroristen jedoch, die sinnlose Brutalität praktizieren, haben diese Grenze des Anerkanntwerdens bereits überschritten. Sie rekrutieren sich deshalb auch nicht aus Bewunderern, die der Gewalt wegen von außen her zu ihnen stoßen.

Frage: Wie können Eltern ihren Kindern helfen, ohne Aggressivität aufzuwachsen?

Antwort: Vor allem müßten die Eltern, die Lehrer, die Kindergärtnerinnen, ja alle Erwachsenen davon ausgehen, daß Kinder gut sind. Sodann müssen wir mit dieser Einstellung ihre Fragen akzeptieren und beantworten und sie lehren, ihren Gefühlen Ausdruck zu verleihen. Wir dürfen vieles von dem, was Kinder verlangen oder erstreiten wollen, nicht als bloße kindliche Laune ansehen, sondern als Ausdruck unterbewußter, hintergründiger Wünsche. Um es an einem einfachen Beispiel

verständlicher zu machen: Ein Kind will vor dem Fernsehapparat sitzen. Es möchte nicht nur die Kinder- und Jugendsendungen sehen, nein, es fordert vehement den Anblick von Lembke bis Löwenthal. Wer diesen Wunsch analysiert, wird bald schon zu dem Ergebnis kommen, daß etwas ganz anderes hinter dem vordergründigen Fernsehfimmel stecken muß. Welchem durchschnittlich begabten Siebenjährigen können politische Diskussionen oder Quizspiele so viel bedeuten, daß er sie unbedingt sehen will? Keinem! Also liegt die Ursache dafür woanders.
Überlegen wir: Wenn ein Kind auf einem Wunsch besteht, gibt es dafür ein Motiv. Wir sahen aber, daß das Motiv nicht die Lust am Fernsehen sein kann. Dringen wir in unserer Analyse weiter vor, werden wir am Ende stets auf drei kindliche Kernmotive stoßen:

- Ich will euch zeigen, daß ihr mich links liegen laßt. Kümmert euch gefälligst um mich!
- Ich will meine Identität gegenüber der Familie prüfen. Mal sehen, wie stark ich schon bin!
- Ich fühle mich unverstanden. Hilfe, ich brauche Zuneigung!

Wenn wir diese Wünsche als unbewußte Ursache vieler kindlicher Forderungen akzeptieren, dann ist es nicht so sehr wichtig, die Forderungen der Kinder zu reglementieren, sondern diesen tieferliegenden Wünschen mehr Beachtung zu schenken und sie durch Zuneigung auf andere Gedanken zu bringen.
Wenn es heute auch leider in vielen Familien anders aussieht, für Kinder ist es immer reizvoller, sich mit den Eltern zu beschäftigen, zu reden, zu spielen, zu schmusen oder gemeinsam ein Lied zu singen, als still nebeneinander vor dem Fernsehapparat zu sitzen.
Die elterliche Alternative darf nicht lauten: Fernsehapparat oder Einsamkeit im Kinderzimmer. Die vordergründige Lust am Fernsehen muß durch Aufmerksamkeit ersetzt werden. Falsch ist es in jedem Fall, die Fernsehabende allein vom Wohlverhalten des Kindes abhängig zu machen. Wer das Fernsehen als Belohnung oder Druckmittel einsetzt, darf sich nicht wundern, wenn es umgekehrt vom Kind als verschlüsselte Nachricht bei mangelnder Zuneigung benutzt wird und dadurch einen Stellenwert erreicht, den es objektiv gesehen nicht verdient.
Frage: Wieweit spielt der Freundeskreis bei der Entwicklung der Kinder eine Rolle?

Antwort: Der Freundeskreis ist für ein Kind außerordentlich wichtig. Je älter ein Heranwachsender wird, desto größer ist der Einfluß von Freunden und Freundinnen. Das ist ganz natürlich, die Kinder werden sich zunehmend ihrer selbst bewußt und schätzen die Ratschläge der Gleichaltrigen höher ein, als sie das früher taten.
Deshalb sollten die Eltern schon sehr früh damit beginnen, mit ihren Kindern über deren Freunde zu reden. Sie sollten dafür sorgen, daß möglichst viele Freunde möglichst oft mit nach Hause gebracht werden. Aus einem guten Grund – wer erst bei Sechzehnjährigen die Freunde und Freundinnen begutachtet, läuft Gefahr, für aufdringlich gehalten zu werden.
Wenn es dagegen selbstverständlich ist, jemand mitzubringen, werden dies die Kinder auch im kritischen Alter ganz automatisch tun.

2. Teil

Die drei Gruppen der Gewalttäter

Rowdys, Rocker, Terroristen – Gemeinsamkeiten der Gewalt

Als im März des Jahres 1977 der erste Drohanruf kam, nahm ihn niemand ernst. Ein Mann, nach der Stimme zu schließen offenbar ein sehr junger Mann, forderte von einer Münchner Firma die Zahlung von hunderttausend Mark auf das Spendenkonto des Turn- und Sport-Vereins von München 1860. Andernfalls, so drohte der junge Mann, würde bei der betreffenden Firma eine Bombe gezündet.

In den nächsten Wochen häuften sich die erpresserischen Anrufe. Insgesamt fünf Firmen wurden auf diese Art und Weise von demselben Täter belästigt. Von einem Kaufhaus versuchte er sogar eine Million Mark für den Fußballklub des TSV 1860 München zu bekommen.

Obwohl alle Firmen den Erpressungen nicht nachgaben, geschah lange Zeit nichts.

Ein weiterer Vorfall ereignete sich am 22. Oktober, mehr als ein halbes Jahr nach den ersten Drohanrufen. Der Fußballklub, für den das Geld bestimmt sein sollte, verlor ein entscheidendes Spiel gegen Fortuna Düsseldorf. Nach dem Kampf formierten sich etwa fünfzig Rowdys und zogen vom Münchner Olympiastadion zur Fußgängerzone im Zentrum der Stadt.

Grölend, betrunken und randalierend belästigten sie dort am Samstagnachmittag Passanten, die sich auf dem Stadtbummel befanden. Sie warfen steinerne Blumenkübel um und taten sich schließlich zu einer Gruppe zusammen, die lautstark skandierte: »Es lebe die RAF!« und: »Baader, Baader, wir wollen noch mehr Tote!«

Eine Hundertschaft der Polizei griff ein und verhaftete dreizehn der Rowdys. Sie waren im Alter von siebzehn bis einundzwanzig Jahren und wurden wegen Landfriedensbruch, Körperverletzung und Billigung von Straftaten angezeigt.

Der dritte Vorfall geschah einen Tag später, am 23. Oktober, um die

Mittagszeit. Ein Anrufer forderte die Polizei auf, die verhafteten Fußballrowdys sofort freizulassen, sonst würde im Münchner Stadtgebiet eine Bombe explodieren.
Am selben Tag erreichte kurz darauf ein anonymer Telefonanruf das Erzbischöfliche Ordinariat in München. Der unbekannte Anrufer warnte vor einer Bombe, die nahe dem Jagdmuseum in der Augustinerstraße, schräg gegenüber dem Münchner Polizeipräsidium, deponiert worden sein sollte. Tatsächlich konnten Sachverständige der Polizei einen Sprengstoff in einer Korbflasche entdecken. Die Flasche hatte der Täter unauffällig neben dem Eingangstor zum Jagdmuseum abgestellt. Die Fachleute entschärften die Bombe und vermieden dadurch einen unabsehbaren Schaden.
Sechs Wochen später wurde ein neunzehnjähriger Lagerarbeiter vernommen, der im Laufe des Verhörs gestand, für seinen Verein TSV 1860 München die Bombendrohungen ausgesprochen zu haben. Angeblich, um den Fußballverein von einer vermeintlichen Schuldenlast zu befreien.
Wenige Tage nach dem Attentatsversuch auf das Jagdmuseum in München ereignete sich in Paris folgendes: Ein einundzwanzigjähriger Rocker kaufte zwei Kanister Benzin und fuhr auf seinem Moped so lange durch Paris, bis er im Quartier Latin an der Place Maubert einen Reisebus mit deutschem Kennzeichen entdeckte.
Da es spät nachts war, stand der Bus leer vor einem Hotel. Der junge Mann stellte sein Moped ab, öffnete die beiden Benzinkanister, übergoß den Bus mit Benzin und zündete ihn an. Er tat dies so ungeschickt, daß auch seine Hose Feuer fing.
Unabhängig davon demolierten in derselben Nacht fünf Rocker im Westen der Stadt jeden Volkswagen, den sie finden konnten. Sie taten dies unter dem Vorwand, gegen die deutsche Regierung zu demonstrieren.
Aus diesen Ereignissen kristallisiert sich zweierlei heraus: Einmal werden die Formen der Gewaltäußerung immer ähnlicher. Alle drei Gruppen, Rowdys, Rocker, Terroristen, begannen mit Kampfparolen, mit Demonstrationen ihrer Kraft und gingen später zu handgreiflichen Auseinandersetzungen über, die schließlich in Sprengstoffanschläge ausarteten.
Zweitens sehen wir, daß sowohl Fußballrowdys wie Rockergruppen ihre

»Schlag«worte ausleihen, um der Gewalt freien Lauf lassen zu können. Unpolitische Fußballrowdys machen sich in München die Argumentation terroristischer Gruppen zu eigen, um zu provozieren und Gewalt ausüben zu können. Rocker prügeln und brennen im Sog einer politischen Anti-Deutschland-Welle und wollen doch in Wahrheit nur ihre Aggressionen loswerden. So unterschiedlich sich die Gruppen nach außen hin darstellen, so ähnlich sind sie sich in ihrer Psychodynamik. Wir haben es bei den drei Gruppen nicht mit drei verschiedenen Aspekten einer gesellschaftlichen Fehlentwicklung zu tun, die nur zufällig zur gleichen Zeit zusammentreffen, sondern mit einer einzigen Form der Gewalt, einer neuen Gewalt, die sich je nach Erziehung und Bildung unterschiedlich äußert. Auf der einen Seite der Rocker und der Fußballrowdy, der sich voll und ganz auf seine körperliche Kraft verläßt, auf der anderen Seite der Terrorist, der zunächst die geistige Auseinandersetzung sucht und in der Folge zur angewandten körperlichen Gewalt übergeht.
Im folgenden werden wir die Entwicklungen in den einzelnen drei Gruppen untersuchen. Beginnen wir mit der Gruppe, die uns im allgemeinen gar nicht allzu viele Sorgen bereitet. Fangen wir mit den Fußballrowdys an.

Eine andere Art von Krieg: die Fußballrowdys

Wer im Laufe seiner psychischen Entwicklung keine eigene Identität finden konnte, muß sie sich bei anderen Menschen ausleihen. Man findet Idole, bewundert sie, eifert ihnen nach und versucht, dem Vorbild in allem und jedem ähnlich zu werden.
Dieser Vorgang ist nichts Neues. Solange wir die Geschichte zurückverfolgen können, wird uns über Idole und ihre Nacheiferer berichtet. Neu ist nur zweierlei: Erstens hatten in den letzten zwei Jahrzehnten immer weniger junge Menschen die Chance, ihre Identität zu finden, und somit sind immer mehr Menschen auf Idole angewiesen. Zweitens wurden viele Idole in ihrem Verhalten von Jahr zu Jahr brutaler und gaben damit, ohne es zu wollen, ihre Brutalität an die Nacheiferer weiter.

Wer sich Albert Schweitzer zum Idol gewählt hat, der wird versuchen, sein Leben lang Gutes zu tun und seine Kraft in den Dienst anderer Menschen zu stellen. Wer sich Mahatma Gandhi zum Idol gewählt hat, wird versuchen, mit gewaltlosem Widerstand seine Gegner zu überwinden und seine Ziele ohne Waffen und Brutalität zu erreichen. Leider sind es aber nur sehr wenige Menschen, die sich einen Albert Schweitzer oder Mahatma Gandhi zum Vorbild auserwählen. Zwar mag das bei Meinungsumfragen ein anderes Bild ergeben, wenn die Befragten glauben, der guten Ordnung halber einen Menschenfreund als Vorbild ankreuzen zu müssen. Die Wirklichkeit ist aber anders. Die Idole, die man sich sucht, finden sich nicht in Indien, Afrika und Amerika, sondern zwischen Kaiserslautern und Gelsenkirchen. Man wählt sie aus dem näheren Umfeld, oftmals auf dem Fußballplatz.

Bleiben wir bei den Fußballstars. Nicht nur das Verhalten auf den Rängen, auch das Spiel auf dem Rasen wird immer brutaler. Das hat mancherlei Gründe. Die Profifußballer verdienen in den letzten Jahren immer mehr Geld. Als der Bayern-München-Spieler Franz Beckenbauer im Laufe der Frühjahrssaison 1977 zu Cosmos New York überwechselte, wechselten auch sieben Millionen Mark den Besitzer. Ein gut Teil blieb bei Franz Beckenbauer, der Rest ging in die Kasse seines alten Vereins. Die Prämien, die von den Spitzenspielern pro Jahr eingesteckt werden, gehen in die Hunderttausende. Damit wurde der Sportplatz zur Arbeitsstätte, das Freizeitvergnügen für die Spieler zum Kampf um das berufliche Fortkommen. Das Spiel selbst erhält von Jahr zu Jahr eine härtere Note. Kaum ein Berufsfußballer, der eine Meisterschaft ohne schwere Verletzung übersteht, kein Verein, der nicht im Laufe einer Saison über den Ausfall einer ganzen Reihe von Spitzenspielern klagt.

Sagte Winston Churchill noch: »Besser sie treffen sich im Wettkampf als auf dem Schlachtfeld«, so ist für Verhaltensforscher das Fußballspiel langsam, aber sicher zum Kriegsersatz geworden.

Dabei kann keiner den Fußballern zugute halten, sie wüßten nicht, was sie tun. Der frühere spanische Nationaltorhüter Ricardo Zamora brachte es auf die prägnante Formel: »Fußball ist heute der kürzeste Weg ins Krankenhaus.« Sein aktiver Kollege, der niederländische Spitzenspieler in spanischen Diensten Johan Cruyff, philosophierte einmal über seinen Beruf: »Fußball ist eine Art von Krieg. Jeder muß kämpfen, um zu gewinnen.«

In dieser Sprache geht es allenthalben weiter. Schlagworte werden zu Wortkeulen. Es krachen »Bomben« und »Granaten« auf die Tore, Sturmtrupps und Stoßtrupps kämpfen gegen die feindlichen Reihen, es gibt Rückzugsgefechte – und das alles, um einen Vorgang zu beschreiben, der vor fünfundzwanzig Jahren noch Spaß und Samstagnachmittagsvergnügen unserer Väter war.
Damals war wirklich noch alles anders. Männer wie Fritz Walter riefen beim Sportplatzbesucher, der sich mit ihnen zu identifizieren suchte, nicht das Gefühl hemmungsloser Brutalität und Gewalt um jeden Preis hervor. Fairneß hieß die Devise. Vor den Länderspielen trafen sich die Akteure in der Kabine, reichten sich die Hände und schworen einander Freundschaft und Zusammenhalt. Und der Zuschauer war stolz und erfreute sich an den Siegen der bundesdeutschen Mannschaft, die im Jahre 1954 sogar Weltmeister wurde.
Und beim zweiten Weltmeistertitel der Bundesdeutschen, zwanzig Jahre später, 1974? Da gingen Querelen beim Vorbereitungstraining in Malente voraus, ein Spielerstreik drohte, als die Fußballer mit der ausgehandelten Weltmeisterschaftsprämie nicht zufrieden waren, und das Bankett in einem Münchner Hotel am Abend nach dem Sieg endete mit einem Eklat. Die Spieler, deren Frauen und Freundinnen an der nächtlichen Feier nicht teilnehmen durften, weigerten sich, mit den Funktionären allein zu tafeln.
Alles in allem war man zu jener Zeit froh, daß die Weltmeisterschaft zu Ende war. Denn sie stand im Zeichen der Angst vor terroristischen Anschlägen. Das Quartier der einheimischen Mannschaft in Malente war rund um die Uhr von Sonderkommandos der Polizei bewacht worden, zudem verstärkten Beamte in Zivil und in Trainingsanzügen die Sicherheitsbemühungen der uniformierten Polizei. Ähnlich ging es während der Weltmeisterschaft an den verschiedenen Austragungsorten zu. In Hamburg bewachten achthundert Beamte samt Hunden und Hubschraubern das Stadion, in Berlin waren es gar tausend Polizisten und vierzehnhundert Ordner. Auf Grund mehrerer Hinweise meinte man besonders drei Alarmfälle befürchten zu müssen: Anschläge von Extremisten, Geiselnahmen und Krawalle. Die Zuschauer waren sicherheitshalber vom Organisationskomitee versichert worden. Mit zehntausend Mark Abfindung beim Todesfall, zwanzigtausend Mark bei Invalidität. Glücklicherweise mußte niemand von der Versicherung Gebrauch

machen. Außer Verletzungen beim Kampf um die Eintrittskarten und kleineren Prügeleien während der Spiele lief die Weltmeisterschaft in Deutschland überraschend friedlich ab.
Doch das Bild von den friedlichen Fans täuschte. Kaum war das internationale Treffen auf deutschem Boden vorüber und Spieler und Publikum wieder unter sich, ging es erneut rund. Bei einer Kontrolle vor dem Duisburger Wedau-Stadion, einem gefürchteten Randalierertreff, machte die Polizei reichlich Beute. Zu einem Bundesligaspiel hatten die Zuschauer mitgenommen: zwei Revolver, einen Eisenhammer, einen Schlagring, ein Schiffstau, Eisenrohre, Fahrradketten und eine Dose mit Tränengasspray. Im Jahre 1975 nahm die Polizei in den bundesdeutschen Stadien fünfunddreißig Pistolen und Revolver aus den Taschen. In Offenburg verlor ein Zuschauer bei einer Prügelei ein Auge, in Duisburg wurden drei Ordner krankenhausreif geschlagen. In Hamburg pinkelten Rowdys in Cola-Büchsen und warfen die Büchsen auf die vor ihnen sitzenden Besucher. In Düsseldorf rissen achtundzwanzig Rowdys nach einem verlorenen Spiel Parkbänke aus dem Boden und droschen mit den Latten auf abgestellte Autos. In Essen wurde ein Eisenbahnwaggon in Brand gesteckt. Ein Jahr später griffen sich in Köln Schalker Rowdys kleine Kinder und schlugen sie wahllos zusammen, und in Mönchengladbach kam es zu einem Straßenkampf, als Anhänger der Borussia formiert gegen Kölner Rowdys vorgingen. Beim Spiel zwischen Duisburg und Düsseldorf hat die »Rheinische Bahngesellschaft A.G.« stets über erhöhte Kosten zu klagen. Die Rowdys zertrümmern die Wagen, schlagen die Fahrkartenentwerter kaputt, reißen Sitze aus den Verankerungen und kippen sogar ab und zu Waggons aus den Schienen.
1977 kam es in Wien zu einem folgenschweren S-Bahn-Unfall, als Fußballrowdys auf der Heimfahrt vom Weststadion die Handbremse zogen und alle Lichter des letzten Waggons löschten. Der Zug blieb nachts in einem Tunnel stehen, eine andere S-Bahn fuhr auf den unbeleuchteten Waggon auf. Mehrere Schwerverletzte waren zu beklagen. Aus den Beispielen ersieht man, wie mit der zunehmenden Brutalität auf dem Rasen auch die Aktionen jener Rowdys, die auf dem Fußballplatz ihre Idole gefunden haben, immer gewalttätiger geworden sind.

Brutalität auf dem Rasen und den Rängen

Eine Meldung aus der »Süddeutschen Zeitung« vom 24. Oktober 1977 besagt:

> »Als besonders brisant gelten bei der Polizei tatsächlich solche Begegnungen, wo rivalisierende Nachbarvereine aufeinandertreffen. Da sind dann nicht nur bei den Spielern, sondern auch bei den Fans die Revanchegelüste besonders groß – so wie bei jenem achtzehnjährigen Mönchengladbacher, der später vor einem Richter die Schlagverletzungen eines Kölner Anhängers einleuchtend zu erklären wußte: ›Letztens in Köln, da bekamen wir die Fresse poliert, und da wollten wir's denen jetzt heimzahlen.‹«

Solche Schlägereien bei den Städtespielen sind jedoch harmlos, bedenkt man, daß Länderkämpfe im wahrsten Sinne des Wortes zu Kriegen ausarteten.
Bei einer bewaffneten Auseinandersetzung zwischen den mittelamerikanischen Ländern El Salvador und Honduras fanden rund dreitausend Personen den Tod, weitere zehntausend Menschen mußten fliehen. Der Krieg war die Fortsetzung eines Fußball-Länderspiels.
El Salvador, nicht größer als das Bundesland Hessen, von rund 3,65 Millionen Menschen bevölkert, meist Mischlingen und Indianern, litt unter Armut und Arbeitslosigkeit. Rund ein Zehntel der Bevölkerung wanderte in den späten sechziger Jahren ins benachbarte Honduras aus, wo die 2,5 Millionen Einwohner weniger Not litten. Die arbeitsamen Gastarbeiter aus El Salvador brachten es auf Grund ihrer Tüchtigkeit bald zu Landbesitz und einem bescheidenen Wohlstand. Damit machten sie sich in Honduras nicht gerade beliebt, und sobald es innenpolitische Probleme gab, führte die Regierung diese Schwierigkeiten auf die Leute aus El Salvador zurück.
Im Jahre 1969 erreichten die Auseinandersetzungen dann einen Höhepunkt. Der Militärdiktator General Oswaldo López Arellano plante, in Honduras allen ausländischen Landbesitz, also auch den der eingewanderten Salvadorianer, zu enteignen. Zu dieser Zeit führte der staatliche Rundfunksender eine heftige Kampagne gegen den Nachbarn El Salvador.
Gerade zu dieser Zeit mußte die Fußballmannschaft El Salvadors in

Tegucigalpa, der Hauptstadt von Honduras, zu einem Weltmeisterschaftsqualifikationsspiel antreten. Honduras siegte eins zu null.
Als das Rückspiel in El Salvador von den Salvadorianern mit drei zu null Toren gewonnen wurde und El Salvador damit den Gesamtsieg davontrug, identifizierten sich beide Länder mit ihren Mannschaften derart, daß es zu einer bewaffneten Auseinandersetzung kam, in deren Verlauf sogar Bomben geworfen wurden. In die Geschichte ging dieser Zwist als der »Fußball-Krieg« ein.
Bei diesen Länderspielen kam zweierlei zusammen. Einmal die außergewöhnliche Identifikation zwischen den Zuschauern und ihrer Mannschaft im Kampf gegen einen verhaßten Gegner und damit verbunden eine besondere emotionelle Distanz, die beide Parteien voneinander trennte.
In anderen Ländern verquicken sich politische Aggressivität und Fußball nicht minder stark. Als 1968 Israel am Olympischen Turnier in Mexiko teilnahm, verzichtete Marokko auf seine Teilnahme, zwei Jahre darauf gelang es dem Fußballverband nur, die arabischen Länder zur Weltmeisterschaft zu locken, indem man ihnen versicherte, nicht gegen Israel spielen zu müssen.
In der nordirischen Provinz Ulster war einer der Stars des Vereins von Bankmore der Katholik Patrick McCrory. Er wurde von Gegnern durch einen Schuß aus dem Hinterhalt getötet. Vier Monate später erwischte es einen protestantischen Spieler: David Toots. Die Nordiren hatten ihren terroristischen Religionskrieg auf den Fußballplatz getragen.
Fußball und Gewalt haben sich auf der ganzen Welt immer mehr verbündet. In Anatolien herrschten bürgerkriegsähnliche Zustände, nachdem ein umstrittenes Tor in einem Fußballspiel zweier ohnedies verfeindeter Städte eine Schlacht im Stadion ausgelöst hatte. Die Anhänger der Gastmannschaft waren bereits mit Säcken voll Steinen angereist, die sie im Laufe des Kampfes auf ihre Gegner niederprasseln ließen. Vierundvierzig Tote und sechshundert Schwerverletzte blieben nach dem Spielabbruch zurück. Damit aber nicht genug. Als die Kunde von der Fußballtragödie in den Städten bekannt wurde, rotteten sich Tausende von Einwohnern zusammen und demolierten, was ihnen in den Weg kam.
Im Jahre 1969 verwüsteten erboste Fans die süditalienische Stadt Caserta und lieferten der Polizei eine zweitägige Straßenschlacht, die achtzig

Verletzte forderte, nachdem der ortsansässige Klub in der Meisterschaft hatte absteigen müssen.

In Lima wiederum entfesselte ein nicht anerkanntes Tor in einem Länderspiel einen Aufruhr. Die Polizei schoß, um Ruhe zu schaffen, mit Tränengas in die Luft. Daraufhin ging die Panik erst richtig los. Zehntausende Menschen schlugen und traten um sich. Der Kampf im Stadion forderte dreihundertachtundzwanzig Menschenleben.

All die erwähnten Fälle dokumentieren deutlich, in welcher Weise der Fußball überall dazu führt, eine verdeckte Aggressivität hervorbrechen zu lassen:

- Der Gegner ist abgegrenzt und gut erkennbar.
- Die Distanz zu ihm ist lange vor dem Treffen bereits aufgebaut und steigert sich im Laufe des Spiels merklich.
- Der Zuschauer kann seine Aggressivität nur durch Zurufe, Beifalls- oder Mißfallenskundgebungen ausleben. Er kann nicht aktiv werden.

Noch etwas sehr Wichtiges kommt dazu. Geld bedeutet Macht. In dem Maße, in dem die Idole unten auf dem Spielfeld Geld verdienen, steigt in den Augen ihrer Anhänger auch ihre Macht. Ein Fußballer ist heute mächtiger und einflußreicher, als er es noch vor fünfzehn Jahren war. Er hat einen hohen gesellschaftlichen Status und weiß durchzusetzen, was er erreichen möchte. Der Anhänger jedoch, der beispielsweise im berüchtigten Block V der Nordkurve des Gelsenkirchener Stadions das Spiel miterlebt, ist genauso »ohnmächtig« geblieben, wie er es vor fünfzehn Jahren war. Es ist ihm immer noch unmöglich, seinen Idolen außer mit guten Worten auch noch mit Taten beizustehen. Damit ist der Unterschied zwischen dem, was er tun will und an Macht sucht, und dem, was ihm an Machtausübung gestattet ist, weiter angewachsen. Er möchte mehr Macht erhalten. Diese Macht kann man durch Lautstärke erreichen. Die Schlachtrufe schwellen an, der Gegner wird förmlich niedergeschrien. Genügt dies nicht mehr, schießt man Böller und andere Feuerwerkskörper in die Luft. Man beweist damit den Anhängern der gegnerischen Mannschaft, daß man lauter, kräftiger, mächtiger ist.

Schließlich bleibt dem Fußballanhänger als letztes die Möglichkeit, seine Ohnmacht in aktive Macht und handgreifliche Stärke zu verwandeln.

Fassen wir die Überlegungen dieses Kapitels zusammen, so können wir feststellen: Die Entwicklung der jungen Leute zur neuen Gewalt fiel auf

diesem Gebiet zusammen mit einer allgemeinen Entwicklung zur Brutalität.
Wer also in den Fußballstadien die Auswüchse eindämmen möchte, der muß damit weit vor den Toren der Stadien beginnen. Er muß dafür sorgen, daß sowohl die ansteckende Gewalt auf dem Rasen als auch die steigende Gewalt im Umfeld der Fußballplätze eingeschränkt wird.

Sinnlose Gewalt in Uniform: die Rocker

Von den drei Gruppen, deren Gewalttaten wir hier untersuchen, scheint uns die zweite besonders sinnlos zu handeln. Kann man die Wut der enttäuschten Fußballrowdys bis zu einem bestimmten Grad noch verstehen und auch den Anlaß zu terroristischen Aktionen in faßbare Gründe kleiden, so ist die Brutalität der Rocker Ausdruck reinster Gewalt. Es ist Gewalt um der Gewalt willen, sie bleibt unbeschönigt durch vordergründige Erklärungen. Die Rocker schlagen, prügeln und morden, um ihre Aggressivität auszuleben. Bei keiner der drei Gruppen läßt sich das Motiv der Gewalt so offensichtlich erkennen wie bei den Rockern. Keine der drei Gruppen ist deshalb aus der Sicht des Psychologen leichter zu behandeln. Ein Beispiel mag das verdeutlichen: Ein Patient, der über allgemeine Übelkeit klagt, wird beim Arzt wahrscheinlich eine Reihe eingehender Untersuchungen über sich ergehen lassen müssen, ehe die Diagnose gestellt und eine Behandlung begonnen werden kann.
Kommt jedoch jemand mit Schmerzen im rechten Unterbauch, Brechreiz und einer geringfügig erhöhten Körpertemperatur zum Arzt, so deutet alles auf eine akute Blinddarmentzündung hin. Der Arzt wird seine Untersuchung sofort in diese Richtung lenken und seinen Patienten früher von seinem Leiden befreien können.
Ähnliches gilt für die Rocker. Sie zeigen uns überdeutlich die Probleme ihrer Psyche, indem sie ihre Aggressivität ungebrochen äußern. Die Diagnose kann deshalb im allgemeinen erfolgreich an einem Punkt ansetzen. Meist stellt sich heraus: Rocker leiden unter einem emotionalen Defizit, einer gefühlsmäßigen Abgrenzung zur Gesellschaft, einem

hohen Aggressionspotential, Problemen bei der Identitätsfindung und dem Unvermögen, diese Probleme aussprechen zu können.
Im Grunde genommen ist diese Diagnose kennzeichnend für Ursachen der neuen Gewalt insgesamt. Die Aggression führte bei Rockern wie bei Fußballrowdys oder Terroristen in die falsche Richtung, zur Aggressivität. Die Gesellschaft förderte diese Entwicklung noch, da sie sich nur bemüht, Grenzen zu den neuen Gewalttätern zu schaffen, statt die Motive zu ermitteln und die Brutalität möglichst gewaltlos zu besiegen. Dazu ein Beispiel.
Einer der spektakulärsten Fälle ereignete sich in Bayern Anfang der siebziger Jahre. Vor einer Tanzdiele im Münchner Stadtteil Sendling stach der Rocker Ulrich K. mit einem Klappmesser den italienischen Gastarbeiter Domenico M. nieder. Täter und Opfer waren etwa im gleichen Alter, knapp zwanzig. Der Tat war keine nennenswerte Streitigkeit vorausgegangen. Sieben Rocker, Mitglieder der »Valley Crew«, lungerten vor der Kneipe herum, als der junge Mann aus Süditalien an ihnen vorbeikam.
Sie rempelten ihn an, er wollte weitergehen. So entstand eine Schlägerei, in deren Verlauf Ulrich K. sein Messer in den Rücken des unschuldigen Opfers stieß. Die Verletzungen, die Domenico M. davontrug, waren schrecklich: eine Querschnittslähmung mit Lähmung der Blase und des Mastdarms.
Bei der Verhandlung gegen die Täter verhängte das Gericht die schwersten Strafen, die in München bis zu diesem Tag gegen Rocker ausgesprochen wurden. Die »Valley Crew« erhielt Freiheitsentzug zwischen zwanzig und fünfundvierzig Monaten.
Dennoch war das Rockerunwesen in München noch lange nicht überwunden. Weitere, jeweils zwanzig bis vierzig Mann starke Banden terrorisierten die Bürger. Zwei der namhaftesten waren die »Black Spiders« aus dem Westend, bei denen die Polizei bei einer Durchsuchung ein großes Arsenal von Stichwaffen und Gaspistolen fand, sowie die »Bunch Munich«, deren Spezialität es war, auf dem traditionellen Münchner Trödelmarkt »Auer Dult« Massenschlägereien zu inszenieren. Treffpunkt der »Bunch Munich« war die Gegend um die Giesinger Au. Insgesamt saßen in den frühen siebziger Jahren rund fünfhundert Rocker in München in Polizeigewahrsam.
Wie man weiß, beschränkte sich das Rockerproblem nicht auf Bayern

allein. Ganz Deutschland war davon betroffen. Mehr noch, in Amerika, Japan, Holland, Frankreich und Italien, überall tauchten immer mehr junge Leute auf, deren Zeichen die Lederkleidung und schwere Motorräder waren und deren einziges Ziel offenbar darin bestand, mit sinnloser, brutaler Gewalt die Gesellschaft zu verunsichern und in Angst und Schrecken zu versetzen.

Besonders üble Straftaten begingen die Rocker im Norden der Bundesrepublik. So schrieb das Magazin »Der Spiegel« in einem Artikel über Hamburger Rocker:

> »Rockerbanden in Hamburg gebärden sich immer dreister. Gegen die ›Spontan-Kriminalität‹, die inzwischen von Schuß- und Stichwaffen bestimmt wird, hat die Polizei bislang kein Mittel gefunden.«

In der Folge beschreibt das Magazin in einem Artikel, was die hanseatischen Rocker allein an einem Tag, am Tag der Arbeit, dem 1. Mai 1973, anstellten:

Nach reichlichem Bier- und Korngenuß zertrümmerten sie Scheiben, randalierten in der U-Bahn und S-Bahn, attackierten dabei Fahrgäste und das Personal. Sie stahlen Schnaps in einem Selbstbedienungsladen, prügelten sich in einer Kneipe herum, schlugen eine junge Frau krankenhausreif und verletzten einen Halbwüchsigen durch Leuchtpatronenbeschuß.

Genausogut hätte man irgendeinen anderen Tag herausgreifen können, um einen Eindruck von der typischen Vorgangsweise der Rocker zu erhalten: Sie »bitten« um Lederjacken oder Zigaretten, bezahlen mit wenigen Pfennigen und schlagen erbarmungslos zu, wenn sich jemand weigern sollte, seine gute Jacke für zwei Mark oder ein Päckchen Zigaretten um einen Rippenstoß zu verkaufen. Dabei bedarf es meist gar keiner Provokation. Sie greifen an, wenn sie Lust zur Gewalt verspüren.

Den Anstieg der Rockerkriminalität macht eine Statistik der Hamburger Polizei deutlich: 1969 wurden 581 Rockerstraftaten registriert und gegen 1087 Täter ermittelt. Vier Jahre später waren es bereits etwa dreimal soviel Delikte, die Zahl der verdächtigten Täter stieg auf zweitausend an. Es kam also zu einer Ausbreitung des Rockerunwesens insgesamt – knapp doppelt soviel Jugendliche machten sich 1973 im Gegensatz zu

1969 strafbar – und zu einer Häufung der Straftaten bei den einzelnen Rockergruppen. Und wieder charakteristisch: Die Gewalttäter wurden immer jünger. Waren 1971 in Hamburg unter 563 Tätern keine Kinder, so ergriffen Polizeibeamte bei Rockerprügeleien zwei Jahre später bereits 34 Kinder. Genauso schnell stieg in Hamburg die Zahl der festgenommenen Jugendlichen an: 1971 fielen 175 jugendliche Rocker der Polizei in die Hände, 1973 bereits 751!

In einem Fall war eine Rockerbande für einen Fernsehfilm der Kriminalserie »Sonderdezernat K1« verpflichtet worden. Sie sollte möglichst realistisch darstellen, wie Rocker eine Nachtbar zertrümmern. Den echten Darstellern gelang dies so überzeugend, daß der Regisseur hochzufrieden war. Der »Spiegel« vermeldete jedoch später, wie es hinter den Kulissen weiterging:

> »Die Rocker sorgten sich um den eigenen Ruf... In einem Fernsehfilm demolierten sie zwar – realistisch – eine Kneipe, ließen aber – unrealistisch – eine nackte Stripteuse unbehelligt. Wenige Tage nach der Sendung zerschlug dieselbe Gruppe ein Hamburger Lokal, dieses Mal wurde – realistisch – sogar die angekleidete Wirtin vergewaltigt.«

Bei der Beschäftigung mit dem Rockerproblem fällt neben der Brutalität noch weiter auf:

- Rocker treten stets in Gruppen auf.
- In diesen Gruppen herrscht eine strenge Hierarchie. Wer sich nicht unterordnen kann, wird gedemütigt und ausgestoßen.
- Rocker brauchen äußere Stimulanzien.

Setzen wir gleich beim letzten Punkt ein. Wenn ein kräftiger junger Mann einer alten Frau die Handtasche entreißt und wegrennt, so ist das eine erbärmliche Tat, die keinen besonderen Mut verlangt und auch in den Augen des Täters beschämend sein muß.

Ist bei diesem Vorgang nur eine Kleinigkeit anders, sind gewisse Stimulanzien vorhanden, so kann der gleiche Tatverlauf das Selbstwertgefühl des Täters enorm ansteigen lassen: In dem Moment nämlich, wo eine Gruppe uniformiert auftritt, Waffen mit sich herumträgt, grölend Schrecken verbreitet und das Ganze von infernalischem Motorenlärm begleitet ist, wird aus einem solchen Raub ein Fanal.

In den Augen der Täter ist dies Gewalt gegen die Welt der Erwachsenen, von der man sich distanziert hat, und dabei nimmt man es auch in Kauf, daß diese Welt von einer gebrechlichen alten Frau verkörpert wird.
Die Stimulanzien der Rocker sind ihre uniforme Bekleidung, der Lärm und die Kraft ihrer Motorräder. Im Laufe einer Untersuchung unseres Instituts drückte einer der Rocker dies mit folgenden Worten aus: »An und für sich sind wir ganz ruhig, aber in dem Moment, wo wir unsere Kluft anziehen, beginnen wir den Scheiß zu machen.«

Die Autorität des Stärkeren

Weit komplizierter wird es, wenn wir uns den Motiven zuwenden, die die Rocker zu Gruppen zusammenschweißen. Grundsätzlich läßt sich sagen, daß die meisten Mitglieder der Banden oder »Blasen« aus mittelständischen Elternhäusern und darunter stammen. Oft sind die Eltern Arbeiter, Angestellte, Beamte, manchmal Mitglieder freier Berufe wie Architekten oder Schauspieler. Ein ganz typisches Merkmal der Familien ist, daß zumeist der Vater und die Mutter arbeiten oder sich voll und ganz einer gesellschaftlichen oder sozialen Verpflichtung widmen. Der Schriftsteller Heinrich Böll sagte in einem Fernsehinterview anläßlich seines sechzigsten Geburtstages: »Ich bin zu der Überzeugung gelangt, daß Geld Zeit ist.«
Er drehte damit das alte Sprichwort »Zeit ist Geld« einfach um – und paßte es genau den heutigen Verhältnissen an. Er selbst verzichtet auf Geld, indem er sehr viele Dinge nicht macht, um dafür Zeit zu gewinnen, in der er alles das, was ihm wichtig und erstrebenswert erscheint, tun kann.
Als sich das Institut für Konfliktforschung und Krisenberatung mit den Problemen jugendlicher Rocker beschäftigte, konnte es im Laufe seiner Untersuchungen immer wieder feststellen, daß die betroffenen Eltern die Belange ihrer Kinder und die Aufgaben der Familie der finanziellen Besserstellung opferten. Sie gaben »Zeit für Geld«. Die Folgen waren unübersehbar. Die Jugendlichen suchten die fehlende Führung und Anleitung durch die Eltern bei Gleichgesinnten auf der Straße. Autorität, die sie daheim bei Vater oder Mutter nicht fanden, fanden sie in der

hierarchisch geführten Gruppe. Dort war es die Autorität des Stärkeren.

Es wäre ganz verfehlt anzunehmen, daß es für die gefährdeten Jugendlichen von Anfang an der Wunschtraum war, als Rocker zu enden. Rocker zu werden ist im Gegenteil eine Emigration in eine Welt, die man eigentlich gar nicht gesucht hat. Man wollte Führung, Verständnis und Akzeptanz – und schlitterte in die neue Gewalt.

Viele Eltern leben in einer Umgebung, die für ihre Bedürfnisse und ihre finanziellen Möglichkeiten viel zu anspruchsvoll ist. Sie müssen durch Überstunden und Arbeit beider Elternteile versuchen, ihren Verpflichtungen nachzukommen. Die Folge ist, daß die Kinder in den kritischen Jahren zwischen neun und vierzehn meist sich selbst überlassen sind.

Der Jugendpsychiater Gerd Biermann untersuchte in seinem Institut für Psychohygiene in Brühl bei Köln fünftausend Kinder und kam dabei zu äußerst interessanten Ergebnissen. Es stellte sich heraus, daß fünfundachtzig Prozent der verhaltensgestörten Kinder aus sogenannten vollständigen Familien kamen. Meist waren es Kleinfamilien, in denen die Problemkinder aufwuchsen. Besonders anfällig zeigten sich, laut Biermann, Kinder aus Familien sozialer Aufsteiger. Die dort übliche blinde Leistungsorientiertheit kompensierten die Kinder vielfach durch Aggressivität.

Darüber hinaus fehlt es in den meisten Familien heute an der Autorität, die nicht einfach gewalttätig, sondern erklärend und mit emotionaler Hinwendung zu dem Kind vorgeht. Das Leitbild, an dem sich ein Kind im Laufe seiner Entwicklung messen kann, bringt kaum die Zeit auf, mit dem Kind vernünftig zu reden und sich mit ihm auseinanderzusetzen.

All das aber, was ein Kind unbewußt als Mangel erlebt, versucht es sich zu verschaffen. Ein Junge oder ein Mädchen in der Vorpubertät ist noch nicht imstande, die Eltern auf ihre Versäumnisse aufmerksam zu machen. Es versucht deshalb den einfachsten Weg zu beschreiten und in einer Gruppe unterzutauchen, die dem Kind Geborgenheit vermittelt. Dazu kommt, daß der Führer der Gruppe als Autorität eher akzeptiert wird als Vater oder Mutter in Kleinfamilien.

Volker W. Degener, ein Polizist und Schriftsteller, hat in jahrelanger mühevoller Kleinarbeit Gespräche mit Rockern aufgenommen und die gesammelten Tonbandprotokolle veröffentlicht. Die Aussage eines Rokkers, warum sich die Bande zusammengefunden habe, liest sich so:

> »Den Hotte kannte ich von früher. Schule. Die anderen kamen allmählich dazu. Hat sich alles so ergeben.«

Und dann heißt es:

> »Wir blieben so oder so zusammen, weil wir alle keine Chance haben. Und weil wir uns so verdammt ähnlich sind in dieser Scheißlage. Deshalb bleiben wir zusammen, glaube ich.«

Treffender hat in wenigen Sätzen vermutlich noch kein Beteiligter die Motive der Rockerbanden ausgedrückt. Da ist vom Zufall des Findens die Rede und vor allem der Unzufriedenheit mit der Situation, die man eigentlich nicht rational begründen kann. Es geht den Kindern des Wirtschaftswunders ja immer noch gut. Sie müssen keine Not leiden, haben genug zu essen und ein Heim. Dennoch fehlt ihnen etwas, das durch materielle Zuwendungen nicht ersetzt werden kann: die körperliche Nähe und Wärme der Eltern, der gefühlsmäßig aufgeschlossene Umgang mit anderen Menschen und das Verständnis für die Situation junger Menschen.

Einer Gruppe oder Bande kann man etwa zwischen dem zehnten und dem neunzehnten Lebensjahr angehören. Man unterzieht sich komplizierten Aufnahmeritualen und immer neuen Selbstbestätigungsversuchen. Eine der beliebtesten Methoden ist der Diebstahl. Man stiehlt, um seinen Mut zu beweisen; es geht nicht darum, sich zu bereichern, sondern man will den anderen imponieren. Langsam steigern sich die Taten, und im selben Maß wird der Jugendliche vom Zufallstäter zum brutalen Gewohnheitstäter.

Wir konnten im Laufe unserer Untersuchungen über jugendliche Gewalttäter die Feststellung machen, daß die Bildung der einzelnen Rockerbanden immer ganz harmlos begann. Etwa so: Ein paar Jungen entdecken ihre Liebe zu Motorrädern, sie ziehen Lederjacken an, treffen einander in bestimmten Stadtvierteln und machen mit ihren Motorrädern Lärm. Unbewußt ist der Wunsch nach Geborgenheit in der Gruppe und die Unzufriedenheit mit der eigenen momentanen Situation bei den einzelnen Mitgliedern da. Das gemeinsame Motorradfahren bringt die Gruppe immer stärker zusammen.

Die zweite Stufe in der Entwicklung einer solchen Rockergruppe ist in der Regel eine gewalttätige Auseinandersetzung mit der älteren Genera-

tion. Die Motorräder machen Krach, Anwohner, die in ihrer Ruhe gestört sind, beschweren sich, die Polizei wird eingeschaltet.
Der »Verrat« der Erwachsenen ist nun für die jungen Leute eine willkommene Gelegenheit, ihrer Wut gegen die »Gesellschaft« Luft zu machen.
Der nächste Schritt zielt bereits auf die bewußte Schädigung der Gesellschaft ab. Man macht es sich zum Vorsatz, ganz bestimmte Dinge zu klauen, stiehlt im Supermarkt alkoholische Getränke oder im Warenhaus Kleidungsstücke. Es folgt der Motorrad- oder der Autodiebstahl, man »borgt« etwas gewalttätig aus. Von jetzt an kann es rapide bergab gehen. Ein Rocker drückte den weiteren Weg im Gespräch mit Volker W. Degener so aus:

> »Es fing ganz harmlos an. Ich habe zuerst nur Fahrradöl für eine Mark stibitzt. Dann kam ein Automatendiebstahl. Wie es so schnell weiterging, weiß ich selber nicht mehr zu sagen, aber: Plötzlich stehste mittendrin.«

Degener berichtet weiter:

> »Wie man aus der Kirche, aus dem Sportverein, aus der Gewerkschaft austreten kann, so ist er damals auch aus seiner Familie ausgetreten. Und er hat gelernt: Für die Welt sind wir Bastarde, und die anderen sind Bastarde für uns. Bastarde werden nicht mit Samthandschuhen angepackt, alles beruht auf Gegenseitigkeit.«

Zwei Welten stehen einander gegenüber: die Gesellschaft, die in den Rockern anormale Wesen sieht, die eine nutzlose und sinnlose Gewalt ausüben, und die Rocker, die sich immer mehr von der Gesellschaft distanzieren. Beide Seiten reagieren mit dem vordergründigsten Machtmittel, mit der Gewalt. Man versucht nicht, die Motive einer fehlgeleiteten Jugend zu ergründen und an der Wurzel anzusetzen, sondern schlägt mit aller Macht drein – und verhärtet die Fronten. Dabei könnten verständnisvolle Erfahrungen zu ganz anderen Reaktionen führen.
Wir haben bereits gesehen, in welchem Widerspruch das Auftreten der lederbekleideten Rockerbanden zur Stärke ihrer Opfer steht. Sie suchen nicht den Kampf, sie suchen den Sieg, den einfachsten Weg, ihre Brutalität abzureagieren. Eine solche Gruppe, die die Erfahrung gemacht hat, alte Frauen sind schwach und deshalb leicht zu überfallen, wird sich

immer wieder diese Opfer als Ziel ihrer Gewalttätigkeit aussuchen. Es könnte allerdings auch anders sein: Ein Junge lernt auf Grund seiner persönlichen Erfahrungen in der Familie oder im Bekanntenkreis, daß alte Damen zwar schwach, aber auch liebenswerte oder bedauernswerte Wesen sind. In diesem Fall wird es emotional schwieriger, später Gewalt gegen das liebenswerte oder bedauernswerte Opfer auszuüben. Was man kennt, das versucht man zu verstehen, was man nicht kennt, zu dem hat man Distanz und kann somit leichter dagegen brutal vorgehen.

Ein weiterer Aspekt fällt bei der Betrachtung jugendlicher Rockerbanden auf. Es ist ein deutlicher Mangel an Gesprächen zwischen den Geschlechtern zu bemerken. Mit der Freundin redet der junge Mann nicht, er versucht ihr vielmehr zu imponieren. Wer das lauteste Motorrad, die mit den meisten Nieten beschlagene Lederjacke hat, der ist der Beste. Gefühle sind abhanden gekommen, schick ist, was ins Klischee paßt.

Die Folge dieser Entwicklung ist eine starke Entpersönlichung der Beziehungen, die sich auch sonst beobachten läßt. Man darf nicht mehr einfach der Junge oder das Mädchen von nebenan mit all seinen Problemen, Kummer und Gefühlen sein, sondern der forsche Junge, das clevere Mädchen, die keine Sorgen haben und alles im Handumdrehen erledigen können.

Einer Fehlentwicklung der Heranwachsenden könnte die Schule bis zu einem gewissen Grad Einhalt gebieten. Dort, wo man sich jahrelang in einer Aufgaben- und Altersgemeinschaft zusammenfindet, sollte man an und für sich auch erkennen können, daß andere von ähnlichen Sorgen, Problemen und Gefühlen gepeinigt werden wie man selbst. Dazu sind aber vor allem zwei Voraussetzungen nötig: ein Lehrer, der bei allem Leistungsdruck Zeit aufbringt, mit seinen Schülern über das wichtige Gebiet des *menschlichen* Lernens zu reden und es ihnen begreiflich zu machen. Und gemischte Schulklassen, wie sie bei uns noch viel zu selten sind. Nur in einer Klasse, in der Jungen und Mädchen zusammen unterrichtet werden, können sie sich als gleichberechtigte Partner fühlen und miteinander über ihre oft sehr verschiedenartigen Probleme reden lernen.

Volker W. Degener zieht in seinem Buch »Heimsuchung«, in dem es um die Probleme der Rocker geht, gleichsam Bilanz und gibt aus seiner Sicht wenig Hoffnung auf eine Änderung zum Besseren:

»Solange nicht Mittel für therapeutische Wohnheime bereitgestellt werden, solange nicht Planstellen für eine sinnvolle Gruppenarbeit geschaffen sind, solange Jugendschutzsachbearbeiter auf ihre Vierzig-Stunden-Woche pochen ... solange kann's nicht besser werden.«

Dennoch gibt es eine Stadt in Deutschland, in der man ohne großen finanziellen und personellen Aufwand das Problem der Rocker ohne Gewalt gelöst hat. Darüber mehr im letzten Kapitel unseres Buches. Wenden wir uns jetzt der dritten Gruppe zu, den Terroristen. Es ist sicherlich jene Gruppe von Gewalttätern, die die meiste Publizität erlangte und wegen ihrer hemmungslosen Brutalität und ihrer Rücksichtslosigkeit gegenüber Menschenleben am meisten Angst macht.

Gewalt ohne Sieg: die Terroristen

Jene jungen Leute, die wir Terroristen nennen, sprechen von einem Sieg der Gewalt, welchen sie mit Angst, Blut und Tränen erkaufen wollen. Dabei würden sie mit diesem Sieg, käme er jemals zustande, gar nichts anzufangen wissen. Erfolgreiche politische Bewegungen, so lehrt uns die Geschichte, hatten immer auch positive politische Ziele. Die Terroristen, die uns heute Sorge bereiten, haben dagegen kein politisches Ziel. Sie wollen ein Chaos verbreiten, um sich für etwas zu rächen, das sie ganz individuell als Mangel empfinden, aber nicht auszudrücken vermögen. Und sie suchen sich dort zu rächen, wo sie die Verantwortlichen für ihre unausgesprochenen Probleme zu finden meinen – bei den Repräsentanten unserer Gesellschaft. Die Auseinandersetzung mit den Autoritäten in der Familie hat nicht stattgefunden. Jetzt wird sie mit den Über-Vätern – dem Staat, dem System – gesucht.
Dabei können die Familien miterleben, welch kriminellen Abstieg die Kinder genommen haben. Denn auch ein Mord, von dem behauptet wird, er diene einem politischen Zweck, ist nichts weiter als Mord.
Für ihr Tun und Handeln haben sich die Terroristen eine politische Argumentation zurechtgelegt und versuchen mit diesem intellektuellen Überbau, ihr anarchisches Verhalten zu rechtfertigen. Überspitzt ausge-

drückt sind sie nichts anderes als Politrocker. Was sie brutal angreifen und bekämpfen, nennen sie faschistisch, ohne zu erkennen, daß sie es selbst in hohem Maße sind. Ihre Argumentation, ihre Organisation und ihre Strategie entsprechen einer dogmatisch-autoritären Gesinnung. Es ist zwar nicht zu leugnen, daß ihr Ursprung in der linken studentischen Bewegung der sechziger Jahre zu suchen ist, doch mit Sozialismus haben die Terroristen von heute nichts mehr gemein – sozialistisch handeln hieße nämlich auch, sich geistig mit anderen auseinanderzusetzen und andersdenkende Gruppen zu akzeptieren.

Der Historiker Golo Mann schrieb in einem Aufsatz über den Terrorismus in Deutschland unter anderem:

> »Es sind nicht die gesellschaftlichen oder politischen Zustände Deutschlands, es sind überhaupt keine ›vernünftigen‹ Gründe, aus denen der Terrorismus sich erklären läßt. Menschenhaß und Machtgier, Größenwahn und Freude am Todesspiel gehören nicht ins Reich des Rationalen, was nicht hindert, daß die mordlustigen Menschen von Schlauheit und Fähigkeit, oft sogar von beträchtlicher Bildung sind. Sie kommen, wie unlängst ein hessischer Politiker wahr bemerkte, ›nicht aus den Fabriken, sondern von den Hochschulen‹. So auch hat der Krieg, den sie führen, nichts mit den ›antiimperialistischen Massen‹ zu tun, für den sie ihn angeblich führen. Fände eine Befragung unter diesen ›Massen‹ statt, so würden neun von zehn die Todesstrafe für ihre selbsternannten Erlöser fordern, neunundneunzig von hundert Professoren aber dagegenstimmen. Diese Revolution findet ohne das Volk statt.«

Vergleichen wir den Terrorismus mit den Erscheinungsformen des Rocker- und des Rowdytums, so fallen Gemeinsamkeiten auf:

- Rocker wenden sich – wie die Terroristen – gegen die »Gesellschaft«. Nur bekämpfen sie die Gesellschaft, ohne einen höheren Zweck vorzugeben.
- Terroristen, Rocker und Rowdys werden immer brutaler. Sie beginnen in einer harmlosen Vereinigung Gleichgesinnter und steigern sich unter dem Druck der Gruppe zu Schlägern und Mördern. Das idealistisch-soziale Engagement einer Ulrike Meinhof oder einer Susanne Albrecht sank zur bloßen Killermoral herab,

wie zwei Aussagen bestätigen. »Das progressive Element einer Warenhausbrandstiftung liegt nicht in der Vernichtung der Waren, es liegt in der Kriminalität der Tat.« (Ulrike Meinhof) Und: »Der bewaffnete Kampf in den Metropolen ist die entscheidende politische Perspektive.« (Susanne Albrecht)

- Will man die drei Gruppen mit einem Satz unterscheiden, könnte man sagen: Terroristen töten gezielt, Rocker nehmen den Tod ihrer Opfer unbewußt in Kauf, und ein Fußballrowdy führt die tödliche Verletzung ungewollt herbei.

Das Unvermögen der Gewalttäter, sich der Gesellschaft mit ihren Problemen verständlich zu machen, weil die Gesellschaft ihnen dabei auch nicht entgegenkommt, ist bei allen drei Gruppen als Wurzel der neuen Gewalt festzustellen. Durch scheinbar motivlose Gewalttaten oder Aktionen mit durchschaubaren, vordergründigen Motiven wird die Aufmerksamkeit und die Zuwendung der Umwelt erzwungen.

Versuchen wir, uns die Entwicklung der Terroristenszene in den letzten Jahren zu vergegenwärtigen. Sind die Terroristen ein Produkt der Diskussionen und Proteste Ende der sechziger Jahre bei den Studenten, wie es manche Politiker behaupten? Oder sind die Terroristen »Hitlers Kinder«, wie die englische Autorin Jillian Becker in einem Buch festgestellt zu haben meint?

Beschäftigen wir uns mit der ersten Behauptung. Frank Wolff, ehemaliger Sprecher und Bundesvorstandsmitglied des Sozialistischen Studentenbundes, sagte in einem Fernsehinterview dazu:

> »Heute wird die Schuld an der Gewalt der Studentenbewegung zugeschoben. Aber die Gewalt hat anders angefangen. Am Anfang stand Vietnam, also ein Krieg der größten Weltmacht gegen ein Volk. Am Anfang stand auch der Tod von Benno Ohnesorg, erschossen von einem Polizisten. Und das Attentat auf Rudi Dutschke. Wir haben Gewalt vorgefunden. Wir haben die Gewalt nicht gemacht. Die Öffentlichkeit hat damals schon reagiert, als wären wir die Gewalttätigen gewesen. Man denke nur daran, wie der Tod von Benno Ohnesorg den Studenten selber in die Schuhe geschoben wurde. Die Frankfurter Allgemeine Zeitung hat damals ihren Militärkorrespondenten im Cockpit eines amerikanischen Bombers über Vietnam mitfliegen lassen, und er hat in lyrischen

Berichten erzählt, wie schön es doch gewesen ist, wie die Bomben auf Vietnam heruntergefallen sind. Daran hat niemand Anstoß genommen. Niemand hat gesagt, das sei ein Sympathisant des Terrors gewesen. Man sieht, wie die Gewalt auf der einen Seite tabu war und uns in die Schuhe geschoben worden ist. Es war ja noch nichts passiert. Tomaten wurden auf das Amerikahaus geworfen, Tomaten gegen Bomben. Trotzdem wurde die Studentenbewegung von Anfang an als Terrorbewegung diskriminiert. Eine Hexenjagd, die sich heute in einem ganz anderen Ausmaß fortgesetzt hat.«

Soweit die Stellungnahme des zweiunddreißigjährigen Frank Wolff, der jetzt von sich sagt, keiner politischen Gruppe anzugehören. Ein anderes Mitglied des SDS, Rudi Dutschke, schrieb in einem Aufsatz zur neuen Gewalt in der Wochenzeitung »Die Zeit«:

> »Jede Terroraktion bei uns dagegen macht die geringe gesellschaftliche Luft noch enger und vernebelt ungeheuer die realen Widersprüche und politischen Klassenkampfmöglichkeiten.«

Beide distanzieren sich von der neuen Gewalt. Nicht anders Herbert Marcuse, in dem viele den geistigen Vater der weltweiten studentischen Bewegung in den sechziger Jahren sehen. Er meinte:

> »Gerade weil die Linke diesen Terror verwirft, hat sie es nicht nötig, in die bürgerliche Verfemung der radikalen Opposition einzustimmen. Sie spricht ihr autonomes Urteil im Namen des Kampfes für den Sozialismus. In diesem Namen spricht sie ihr ›Nein – das wollen wir nicht‹. Die Terroristen kompromittieren diesen Kampf, der doch auch ihr eigener ist. Ihre Methoden sind nicht die der Befreiung – nicht einmal die des Überlebens in einer Gesellschaft, die für die Unterdrückung der Linken mobilisiert ist.«

Als Fazit kann man sagen, daß sich all jene, auf die sich der Terrorismus in seinen Formeln beruft, Distanz zur neuen Gewalt suchen und diese verurteilen.

Marion Gräfin Dönhoff schrieb in einem Leitartikel der »Zeit«:

> »Die Theorie, die auch dem CDU-Pamphlet wieder zugrunde liegt, daß der Terrorismus in direkter Linie von der unruhigen Studentengeneration der sechziger Jahre abstammt, ist höchst fragwürdig.

> Jene Bewegung damals war weltweit, sie ging wie eine große Welle von Berkeley/San Francisco bis Tokio. Der heutige Terrorismus dagegen ist allenthalben durch autonome Züge gekennzeichnet: Die IRA in England, die PLO im Nahen Osten, die Baader-Meinhof-Leute bei uns – sie alle haben eigenständige Wurzeln.«

Zu Anfang der studentischen Unruhen in den sechziger Jahren war ein allgemeines Unbehagen zu spüren. Junge Leute, die nicht die harten Jahre des Krieges, sondern die Zeit des Wirtschaftswunders miterlebt hatten, zeigten ihre Unzufriedenheit. Sie zeigten ein Verhalten, für das es eigentlich keine vernünftigen Gründe gab. Denn ging es ihnen nicht besser als je zuvor?

Der Philosoph und Soziologe Jürgen Habermas schrieb schon im Jahre 1968:

> »Die Studenten- und Schülerbewegung geht aus einem Potential hervor, das keine ökonomische, sondern eine sozialpsychologische Erklärung verlangt.«

Die Lebensweise nach dem Krieg und die Vermarktung des Individuums mit seinen für die Persönlichkeitsentwicklung negativen Folgen machten die jungen Leute unzufrieden. Nur konnten sie auf Grund der Fehler in ihrer Erziehung diese Unzufriedenheit nicht ausdrücken. Denn wie sagt man etwas, das sich nicht erklären läßt? Wurde doch nur das anerkannt, was rational begründbar war. Und Gefühlsäußerungen unterblieben da besser.

In der Folge traten rationale Argumente und aggressive Auseinandersetzungen an die Stelle gefühlsmäßiger Erklärungen. Der Schlüsselbegriff für die studentische Bewegung war das »System« geworden, das es zu bekämpfen galt. Das System stand stellvertretend für alles, was die jugendlichen Protestierer an Staat und Gesellschaft auszusetzen hatten.

Als am 2. Juni 1967 der Student Benno Ohnesorg von einem Polizisten in Berlin erschossen wurde, hatte die Generation der Unzufriedenen auch ihren Märtyrer.

Gut vierundzwanzig Monate lang dauerte die Protestbewegung, die sich in Windeseile über die ganze Welt verbreitete. In Frankreich, Japan und Amerika, überall trugen junge Leute ihre Unzufriedenheit mit der

Entwicklung, die unsere Welt zu nehmen schien, auf die Straße. Die Vorkommnisse in Vietnam gaben den Demonstranten zusätzliche Argumente.

Aber nach zwei Jahren war – fast – alles vorbei. Im März 1970 brach in Deutschland der Sozialistische Studentenbund auseinander, das Ende der Studentenbewegung war abzusehen.

Viele der damaligen Studentenführer ordneten sich in die von ihnen bekämpfte Gesellschaft ein. Sie wurden Lehrer, Universitätsprofessoren, Juristen, Manager oder Beamte.

Ein kleinerer Teil flüchtete sich in eine Haltung der allgemeinen Verweigerung, griff zum Rauschgift und widmete sich fernöstlichen Philosophien.

Daneben gab es noch eine dritte Gruppe. Damals schien sie kaum der Beachtung wert. Sie hatte sich schon früh von der allgemeinen Bewegung abgespalten und war ihren eigenen Weg gegangen.

Das Protokoll des Terrors

Am 2. April 1968, auf den Tag genau zehn Monate nach dem Tod von Benno Ohnesorg, bummelten eine junge Frau und ein junger Mann durch die Innenstadt von Frankfurt. Gegen halb fünf Uhr betraten sie das Kaufhaus Schneider. Sie begutachteten eine Liege, dann liefen sie über eine stillstehende Rolltreppe hinauf in den ersten Stock.

Den Verkäuferinnen des Kaufhauses blieb das Pärchen so genau in Erinnerung, weil es sich stets an den Händen hielt und sorgsam darauf achtete, auch Hand in Hand die Rolltreppe hinaufzufahren.

Der junge Mann hieß Andreas Baader. Seine Kindheit – er war am 6. Mai 1943 geboren worden – verlief nicht ungetrübt. Der Vater, ein angesehener Historiker und Stadtarchivar, war im Krieg gestorben. Die Mutter mußte sich in München als Sekretärin durchs Leben schlagen, Andreas wurde von den Tanten miterzogen. Er entwickelte sich zu einem widerborstigen und problematischen Kind. Einmal, so wußte seine Mutter gegenüber Reportern zu erzählen, versuchte er zu prüfen,

wie lange er Zahnschmerzen aushalten könne, ehe er zum Zahnarzt gehen mußte.
Mit Mühe und Not kam er im Gymnasium über die Runden. Kurz vor dem Abitur verließ er die Schule und versuchte sich einige Wochen lang als Bauhilfsarbeiter und später als Volontär beim Berliner Boulevardblatt »BZ«. Andreas Baader war später in der Gruppe der Terroristen einer der ganz wenigen, der keine Hochschule besucht, kein Abitur abgelegt hatte. Eine dämonische Kraft anderen gegenüber ersetzte diesen Mangel und machte in den Augen der Mittäter auch Baaders ungenügendes theoretisch-politisches Wissen wett. Mit der Berliner Kunstmalerin Elly M. hatte er eine Tochter, die er – nach Aussage von Elly M. – sehr geliebt hatte.
Bis zum Jahr 1967 war Andreas Baaders Werdegang durchaus unpolitisch. Am 2. Juni, an dem Tag, an dem Benno Ohnesorg in Berlin erschossen wurde, veränderte sich Baader. Er schloß sich dem Republikanischen Club von Horst Mahler, dem APO-Anwalt und Mitstreiter Ulrike Meinhofs, an und fand Freunde in der Berliner Kommune I, der unter anderen Rainer Langhans, Fritz Teufel und Dieter Kunzelmann angehörten. In dieser Zeit lernte Baader auch jene Frau kennen, die am 2. April 1968 im Frankfurter Kaufhaus Schneider an seiner Seite war.
Die junge Frau hieß Gudrun Ensslin. Es gibt in ihrem Leben mehr Dinge, die sie von Andreas Baader unterscheiden, als solche, die sie mit ihm verbinden. Was die beiden gemeinsam haben, läßt sich kurz aufzählen: den unbestimmten Haß auf ein System, das sie faschistisch nennen, die Versuche, ihre Gefühle zu artikulieren – und die Niederlagen, die sie dabei immer wieder erleiden. Schließlich ist irgendwann bei beiden ihr hohes Aktivitätspotential umgeschlagen in pure Gewalt.
Gudrun Ensslin hatte, wie Andreas Baader, ein uneheliches Kind. Sie hatte einen Sohn, der wie Baaders Tochter beim anderen Elternteil lebte.
Im Gegensatz zu Andreas Baader hatten die Eltern Gudrun Ensslins scheinbar nie Grund, sich um die Zukunft ihrer Tochter Sorgen zu machen. Sie war 1940 geboren und verbrachte ihre Kindheit und Jugend fast mustergültig im Kreise der evangelischen Jugend in ihrem schwäbischen Heimatstädtchen. Als Neunzehnjährige ging Gudrun Ensslin für ein Jahr nach Amerika und lebte in einer Methodisten-Gemeinde in Pennsylvania. Anschließend begann sie in Tübingen Anglistik und

Germanistik zu studieren und legte an der Pädagogischen Hochschule von Schwäbisch Gmünd ihr Grundschullehrerexamen ab. Mit einem Stipendium der Studienstiftung des Deutschen Volkes ging sie an die Freie Universität Berlin. Dort lernte Gudrun Ensslin Andreas Baader kennen.
Lange nachdem Andreas Baader und Gudrun Ensslin an jenem Apriltag 1968 das Frankfurter Kaufhaus verlassen hatten, brach gegen Mitternacht im ersten Stock des Gebäudes und fast zur gleichen Zeit auch im dritten Geschoß ein Feuer aus, das sich rasch verbreitete. Der Brand war von Andreas Baader und Gudrun Ensslin gelegt worden.
Der 2. April 1968 kann als Geburtsstunde der blutigen Auseinandersetzungen zwischen Gesellschaft und Terroristen in Deutschland gelten. Denn mit diesem Brand im Kaufhaus Schneider in Frankfurt waren die Demonstranten vom verbalen zum tätlichen Protest übergegangen. Die Aggressivität der Worte war in die neue Gewalt eingemündet. Ein Warenhaus sollte als Symbol des Konsums und des Kaufzwangs in Flammen aufgehen.
Ein Jahr zuvor hatte die Berliner Kommune I ein Flugblatt verteilt, auf dem zu lesen stand:

> »Wenn es irgendwo brennt in der nächsten Zeit, wenn irgendwo eine Kaserne in die Luft geht, seid bitte nicht überrascht! Burn, warehouse, burn!«

Brenn', Warenhaus, brenn' – die Prophezeiung der Kommune I wurde brutale Wirklichkeit. Warenhäuser gingen in Flammen auf, Kasernen wurden durch Bombenanschläge beschädigt.
Zu dieser Zeit gehörte die radikale Kommune I, die das Flugblatt herausgegeben hatte, schon lange nicht mehr der organisierten Linken an. Bereits im Jahre 1967 hatte der Sozialistische Deutsche Studentenbund die Kommunarden ausgeschlossen.
Am 4. April 1968, zwei Tage nach der Brandstiftung in Frankfurt, waren Andreas Baader und Gudrun Ensslin bereits in Haft. Bei der Verhandlung einige Wochen später argumentierte Gudrun Ensslin:

> »Wir haben alles aus Protest gegenüber dem Krieg in Vietnam gemacht. Die USA machen in Vietnam eine Probe aufs Exempel, damit der Reichtum Amerikas erhalten bleibe. Wir lebten in der

> Furcht, daß verbale Proteste gegen den Krieg in unserer Gesellschaft nur als Alibi dienen. Wir haben gelernt, daß Reden ohne Handeln Unrecht ist.«

Eine junge Frau namens Ulrike Röhl, die zu jener Zeit unter ihrem Mädchennamen Meinhof Kolumnen in der linken Studentenzeitschrift »konkret« schrieb, gewann der Warenhausbrandstiftung gute und schlechte Seiten ab. Sie schrieb:

> »Warenhausbrandstiftung ist keine antikapitalistische Aktion, eher systemerhaltend und konterrevolutionär.«

Und weiter:

> »Überdies könnten dabei Menschen gefährdet sein, die nicht gefährdet werden sollen. Es ist eine Sache, die für die Nachahmung nicht empfohlen werden kann.«

Gleichwohl hatte die erste terroristische Aktion in Deutschland in den Augen Ulrike Meinhofs auch eine gute Seite:

> »Das progressive Moment einer Warenhausbrandstiftung liegt nicht in der Vernichtung der Waren, es liegt in der Kriminalität der Tat, im Gesetzesbruch.«

Die Rechtmäßigkeit der Kriminalität wurde von nun an für die bundesdeutschen Terroristen immer selbstverständlicher. Bankraub und Einbruch, Waffen- und Munitionsdiebstahl gingen Hand in Hand mit terroristischen Anschlägen. Bisweilen nahm die ideologische Rechtfertigung der kriminellen Taten Formen an, die selbst Bandenmitglieder in Erstaunen versetzten. Ein Freund von Bommi Baumann, der von Anfang an Mitglied der terroristischen Gruppe war, erinnerte sich viele Jahre später:

> »Als der Bommi einmal im Suff einfach ein paar Autoreifen aufstach, sagten die sofort, das sei eine antikapitalistische Handlung gewesen.«

Am 14. Mai 1970 sollte die terroristische Gewalt ihren vorläufigen Höhepunkt erreichen.
An jenem Donnerstag, um dreiviertel zehn, wurde Andreas Baader aus

seiner Zelle in der Berliner Strafanstalt Tegel, wo er eine dreijährige Gefängnisstrafe abzusitzen hatte, in den Berliner Bezirk Dahlem gebracht.

Baader, so hieß es im Antrag seines Anwalts Horst Mahler, sollte für einen Verlag an einem Buch über die »Organisation randstädtischer Jugendlicher« arbeiten. Dazu war es notwendig, daß Baader Akten und Veröffentlichungen studieren und mit der Co-Autorin zusammentreffen konnte, um die weitere Arbeit zu besprechen. Das Deutsche Zentralinstitut für Soziale Fragen, wo Baader die Unterlagen einsehen sollte, war in einer Altbauvilla im Berliner Bezirk Dahlem untergebracht. Dorthin schaffte man Andreas Baader. Auch die Co-Autorin fuhr etwa um dieselbe Zeit nach Dahlem. Es war Ulrike Meinhof. Man wußte, daß sie in letzter Zeit immer wieder Mädchen bei sich aufgenommen hatte, die von daheim ausgerissen waren, und in zehn Tagen sollte ihr erstes Fernsehspiel im Deutschen Fernsehen gesendet werden.

Kurz nach zehn traf Ulrike Meinhof im Lesesaal des Instituts Andreas Baader. Beiden ging es in diesem Augenblick nicht um ein Buch, sondern um Baaders Flucht. Um elf Uhr war es soweit.

Die Türen zum Lesesaal gingen auf und zwei Mädchen mit Perücken und mit Pistolen bewaffnet traten in den Raum. Eines der beiden Mädchen war, wie die Polizei später ermittelte, die neunzehnjährige Irene Goergens, ehemals Insassin eines Fürsorgeheims, die von Ulrike Meinhof in ihrer Wohnung aufgenommen worden war. Die andere Frau hieß Ingrid Schubert, war damals sechsundzwanzig Jahre alt und hatte kurz zuvor ihre erste medizinische Staatsprüfung bestanden. Niemals konnte geklärt werden, wann Ingrid Schubert zu den Terroristen stieß, fest steht dagegen, daß ihr Leben sehr lange Zeit völlig normal verlief – Geburt in Unterfranken, Gymnasium in Koblenz, Medizinstudium in Bonn und Düsseldorf, schließlich ab 1968 in Berlin. Fest steht aber auch, daß Ingrid Schubert über keine starke Persönlichkeit verfügte, ihre Identitätsfindung also voller Hindernisse gewesen war. Freunde von damals sagten später aus, daß Ingrid Schubert ihre Idole in Horst Mahler und Ulrike Meinhof gefunden hatte.

Im Oktober 1970 wurde sie in einer Wohnung in der Berliner Knesebeckstraße zusammen mit dem Anwalt Horst Mahler verhaftet. Zu dreizehnjähriger Haft verurteilt, nahm sie sich Ende November 1977 in München-Stadelheim das Leben.

Baaders Befreiung an jenem 14. Mai 1970 verlief wie geplant. Die beiden Justizwachtmeister, die neben der Tür auf Holzstühlen saßen, sprangen auf, als die beiden Mädchen eintraten, und griffen zu ihren Dienstpistolen. Eines der Mädchen schoß aus kurzer Entfernung mit einer Tränengaspistole dem Wachtmeister Günter W. ins Gesicht, das andere richtete seine Waffe – eine scharfe Pistole vom Kaliber 7,65 – gegen den zweiten Wachtmeister und schoß, ohne den Beamten zu treffen.
Von den Schüssen angelockt, betrat ein 62 Jahre alter Institutsangestellter in diesem Moment den Lesesaal. Er wurde von mehreren Kugeln aus der Terroristenwaffe lebensgefährlich verletzt. In dem Chaos gelang es Andreas Baader und Ulrike Meinhof zu entfliehen. Auch die beiden Attentäterinnen entkamen.
Die erste Spur legten Ulrike Meinhof und Andreas Baader selbst. Sie setzten sich mit Michèle Ray, einem ehemaligen Mannequin von Chanel und engagierter linker Journalistin, in Verbindung und verabredeten sich in Berlin. Bei diesem Treffen waren auch Horst Mahler und Gudrun Ensslin anwesend. Gudrun Ensslin hatte man bereits im Juni 1969 auf freien Fuß gesetzt, und sie war hinter den Kulissen eifrig an der Organisation der Flucht Baaders beteiligt gewesen. Ulrike Meinhof trug eine Perücke mit langen blonden Haaren und ein Minikleid, auch Horst Mahler hatte seine Glatze mit einem Toupet verdeckt und sich – so Michèle Ray – Koteletten wachsen lassen.
Ulrike Meinhof diktierte bei dieser Gelegenheit der Journalistin ein Glaubensbekenntnis der Terroristen ins Tonband. Das Magazin »Der Spiegel« druckte es in Auszügen ab. Auf die Frage, was Baaders Befreiung bezwecke, antwortete sie:

> »Man kann sagen aus drei Gründen (haben wir Baader befreit, Anm. d. Verf.). Erst mal natürlich deswegen, weil Andreas Baader ein Kader ist. Und weil wir bei denjenigen, die jetzt kapiert haben, was zu machen ist und was richtig ist, nicht davon ausgehen können – auf irgendeine luxuriöse Art und Weise –, daß einzelne dabei entbehrlich seien.
> Das zweite ist, daß wir als erste Aktion eine Gefangenenbefreiung gemacht haben, weil wir glauben, daß diejenigen, denen wir klarmachen wollen, worum es politisch heute geht, welche sind, die bei einer Gefangenenbefreiung überhaupt keine Probleme haben,

sich mit dieser Sache selbst zu identifizieren – insofern diejenigen proletarischen Familien oder der Teil des Proletariats, von dem wir glauben, daß er potentiell revolutionär ist, daß diese Leute gar keine Schwierigkeiten haben, sich mit einer Gefangenenbefreiung zu identifizieren...

Das dritte ist, wenn wir mit einer Gefangenenbefreiung anfangen, dann auch deswegen, um wirklich klarzumachen, daß wir es ernst meinen.«

In diesem Gespräch zeigte sich auch erstmals, welche Formen die neue Gewalt bereits im Denken der Terroristen angenommen hatte. Ulrike Meinhof sagte:

»...Wir sagen natürlich, die Bullen sind Schweine, wir sagen, der Typ in der Uniform ist ein Schwein, das ist kein Mensch, und so haben wir uns mit ihm auseinanderzusetzen. Das heißt, wir haben nicht mit ihm zu reden, und es ist falsch, überhaupt mit diesen Leuten zu reden, und natürlich kann geschossen werden.«

Ulrike Meinhof drückte in ein paar Sätzen genau das aus, was zur neuen Gewalt gehört: eine Distanz zur Gesellschaft (»Der Typ in der Uniform ist... kein Mensch«), die Unmöglichkeit der verbalen Auseinandersetzung (»Es ist falsch, überhaupt mit diesen Leuten zu reden«) und die Brutalisierung (»Natürlich kann geschossen werden«).

Die Kriminalstatistik zeigt, wie seit jener Zeit von Baader, Meinhof, Ensslin, Mahler und den anderen die Gewalttätigkeit Jahr für Jahr gesteigert worden ist.

1968 entstand bei dem Brandanschlag in Frankfurt ein Sachschaden von 2,2 Millionen Mark. 1969 waren es bereits 48 politische Brand- und Sprengstoffanschläge, 117 im darauffolgenden Jahr. Zu dieser Zeit wurden erstmals auch bei Einbrüchen in verschiedenen Bürgermeisterämtern Amtssiegel und Ausweisvordrucke entwendet. Mit den beiden verletzten Justizwachtmeistern waren auch bereits die ersten Angriffe auf Menschen zu beklagen. 1971 vermerkt die Statistik bereits zehn Mordanschläge. Ein Jahr später wird ein Höhepunkt der Gewalt erreicht. Am 11. Mai gegen neunzehn Uhr verwüsteten in Frankfurt drei Rohrbomben das Offizierskasino und das Eingangsportal des V. US-Korps im IG-Farben-Haus. Ein Oberstleutnant der US-Army wurde

dabei von hochfliegenden Eisenteilen getroffen und getötet. Weitere 13 Personen erlitten Verletzungen.
Am anderen Tag, kurz nach zwölf Uhr mittags, explodierten auf zwei Büroschränken in der Augsburger Polizeidirektion zwei Sprengkörper. Fünf Polizisten wurden verletzt.
Zwei Stunden später flog auf dem Parkplatz des Münchner Landeskriminalamtes ein mit Sprengstoff beladener Personenwagen in die Luft. Sechzig Autos wurden demoliert, wie durch ein Wunder gab es keine Verletzte.
Am 15. Mai, wiederum um die Mittagszeit, explodierte in Karlsruhe ein VW-Käfer, als die Frau eines Bundesrichters den Schlüssel in das Zündschloß steckte. Der Bundesrichter, dem der Anschlag eigentlich galt, war Ermittlungsrichter beim Bundesgerichtshof gegen die Baader-Meinhof-Bande. Seine Frau wurde bei dem Anschlag an beiden Beinen schwer verletzt, das Auto völlig zerstört. Weiter explodierten in zwei Toilettenräumen des Hamburger Axel-Springer-Verlagshauses Bomben. Ein dritter Sprengkörper konnte noch rechtzeitig entdeckt und entschärft werden. Die zwei anderen Bomben waren von den Attentätern nahe den Rotationsräumen und in der Direktionsetage gezündet worden. Es gab siebzehn Verletzte, darunter zwei Schwerverletzte. Am 24. Mai, gegen achtzehn Uhr zehn, detonierten im Abstand von fünfzehn Sekunden vor dem Kasernenblock 28 und dem Kasino des Europa-Hauptquartiers der US-Armee in Heidelberg zwei in Autos deponierte Bomben. Drei amerikanische Soldaten wurden durch die Explosion getötet, fünf verletzt. Zwei Tage später meldeten sich die Urheber des Anschlags, sie bekannten sich in einem Brief an die Deutsche Presse-Agentur zum Bombenterror. Der Brief war mit »Rote-Armee-Fraktion, Kommando 15. Juli« unterzeichnet. Die RAF erklärte den Anschlag mit demselben Argument, mit dem schon Gudrun Ensslin vier Jahre zuvor die Brandschatzung gegen das Frankfurter Kaufhaus erklärt hatte – als Protest gegen den Krieg in Vietnam. Gleichzeitig drohten die Bombenleger mit neuer Gewalt: »Der bewaffnete Kampf hat begonnen, kein Ausbeuter wird mehr ungestraft bleiben.«
Als es der Polizei am Fronleichnamstag des Jahres 1972 endlich gelang, einen Teil des sogenannten »harten Kerns« der Baader-Meinhof-Bande, nämlich Andreas Baader, Holger Meins und Jan Carl Raspe, in Frankfurt zu verhaften, glaubte man aufatmen zu können. Der Terroris-

mus schien besiegt. Darüber hinaus überwältigten Polizeibeamte ein paar Tage später noch in Hamburg Gudrun Ensslin und in Hannover Ulrike Meinhof.

Doch die Verhaftungen bedeuteten keineswegs das Ende des Terrors in der Bundesrepublik. Im Gegenteil. Der zweiten Generation gewalttätiger Terroristen, die sich Anfang der siebziger Jahre hervortat, folgte 1977 eine noch jüngere, brutalere, mitleidlosere dritte, die sich mit Sabotage, Entführung und Erpressung allein nicht zufriedengab und von vornherein Morde ins Kalkül zog. Vergleicht man die Gewalttäter der ersten Stunde mit den heutigen Terroristen, fällt einem neben der gestiegenen Brutalität auch der erhebliche Altersunterschied auf. Ulrike Meinhof wäre bereits fünfundvierzig Jahre, Gudrun Ensslin achtunddreißig, Andreas Baader fünfunddreißig. Als in Berlin Benno Ohnesorg erschossen wurde, waren die Gewalttäter der dritten Generation größtenteils noch Kinder. Und als Andreas Baader und Gudrun Ensslin den Brandanschlag in Frankfurt verübten, zählte Christoph Wackernagel sechzehn, Christian Klar fünfzehn, Adelheid Schulz dreizehn und Günter Sonnenberg erst zwölf Jahre. Sie können schon aus diesem einfachen Grund nicht als abgesprengte Gruppe der revolutionären studentischen Bewegung der sechziger Jahre angesehen werden. Die Wurzeln ihrer Gewalt müssen woanders liegen – in einer unbestimmten Wut auf die Gesellschaft, die sie nicht zu artikulieren vermochten und die sich jahrelang aufstaute.

Die folgende Entwicklung zeigt, zu welch blindwütigem Haß sich die Terroristen steigerten.

Am 10. Februar 1974 detonierte im Kölner Hochhaus des Bundesverbandes der Deutschen Industrie eine Rohrbombe. Sechs Tage zuvor war bei der Verhaftung von Bandenmitgliedern ein Tonband gefunden worden, welches Andreas Baader in seiner Zelle besprochen hatte. Er machte eine Reihe von Vorschlägen, wie man ihn mittels Geiselnahme aus der Untersuchungshaft befreien könne.

Auf den Tag genau neun Monate später, am 10. November 1974, drangen junge Leute unter dem Vorwand, Blumen abgeben zu wollen, in die Wohnung des Westberliner Kammergerichtspräsidenten Günter von Drenkmann ein und erschossen den hohen Richter. Wie die Polizei später ermittelte, hatten die Terroristen anfangs die Absicht gehabt, von Drenkmann zu entführen. Als er sich aber wehrte, töteten sie ihn. Ein

paar Tage später brüstete sich die Rote-Armee-Fraktion mit der Bluttat.
Am 27. Februar 1975 wurde der Berliner CDU-Vorsitzende Peter Lorenz von Terroristen entführt und erst knapp eine Woche später freigelassen, nachdem fünf Mitglieder der Baader-Meinhof-Bande nach Aden in die Freiheit geflogen worden waren. Mit Peter Lorenz wurde zum erstenmal in der Geschichte der Bundesrepublik ein Politiker als Geisel genommen.
Am 24. April 1975 überfielen fünf deutsche Terroristen die deutsche Botschaft in Stockholm. Die Täter nannten sich »Kommando Holger Meins« nach dem ein Jahr zuvor nach einem Hungerstreik in Untersuchungshaft verstorbenen Bandenmitglied. Während der Botschaftsbesetzung erschossen die Gewalttäter zwei ihrer Geiseln: den deutschen Militärattaché Oberstleutnant Andreas von Mirbach und den Botschaftsrat Heinz Hillegaart. Im Laufe der Verhandlungen kam es zu einer Explosion im Botschaftsgebäude. Zwei Terroristen, Ulrich Wessel und Siegfried Hausner, kamen ums Leben. Die übrigen Attentäter von Stockholm wurden verhaftet und an die Bundesrepublik ausgeliefert. Zum Teil handelte es sich um die Lorenz-Entführer.
Drei Tage vor dem Heiligen Abend 1975 nahmen sechs Terroristen, darunter der Südamerikaner »Carlos« und zwei Deutsche, während einer OPEC-Konferenz in Wien siebzig Geiseln. Unter den Geiseln waren auch elf arabische Ölminister. Drei Menschen kamen bei dem Attentat ums Leben, ehe Geiseln und Terroristen mit einem Flugzeug Wien verlassen konnten und in einem arabischen Land landeten.
Am 7. April 1977 wurde in Karlsruhe der Generalbundesanwalt Siegfried Buback und sein Fahrer Wolfgang Göbel sowie der Polizeibeamte Georg Wurster von einem Motorrad aus mit einer Maschinenpistole erschossen. Knapp einen Monat danach, am 3. Mai 1977, konnte einer der vermutlichen Attentäter, Günter Sonnenberg, nach einer Schießerei mit der Polizei festgenommen werden.
114 Tage nach den Morden in Karlsruhe begingen die Terroristen erneut eine Bluttat. In Oberursel am Taunus drangen sie in das Haus des Bankiers Jürgen Ponto ein und erschossen während eines Handgemenges den Vorstandsvorsitzenden der Dresdner Bank. Auch in diesem Fall wird vermutet, daß die Attentäter ähnlich wie im Falle des ermordeten Berliner Kammergerichtspräsidenten Günter von Drenkmann nicht in

der Absicht gekommen waren, Jürgen Ponto zu töten, sondern ihn als Geisel zu nehmen, und erst nach der Gegenwehr Pontos die Schüsse abgaben.
Am 5. September 1977 schließlich wurde der Präsident des Bundesverbandes der Deutschen Industrie und der Bundesvereinigung der Deutschen Arbeitgeberverbände, Hanns-Martin Schleyer, entführt. Der Fahrer und die Sicherheitsbeamten wurden dabei getötet. Schleyer selbst wurde 43 Tage später im Elsaß ermordet aufgefunden.
Gleichzeitig mit den aufsehenerregenden Entführungen und Morden machten sich die Terroristen einer ganzen Reihe anderer Straftaten schuldig, die sie zur Vorbereitung der Gewalttaten und zur Erleichterung des späteren Untertauchens verübten. Allein zwischen dem 1. Januar und dem 30. Juni 1977 erbeuteten Terroristen bei Einbrüchen in deutsche Amtsstuben und Kasernen 338 Personalausweisvordrucke, 255 Personalausweise, 226 Reisepaßvordrucke, 456 Führerscheinvordrucke, 34 Dienstsiegel, 312 amtliche Stempel, drei Paß-Schreibmaschinen, 1463 Langwaffen (Gewehre), 197 Kriegswaffen (Maschinenpistolen), sechs Kilogramm Sprengstoff, 55 Granaten und 15 Handgranaten.
Außerdem führt die Polizei eine große Anzahl von Raubüberfällen auf Kreditinstitute auf die Terroristen zurück, die mit dem Geld ihre Kasse füllen, konspirative Wohnungen mieten und Kraftfahrzeuge kaufen.
Mit der Steigerung der Brutalität traten auch die ideologischen Beweggründe der ersten Terroristengeneration in den Hintergrund. Die neuen Mordkommandos bedienen sich einer synthetischen Sprache, die weit davon entfernt ist, von den Massen verstanden zu werden. Sie wollen auch nicht das Bewußtsein der Massen treffen, wie es sich die ersten Terroristen vorgenommen hatten, sondern sie treffen mit ihren Bomben die Massen selbst. Und sie kommen durch dieses Vorgehen auch mit ihren Vorgängern in Konflikt. Michael »Bommi« Baumann, als gelernter Maurer der »Paradearbeiter« einer Terroristenbewegung, die sich fast nur aus Abiturienten und Hochschülern zusammensetzt, erkannte in seinem Buch »Wie alles anfing«:

> »Ich habe darüber nachgedacht, daß das Ganze langsam Formen annimmt, die nichts mehr mit den ursprünglichen Geschichten zu tun haben, weder etwas mit den Kommunegeschichten noch mit unseren Dropouts in den sechziger Jahren, noch mit dem Blues und

den Haschrebellen, nichts mit den Drogenerfahrungen, noch mit unseren sexuellen Erfahrungen, nicht mit der neuen Sensibilität und Zärtlichkeit und einem Verstehen und einem Eingehen auf den anderen, damit hat das alles nichts mehr zu tun. Es wurde immer irrer, das wurde immer mehr zur Siemensfabrikhalle, das ganze Geschehen. Obwohl es die ganze Zeit darum ging, daß du von Siemens wegkommst, auf einmal bist du genau wieder da. Du stehst mit kurzen Haaren, mit Anzug, mit allem wieder da, wo du hergekommen bist. Da hast du dich abgestrampelt all die Jahre und hast alles gemacht, und auf einmal bist du genau wieder angekommen. Da hat es bei mir angefangen, daß ich da immer weniger Sinn darin gesehen habe.«

Anfangs hat man kurze Haare, korrekte Kleidung, Mittelklasseautos bekämpft – heute bedienen sich die neuen Gewalttäter längst aller Mittel der Konsumgesellschaft. Diesen Widerspruch, und darauf läuft die Kritik Michael Baumanns an seinen Komplizen hinaus, konnte er nicht verstehen. Das freie Leben, das er sich Ende der sechziger Jahre ausgemalt hatte, war in eine straffe Organisation eingemündet. Daß die militanten Terroristen dabei jedes politische Ziel aus den Augen verloren, stört sie nicht weiter, so wie auch die Rocker eine sinnlose Gewalttat nicht weiter kümmert.

Wollen wir nach unseren bisherigen Feststellungen zwischen dem Rocker- und Rowdytum und den Terroristen von heute eine Trennlinie ziehen, so ließe sie sich am besten so beschreiben: Während Rocker und Rowdys unbekümmert ihrer Aggressivität nachgehen, versuchen die terroristischen Gewalttäter eine Zeitlang mit ihrem Intellekt die Aggressivität zu beherrschen und den Mangel an emotioneller Zuwendung durch Gespräche, Diskussionen und unblutige Aktionen abzureagieren. Meist geraten sie dabei in eine Sackgasse. Die Umwelt, die schon nicht hören wollte, wenn die jungen Leute von ihrem Unbehagen sprachen und nicht erklären konnten, weshalb sie unzufrieden seien, diese Umwelt nimmt sofort eine Kampfstellung ein, wenn gegen sie opponiert wird. Statt sich mit den jungen Menschen ernsthaft auseinanderzusetzen und zumindest anzuerkennen, daß bei vielen Enkelkindern des Wirtschaftswunders ein erheblicher Mangel auf der emotionalen Seite festzustellen ist, antwortet sie selbst aggressiv. Anfangs suchte man

Unzufriedenheit und Unbehagen einfach wegzudiskutieren. Was rational nicht begründbar war, existierte nicht. Weil man die unzufriedene Generation nicht zu verstehen suchte und sie nicht akzeptieren wollte, schob man sie wie ein lästiges Übel zur Seite.
Ein Teil der jungen Leute – wie man inzwischen weiß, ein sehr geringer Teil – antwortete auf die Aggressivität mit Gewalt.

Der Weg in den Terror am Beispiel von Susanne Albrecht

Susanne Albrecht wuchs in einem vornehmen Elternhaus im Hamburger Villenvorort Blankenese auf. Der Vater, ein renommierter Seerechtsanwalt, konnte seiner Familie jeden Wunsch erfüllen. Der Schwiegersohn der holländischen Königin, Prinz Claus von Amsberg, ist im Hause Albrecht ebenso zu Gast gewesen wie der Bankier Jürgen Ponto.
All die Dinge, von denen andere Mädchen nur träumen konnten, besaß Susanne Albrecht von klein auf.
In ihrer Kinderzeit, so erinnerten sich später viele ihrer Freunde, war der Vater die Bezugsperson. Er, ein anerkanntes Beispiel für Glaubwürdigkeit und Aufrichtigkeit, wurde dem kleinen Mädchen zum Vorbild. Als Susanne Albrecht älter wurde, geschah zweierlei. Sie versuchte sich mit dem Vater zu messen und erkannte dabei, daß er »eigentlich auch nur ein Mensch mit allen Schwächen« war. Es kam zu Reibereien, und an der Seite des berühmten Mannes gelang es Susanne Albrecht nicht, die eigene Identität aufzubauen. 1969, mit neunzehn Jahren, landete sie im »Landschulheim Holzminden«, nachdem ihre Leistungen im Gymnasium immer schlechter geworden waren.
In der neuen Schule lernte Susanne Albrecht eines kennen: Zucht und Ordnung. Die Zöglinge wurden in graue Uniformen gesteckt und gliederten sich dem Alter entsprechend streng hierarchisch in Schützen, Scholare und Magister. Es gab Bibelstunden und Kameradschaftsabende.
1971 bestand Susanne Albrecht das Abitur und immatrikulierte sich an der Hamburger Universität. Als Studienfach wählte sie Sozialpädagogik.

Bis zu diesem Augenblick ging es ihr wie Tausenden anderen jungen Mädchen aus gutem Elternhaus. Sie war versorgt, brauchte sich um nichts zu kümmern – und fühlte sich dennoch dem Leben ohnmächtig ausgeliefert.

Ihr Leben schien ihr unsinnig, sie fand nichts, was ihr wirklich tiefe Befriedigung verschaffte. Sie war aber auch nicht imstande, mit irgend jemand über ihre Probleme zu sprechen. Ihre Unsicherheit gipfelte in einem Satz, der ihre Situation besser kennzeichnet als viele Worte: »Diese ewige Kaviar- und Lachsfresserei habe ich ordentlich satt.« Auf der Suche nach ihrer Identität war sie von dem brennenden Wunsch erfüllt, endlich etwas Vernünftiges zu tun. Eine Aufgabe zu haben. Bei Susanne Albrecht mußte dies etwas sein, was außerhalb ihrer bisherigen Lebenserfahrung lag. Sie entschloß sich zu praktischer Sozialarbeit.

Sie wurde Mitarbeiterin in einem Kinderladen, in dem die Sozialisierung des Menschen, wie es hieß, bereits am Baby versucht wurde. Ihre neue Aufgabe stellte Susanne Albrecht mit einem Male tief zufrieden. Mit der Zeit wurde sie in ihrem neuen Bekanntenkreis voll akzeptiert. Sie war nicht mehr die Tochter eines namhaften Anwalts, sondern einfach Susanne, genannt Sanne. Der Weg zu den Leuten, die ihr sympathisch waren und von denen sie den Eindruck hatte, verstanden zu werden, war kurz. All das, was sie bisher unausgesprochen gefühlt und gerne gesagt hätte, wurde hier offen diskutiert. Man las »Das Kapital« von Marx, und der verbale Kampf gegen den Kapitalismus war nicht unvernünftiges Gedankengut eines wohlbehüteten Töchterleins, sondern Lebenssinn.

Ein zweiter Schritt vollendete die Entwicklung: Susanne Albrecht löste sich abrupt von ihrem Elternhaus und nahm ein Zimmer im Hamburger Universitätsviertel. Als nach Streitigkeiten der Kinderladen schließlich aufgegeben wurde, fand sie neue Freunde in der »Sozialistischen Studentengruppe«. Sie zog in eine Wohngemeinschaft und gab das Studium auf. Von nun an ging es Schlag auf Schlag: 1973 wurde sie erstmals festgenommen, als sie zusammen mit achtzig anderen jungen Leuten durch Hausbesetzungen gegen Bodenspekulation protestierte. Sie freundete sich mit zwei Mitgliedern der Rote-Armee-Fraktion, Margrit Schiller und Ilse Stachowiak, an und übernahm für die RAF nebensächliche Kurierdienste und Hilfeleistungen. Als sie sich dabei bewährt hatte, stieß sie zum harten Kern vor. Gemeinsam mit Karl-Heinz Dellwo, einem der späteren Botschaftsattentäter in Stockholm,

nahm sie sich in der Hamburger Innenstadt eine Zweizimmerwohnung. Im Oktober 1974 folgte eine neue Hausbesetzung, bei der wieder Susanne mitwirkte.
Das Ziel der Aktion, in deren Verlauf vierundzwanzig junge Leute das Hamburger Büro der Gefangenenhilfsorganisation »Amnesty International« stürmten, war es, bessere Haftbedingungen für die Baader-Meinhof-Gruppe zu erreichen.
Gemeinsam mit Susanne Albrecht protestierten damals fünf Männer aus dem späteren harten Kern der RAF: Karl-Heinz Dellwo und Lutz Taufer, die beim Attentat gegen die deutsche Botschaft in Stockholm beteiligt waren, sowie Günter Sonnenberg, Christian Klar und Knut Folkerts, welche die Morde an Buback, Ponto und Schleyer organisierten oder begingen. Susanne Albrecht wohnte 1974 in einer düsteren Zweieinhalbzimmerwohnung, in der sie, ohne Dusche und Bad, auf einem Matratzenlager manchmal mit sieben anderen Leuten zusammenlebte.
Erst am letzten Juli-Wochenende des Jahres 1977 kehrte Susanne Albrecht noch einmal in die Kreise zurück, denen sie den Kampf angesagt hatte. Mit einem Rosenstrauß in der Hand klingelte sie am 30. Juli, einem Samstag, gegen siebzehn Uhr zehn an der Gartenpforte einer Villa in Oberursel. Eine junge Frau und ein Mann waren bei ihr, als Susanne Albrecht ihren Nennonkel Jürgen Ponto besuchte.
Zehn Minuten später lag der Chef der Dresdner Bank sterbend im Arbeitszimmer seines Hauses, tödlich von fünf Schüssen aus zwei großkalibrigen amerikanischen Pistolen getroffen. Susanne Albrecht und ihre Freunde flohen...
Das Mädchen Susanne, das endlich etwas Vernünftiges in seinem Leben tun wollte, war zur Mörderin geworden.

Wie aus Worten Bomben wurden

Es stellt sich natürlich die Frage, warum einige Studenten zu den Waffen griffen und die anderen es bei den verbalen Demonstrationen beließen. Das hat vor allem einen Grund: Wer als Kind gelernt hat, daß man

Gewalt gebrauchen muß, wenn man im guten nicht gleich weiterkommt, der wird auch bei politischen Auseinandersetzungen irgendwann Gewalt einsetzen. Er ist nicht in der Lage, Frustrationen zu ertragen. Als Kind schrie er, sobald seine Wünsche nicht gleich erfüllt wurden, als Heranwachsender schlug er zu, wenn er sich nicht mehr durchsetzen konnte – jetzt wirft er Bomben. Andrerseits hat der größte Teil der Menschen erfahren, daß es nicht notwendig ist, bei Enttäuschungen und Entsagungen gleich mit Brachialgewalt zu reagieren. Viele Dinge lösen sich friedlich viel reibungsloser und schneller. Wer die Erfahrung gemacht hat, daß man Frustration bis zu einem bestimmten Punkt ertragen kann, ohne gleich brutal zu reagieren, der bewahrt eher Vernunft.

Psychische Reaktionen lassen sich nicht in Schablonen pressen. Das Zusammenspiel zahlreicher menschlicher Erfahrungen und äußerer Umstände ist notwendig, ehe wir in einer bestimmten Art und Weise reagieren. Diese Vielzahl von Eindrücken – oft ganz unbedeutender Art – ist es auch, was es uns so schwer macht, den Weg in die Gewalt im nachhinein bei den einzelnen Tätern zu analysieren. Es gibt allerdings Gemeinsamkeiten unter den Terroristen, die ins Auge stechen: Sie sind meist überdurchschnittlich intelligent und gebildet. Unter den Bandenmitgliedern, die in Stuttgart-Stammheim inhaftiert waren, hatte nur Andreas Baader nicht die Universität besucht. Gudrun Ensslin hatte Germanistik, Anglistik und Philosophie, Ulrike Meinhof Pädagogik, Psychologie und Kunstgeschichte, Jan Carl Raspe in Berlin Soziologie studiert.

Brigitte Mohnhaupt, die Gefährtin und Komplizin des Polizistenmörders von Holland, Knut Folkerts, immatrikulierte sich für das Fach Zeitungswissenschaft, Angela Luther studierte Pädagogik, Holger Meins Film und Malerei, Fritz Teufel Literaturgeschichte und Theaterwissenschaft, Gabriele Kröcher-Tiedemann hörte Sozialwissenschaft in Berlin, genauso wie Gabriele Rollnik und Monika Berberich, die an der Freien Universität die Fächer Sozialwissenschaft und Jura belegt hatten.

Günter Sonnenberg studierte in Heidelberg Philosophie und Geschichte, Christian Klar und Sabine Schmitz wählten neben dem Fach Philosophie noch Soziologie. Ebenfalls in Heidelberg war der Botschaftsattentäter von Stockholm, Lutz Manfred Taufer, und seine Komplizin Hanna Elise Krabbe eingeschrieben. Hanna Krabbe hörte Romanistik, Lutz Manfred

Taufer Psychologie, dasselbe Fach, das auch Margrit Schiller gewählt hatte. Sie studierte in Hamburg.
Alle Terroristen lebten in einer Großstadt, und Hand in Hand damit verschlechterte sich ihr Verhältnis zu den Eltern oder ihren Bezugspersonen. Bevor sie aktiv gewalttätig wurden, machten sie Prozesse durch, in deren Verlauf sie ihre Enttäuschungen und ihre Unzufriedenheit auszusprechen suchten. Wir dürfen uns durch plötzliche Aktionen jugendlicher Gewalttäter also nicht in die Irre führen lassen, der Wunsch, ihre Probleme mit Gewalt zu lösen, entsteht bei ihnen nicht von einem Tag zum anderen, sondern gleicht einem Gärungsprozeß. Aufmerksame Beobachter können an den Reaktionen der gefährdeten jungen Leute bereits lange vor dem Ausbruch die Anfänge der Gewalt feststellen. Darüber mehr im dritten Teil des Buches, in dem es um die praktische Anwendung unserer Erkenntnisse geht.
Ein typisches Beispiel dafür, wie die drohende Gewalt erst eine Zeitlang gärte und anfangs nur in Worten ihren Ausdruck fand, ist das Sozialistische Patientenkollektiv, das vor etwa einem Jahrzehnt in Heidelberg gegründet wurde und aus dem eine ganze Reihe Terroristen hervorgingen.
Dr. Wolfgang Huber, ein Arzt aus Heidelberg, der an der Universitätsnervenklinik tätig war, und seine Frau Ursula leiteten das Patientenkollektiv. In dieser Gruppe hatten sich junge Leute, fast ausschließlich Studenten, zusammengefunden, die eine psychiatrische Behandlung suchten. Sie waren der Überzeugung, daß nur das bestehende gesellschaftliche System schuld an ihren persönlichen Problemen hatte. In ihren Thesen brachten sie Sinnvolles und Unsinniges durcheinander. Sie lasteten der Gesellschaft ihre unerklärliche Langeweile, ihre Müdigkeit und sexuellen Schwierigkeiten an. Auf diese negativen Begleiterscheinungen der industriellen Entwicklung weisen auch renommierte Wissenschaftler hin. Der Schweizer Psychoanalytiker Professor Medard Boss schrieb in seinem Buch »Grundriß der Medizin und Psychologie« im Jahre 1975 über die weltweiten Probleme der Jugend in der Industriegesellschaft:

> »Gerade den Besten der Jugendlichen gähnt aus dieser Art technischer Weltverhältnisse eine grauenhafte Langeweile und Sinnlosigkeit entgegen.«

Andrerseits wurden in den Augen des Sozialistischen Patientenkollektivs auch rein physische Krankheiten durch die Gesellschaft hervorgerufen. Am Ende zogen sie aus ihren Diagnosen den höchst gefährlichen Schluß: Wenn die Gesellschaft uns kaputtmacht, dann müssen wir die Gesellschaft kaputtmachen, um uns zu heilen!
Die Patientenkartei des Kollektivs enthält viele Namen aus der späteren Fahndungsliste. Siegfried Haag, der inzwischen verhaftete Bandenchef und ehemalige Rechtsanwalt, gehörte dem Kollektiv an, Waltraud Boock, die in Wien einen Banküberfall verübt hatte und in Haft sitzt, Detlev Schulz, Axel Achterrath, Kristina Berster und Adelheid Schulz.
Über den Terroristen und das ehemalige Patientenkollektivmitglied Norbert Kröcher schrieb das Hamburger Magazin »Stern«:

> »Ehemalige SPK-Mitglieder, die aus der terroristischen Szene wieder ausschieden, schilderten, wie sich Krankheitssymptome bei den Mitpatienten ständig verschlimmerten. So hatte der in Schweden verhaftete deutsche Anarchist Norbert Kröcher nach späteren Aussagen seiner Freunde vor Gericht mehrfach mit Selbstmordgedanken gespielt, seine Freundin hatte bei ihm an Hand eines Handbuches der Psychologie Symptome einer ›Gebärmutterneurose‹ herausgefunden. Kröcher, der kurz vor der geplanten Entführung der ehemaligen schwedischen Ministerin Anna-Greta Leijon verhaftet und später nach Deutschland abgeschoben wurde, hatte sich so in einen Rausch von Gewalt hineingesteigert, daß sogar Mitglieder seiner Gruppe darüber zu reden begannen.«

Der Leiter der Abteilung für Psychotherapie der Ulmer Universitätsklinik, Professor Helmut Thomä, hatte der Heidelberger Hochschulgruppe kurz vor ihrer Auflösung 1971 in einem Gutachten attestiert, »daß es sich beim Sozialistischen Patientenkollektiv um eine fanatische Gruppe handelt«, die einer »Utopie von wahnähnlichem Charakter« nachhänge.
Als das Kollektiv schließlich begann, lauthals die Gewalt als Allheilmittel zu propagieren, wurde es von der Polizei aufgelöst. Hier ein Auszug aus Schriften des Sozialistischen Patientenkollektivs:

»Wir meinen, daß in einem modernen Land wie Westdeutschland die Taktik der Volksguerilla, die Partisanenaktionen... die einzige Möglichkeit sind, die Macht des Kapitals zu erschüttern und schließlich zu besiegen. Das wird Zeit kosten: zehn, zwanzig Jahre vielleicht und mehr. Aber das ist der einzige Weg.
Diese Gewalt und Brutalität (der Polizei bei Demonstrationen, Anm. d. Verf.) kann nur durch Gegengewalt eliminiert werden. Das bedeutet auch, daß wir uns Gewehre kaufen... Wir können nur gewinnen und nichts verlieren... Und gewinnen können wir nur, wenn wir kämpfen, wenn wir unser Leben aus der Gewalt der Kapitalisten und ihrer Kontrolleure befreien – im Volkskrieg hier.«

Diese Zitate zeigen deutlich, in welchem Teufelskreis wir uns befinden. Die Terroristen berufen sich auf die Gewalt der Polizei und der Gesellschaft. Sie versuchen, mit ihr ihre »Gegengewalt« zu rechtfertigen. Greifen wir zum gleichen Mittel und schlagen wir mit Gewalt zurück, wird sich der Kampf zwischen der Gesellschaft und dem Häuflein mordender, wahnwitziger Terroristen immer mehr aufschaukeln.
Ganz und gar abwegig ist der Vorwurf, daß alles nicht so weit gekommen wäre, wenn die Staatsgewalt gleich zu Beginn der studentischen Bewegung härter durchgegriffen hätte. Die Geschichte lehrt, daß Repressionen selten ihren Zweck erreichen. Gewöhnlich gewinnen die, die unterdrückt werden sollen, schnell Freunde und Sympathien, und es gelingt ihnen, ihre Idee – mag sie noch so verworren sein – weiter auszubreiten. Im Kampf gegen eine Ideologie war Gewalt noch nie ein passendes Mittel. Mit Ideologien muß man sich auseinandersetzen.

Bleibt als letztes die Frage zu beantworten, ob die Terroristen »Hitlers Kinder« seien, wie behauptet wurde. Der Bundesjustizminister Dr. Hans-Jochen Vogel nahm dazu in einer Rede treffend Stellung:

»Sie sind weder die Kinder von Karl Marx noch von Adolf Hitler. Es sind unsere Kinder.«

Da die Gewalt in einem Land nicht von der Gesellschaft, die in diesem Land lebt, losgelöst werden kann, müssen wir uns fragen, wieweit wir an der Fehlentwicklung mitschuldig sind und was wir tun können, um unsere Zukunft gewaltärmer zu machen. In einer Rede anläßlich des fünfhundertjährigen Bestehens der Universität Tübingen sagte Bundespräsident Walter Scheel Anfang Oktober 1977:

»Wir müssen uns alle fragen: Was haben wir getan, was haben wir versäumt, daß junge Mitbürger auf so furchtbare Abwege geraten konnten. Eine solche Diskussion birgt die Gefahr, daß unser Land in zwei Lager der politischen und weltanschaulichen Gegner auseinanderfällt, in dem eine Gruppe der anderen die Schuld am Terrorismus gibt. Sie birgt aber auch die Chance, daß wir uns der Versäumnisse und Fehlleistungen bewußt werden und der gemeinsamen Werte, denen wir als Demokraten verpflichtet sind.«

Und an anderer Stelle:

»Wir werden, da bin ich ganz sicher, feststellen, daß eine Menge geändert werden muß. Zu lange haben wir wirtschaftlichen Erwägungen, dem reibungslosen Funktionieren technischer Abläufe eine zu große Priorität eingeräumt und dabei zu wenig daran gedacht, was denn an Humanität dabei Schaden nehmen könnte.«

Die Internationale der Gewalt

Andere Länder – gleiche Motive

Im Juni 1976 kaperten Luftpiraten aus vier verschiedenen Ländern – unter ihnen Deutsche und Araber – in Athen ein Flugzeug der französischen Luftfahrtgesellschaft Air France, entführten es nach Uganda und erpreßten mit den 257 Passagieren als Geiseln an Bord vier Regierungen. Dieses Piratenstück führte der Welt zum erstenmal vor Augen, wie die Terroristen bereits international zusammenarbeiten. Wenn wir bisher nur versucht haben, ihre Wurzeln in unserer näheren Umgebung aufzuspüren, so sollten wir jetzt darangehen, die neue Gewalt als internationale Erscheinung zu untersuchen und Gemeinsamkeiten und Unterschiede festzustellen.

Beginnen wir dort, wo die Unterschiede ins Auge zu fallen scheinen, bei den palästinensischen Freischärlern. Auch sie verbreiten mit Mord und Bombenanschlägen Angst und Schrecken. Aber gibt es darüber hinaus weitere Übereinstimmungen mit den deutschen Terroristen? Finden sich Anhaltspunkte, um beide terroristischen Gruppen aus psychologischer Sicht miteinander vergleichen zu können, oder haben wir es mit zwei völlig unterschiedlichen Erscheinungsformen zu tun, die zeitlich nur zufällig zusammentreffen? Eine oberflächliche Betrachtung zeigt folgendes Bild: Die palästinensischen Terroristen leben in gettoartigen Flüchtlingslagern, fühlen sich unterdrückt und versuchen mit Gewalt, ihre Heimat zurückzuerobern. Die deutschen Terroristen dagegen haben über keine Not zu klagen, entstammen meist angesehenen Familien – und wollen dennoch alles zerstören. Den Taten der Palästinenser bringen wir zwar kein Verständnis entgegen, aber wir glauben, die Beweggründe für ihre Aktionen begreifen zu können. Die deutschen Terroristen aber handeln in den Augen der meisten Menschen sinnlos.

Stellen wir einmal kurz zusammen, was wir an den neuen Gewalttätern in Deutschland beobachten konnten:

1. Die Gewalttäter verhalten sich psychologisch normal.
2. Die Motivation zu der jeweiligen Tat steht allenfalls in einem indirekten Zusammenhang mit der Tat selbst.
3. Die neuen Gewalttäter haben nicht gelernt, ihre Probleme auszusprechen, oder sie stießen, sofern sie es versuchten, bei ihrer Umwelt auf Unverständnis.
4. Die Gewalttäter haben Schwierigkeiten mit ihrer Identitätsfindung.
5. Sie können keine Enttäuschungen ertragen und reagieren auf Grund ihrer Erziehung aggressiv.
6. Sie suchen einen Gegner, zu dem sie eine deutliche Distanz herstellen, die ihnen die gesteigerte Brutalität erleichtert.

Wenn wir diese sechs Punkte mit dem Material vergleichen, das unser Institut bisher über die Palästinenser sammeln konnte, so zeigen sich überraschende Übereinstimmungen.
Das Institut kam in einer Studie über Luftpiraterie, von der noch im letzten Teil des Buches die Rede sein wird, zu dem Schluß, daß arabische Terroristen sich psychologisch normal verhalten und aus diesem Grund auch im Laufe einer Flugzeugentführung oder während eines anderen terroristischen Anschlags wie jeder andere psychisch normale Mensch reagieren. Es stellte sich heraus, daß sie dann Angst zeigen, wenn auch andere Menschen in einer vergleichbaren Situation verängstigt sind, und sie freuten sich über Erfolge bei ihren Verhandlungen, die jeden anderen psychisch normalen Menschen ebenso erfreut hätten. Daraus ergibt sich im ersten Punkt bei einem Vergleich zwischen deutschen und arabischen Terroristen eine Übereinstimmung.
Beim zweiten Punkt ist eine Übereinstimmung schon erheblich schwieriger festzustellen. Die Motive für die Geiselnahmen und Mordanschläge der Palästinenser scheinen in der politischen Unterdrückung zu liegen, während die Aktionen deutscher Terroristen völlig sinnlos sind.
Doch hier liegt ein schwerwiegender Irrtum vor. Wir verwechseln die Antriebe der Gewalttäter mit der Situation, in der sie augenblicklich leben. Ihre Lage mag zwar den Schritt in die Gewalt erleichtert haben, aber sie ist nicht der entscheidende Beweggrund. Eine tiefere, psychische Energie steckt dahinter. Bei den Terroristen ist die Aggression in Aggressivität umgeschlagen.
Wäre nur die augenblickliche Situation schuld an der Gewalt, so müßte

ein erheblich größerer Prozentsatz unterdrückter Palästinenser den Weg des Terrors gewählt haben. Doch die Zahl der Terroristen ist im Vergleich zu der Zahl jener Menschen, die in den Lagern leben, verschwindend gering. Dr. Richard Clutterbuck, Dozent für Politik an der Universität von Exeter, schreibt in seinem Buch »Terrorismus ohne Chance«:

> »Die überwiegende Mehrheit der palästinensischen Flüchtlinge ist verzweifelt, weil sie sich als Besiegte sehen und weil sie ein gleichgültiges Leben ohne Hoffnung in den Flüchtlingslagern führen müssen. Ein sehr kleiner Prozentsatz, etwa ein Prozent, schließt sich den bewaffneten Gruppen an ... Die noch wesentlich kleinere Gruppe, etwa 0,2 Prozent, die bereits in den Guerillagruppen gekämpft hat, rekrutierte sich hauptsächlich aus Personen, die über eine höhere Schulbildung als der Durchschnitt ihrer Landsleute verfügten. Das trifft auch für ihre Führer zu.«

Die Situation der Palästinenser ist also nicht die einzige Ursache für die Gewalttätigkeit, aber sie erleichtert den aggressiven Jugendlichen den Weg in die Gewalt. So wie die Terroristen in Deutschland haben auch die Palästinenser nicht gelernt, ihre tatsächlichen Probleme auszusprechen. Sie flüchten sich in Schlagworte, die für sie unverrückbare Dogmen geworden sind, mit denen sie jeder echten Auseinandersetzung aus dem Weg gehen können. Alle Ansätze, die Auseinandersetzungen vom Schlachtfeld an den Verhandlungstisch zu verlegen, werden von den Terroristen im Keim erstickt.

Damit zeigt sich auch in Punkt fünf eine Übereinstimmung zwischen den verschiedenen terroristischen Gruppen. Hier wie dort reagiert man auf Enttäuschungen im höchsten Maße aggressiv. Auf jeden mißglückten Versuch einer Gewalttat folgt eine noch schrecklichere, noch brutalere.

Und auch in Punkt vier gibt es Entsprechungen. Sowohl bei uns als auch im Nahen Osten suchen die Gruppenmitglieder ihre fehlende Identität beim Führer der Organisation zu finden. Aus dem Material, das uns zur Verfügung steht, können wir beispielsweise erkennen, daß die Banden, die Flugzeuge entführten, streng hierarchisch gegliedert waren. Überall stand ein Gruppenführer an der Spitze, der meist die Verhandlungen führte, in jedem Fall aber die letzten Entscheidungen traf.

Schließlich stellen die deutschen wie die palästinensischen Terroristen eine deutliche Distanz zu dem vermeintlichen Gegner her, um so leichter gewalttätig agieren zu können. Ist der Gegner für die einen die »Gesellschaft«, so lautet das Wort für den Haß der anderen einfach »Zionismus«. Im Falle von Mogadischu artete das derart aus, daß jedes Markenzeichen an Kleidung oder Accessoires der Geiseln, das auch nur entfernt an einen Davidstern erinnerte, vernichtet werden mußte. Jürgen Vietor, der Kopilot der gekaperten Lufthansamaschine, wurde von den Terroristen sogar gezwungen, seine Junghans-Uhr zu zerstören, da sie in dem Firmenzeichen das Abbild des verhaßten Davidsterns zu erkennen meinten.

Aus all dem drängt sich ein zwingender Schluß auf: So unterschiedlich sich die Gewalt an verschiedenen Punkten der Erde auch darstellen mag, so verblüffend sind die Übereinstimmungen zwischen den einzelnen Gruppen, wenn wir uns die Mühe machen, sie einer näheren Analyse zu unterziehen. Daraus ergibt sich etwas Entscheidendes: Die Dynamik, die den Menschen dazu befähigt, gewalttätig zu werden, ist nicht nur bei den verschiedenen Gruppen der Gewalttäter (Rowdys, Rocker, Terroristen) die gleiche, sondern auch bei den Gewalttätern höchst unterschiedlicher Länder und Kulturkreise.

Die Gewalt in Amerika

In Amerika wurden im Jahr 1973 insgesamt 20 158 Morde registriert. Diese Zahl gibt zumindest wieder, wie viele tödliche Verbrechen der Polizei zu Ohren gekommen sind. Noch viel schlimmer als in jeder anderen Stadt der USA ist die Situation in New York. Alle dreißig Sekunden geschieht in der am dichtesten bevölkerten Stadt Amerikas ein Mord, eine Vergewaltigung oder ein Überfall. Die Zahl der Morde steigt in New York jährlich um rund drei Prozent. Noch zehnmal schneller nehmen in dieser Stadt die gesamten Tötungsdelikte zu. Neunzig Prozent aller amerikanischen Jugendlichen, so schreibt Hans-Werner Hamacher, der Leiter des Landeskriminalamtes Nordrhein-Westfalen, in seinem Buch »Tatort Deutschland«, begehen Taten, für die sie vor Gericht gestellt werden könnten. Und weiter: »Bei ›perfekter‹ Polizeiar-

beit (die es nicht gibt und nicht geben soll!) kämen neun von zehn amerikanische Jugendliche vor den Richter. Natürlich ist die Zahl der erfaßten jugendlichen Straftäter weit geringer. Doch spricht vieles dafür, daß das von Soziologen ermittelte Neun-zu-eins-Verhältnis der Wirklichkeit entspricht.«
Wenn wir die Gewalt in den Vereinigten Staaten untersuchen, können wir zwei Feststellungen treffen, die in engem Zusammenhang miteinander stehen:

1. Die Zahl der Straftaten, und dabei insbesondere der Gewalttaten, steigt in den Vereinigten Staaten schneller als anderswo auf der Welt.
2. Die höchste Zuwachsrate hat die Gewaltkriminalität der Jugendlichen.

Betrachten wir die Zusammensetzung der amerikanischen Gesellschaft, so fällt besonders die Zusammenballung verschiedener Nationalitäten auf. Nirgendwo auf der Welt haben so viele Menschen verschiedener Abstammung, verschiedenen Glaubens und unterschiedlicher Kulturkreise teilweise auf engstem Raum zusammengefunden. Dabei lernten sie einander immer nur oberflächlich kennen. Das erklärte Ziel der Amerikaner ist zudem nicht das Miteinander, sondern der Erfolg des einzelnen, der immer nur auf Kosten anderer Menschen errungen wird. In den Gründerjahren der Vereinigten Staaten wanderte man in die USA aus, um dort rasch Geld zu verdienen und reich und angesehen zu werden. Es war der Traum des kleinen Mannes, vom Tellerwäscher zum Millionär zu werden. Vielen gelang der gesellschaftliche Aufstieg nach einem anstrengenden Hürdenlauf. Aber auf dem Weg zum Erfolg mußte die menschliche Seite Schaden nehmen. Mehr als anderswo wurden die Gefühle dem logischen Denken untergeordnet. Arthur Miller hat das in seinem Stück »Der Tod des Handlungsreisenden« treffend dargestellt. Da arbeitet ein Mann jahrzehntelang für seine Firma, um dann, als sein Elan und sein Erfolg mit dem Alter nachlassen, vor die Tür gesetzt zu werden.
Diese Seite der amerikanischen Wirklichkeit ließ die Menschen vereinsamen. In den Hauptstädten wuchsen die Häuser schneller und höher als sonst auf der Welt. Das offene, vorbehaltlose Gespräch der Menschen miteinander geriet in Vergessenheit oder wurde unterdrückt. Sogar die

Restaurants wichen Schnellimbissen oder gar Einrichtungen, die das Steak oder den Hamburger an das Autofenster herankarrten. An die Stelle sozialer Gepflogenheiten, die nachweislich die Kommunikation fördern, wie etwa Einladungen zum Essen nach Hause, traten oberflächliche Cocktailpartys. Auf diesen Partys wird der »small talk« gepflegt, eine Form des Gesprächs, die mit Geplauder freundlich, mit Geschwätz treffender charakterisiert ist. Diese Art zu reden ist typisch für eine Umgangsform, bei der die Gefühlsebene der Gesprächspartner von der Vernunft unterdrückt wird. Da man sich aber vom Verstand her auch nichts zu sagen hat und Gefühle unterdrückt werden, rettet man sich in leeres Geschwätz. Doch der Mensch hat den Drang, sich seine Probleme öfter mal »von der Seele« zu reden. Die Folge davon ist in Amerika die überschwappende Welle der Psychotherapie. Für gutes Geld kann man eine Stunde lang in Ruhe einem verständigen, einfühlsamen Menschen erzählen, was einen bedrückt. Diese Art der Kommunikation, die alle logischen Denkvorgänge außer acht läßt und rein auf der Gefühlsebene stattfindet, empfinden die Patienten als angenehm, mit der Zeit sogar als heilsam. Vielfältige Leiden, deren körperliche Ursachen die Ärzte nicht feststellen konnten, verschwanden, nachdem die Kranken psychotherapeutisch behandelt wurden.

Noch ein weiterer Gesichtspunkt spielt bei der Betrachtung der neuen Gewalt in der amerikanischen Gesellschaft eine große Rolle. Wie in Deutschland die Aktivität vieler Menschen durch gemeinsame hochgesteckte Ziele lange Jahre so in Anspruch genommen wurde, daß sie nicht in zerstörerische Aggressivität umschlagen konnte, so auch in Amerika. Jahrzehntelang sahen die Amerikaner ihre vordringlichste Aufgabe darin, gemeinsam das Land gegen die Feinde von außen und innen zu verteidigen. Ihre Erfolge auf wissenschaftlichem, wirtschaftlichem und militärischem Gebiet hielten die Nation zusammen. Dann kam der Krieg in Vietnam. Man war sich über die Rolle Amerikas uneinig. Wo man gestern noch für ein gemeinsames Ziel Seite an Seite aktiv war, begann plötzlich die Aggressivität die Oberhand zu gewinnen. Die Niederlage in Vietnam und die Watergate-Affäre, die die Bürger auch noch an der Lauterkeit ihrer Politiker zweifeln ließ, waren die Endpunkte in dieser Entwicklung.

Die Gewalt in Japan

Japanische Studenten haben ein wirksames Mittel gefunden, ihre Kommilitonen beim Studium zu behindern. Sie schenken einander vor wichtigen Prüfungen Theaterkarten oder Billetts für interessante Popkonzerte. Damit nicht genug, vermitteln sie den anderen auch noch die Bekanntschaft attraktiver Mädchen, die die Freizeit der Studenten in Anspruch nehmen und sie dermaßen ablenken, daß ihnen kaum Zeit für die Prüfungsvorbereitung bleibt. Diese Beispiele zeigen, welche Formen der Kampf um einen Studienplatz in Japan angenommen hat. Die Behinderung der Studenten untereinander geht über jedes erträgliche Maß hinaus. In den japanischen Großstädten müssen die Eltern ihre Kinder gleich nach der Geburt an Schulen und Universitäten anmelden, um die Chance auf einen Ausbildungsplatz nicht zu verlieren.

Daß in einer solchen Situation die Kommunikation der jungen Menschen leidet und in Aggressivität umschlägt, liegt auf der Hand. Eine der Folgen ist ein rapides Ansteigen der neuen Gewalt in Japan. Im Jahr 1977 beunruhigte die Polizei besonders die Zunahme jener Delikte, die gemeinhin als typische Erscheinungen der Wohlstandsgesellschaft angesehen werden.

Die »Süddeutsche Zeitung« berichtete im Dezember 1977 über die Brutalisierung im Land der aufgehenden Sonne:

> »Auffällig ist auch die Zunahme ›technischer‹ Delikte wie telephonische Erpressung, Bombenanschläge oder Straftaten unter Einsatz von Kraftfahrzeugen sowie gegen öffentliche Verkehrsmittel. Angesichts des besonders streng kontrollierten Schußwaffenbesitzes in Japan sind die Polizeibehörden auch höchst beunruhigt darüber, daß die Unterwelt ihre Bandenkriege nicht mehr wie früher mit Messer und Schwert, sondern zunehmend mit dem Colt austrägt.
>
> Geradezu hilflos aber steht man jenem modernen Tätertyp gegenüber, der aus irgendeiner spontanen Verärgerung, einem nichtigen Anlaß heraus Menschen tötet oder wahllos seinen Ärger über die Gesellschaft an unschuldigen Zufallsopfern ausläßt. Eine ganze Reihe solcher Fälle haben Japan 1977 beunruhigt – die Vergiftung mehrerer Menschen durch Coca-Cola oder Schokolade, denen tödliche Substanzen beigemengt waren –, ohne daß sie bisher

aufgeklärt werden konnten. Dagegen konnte man den bisher unbescholtenen Büroangestellten dingfest machen, der auf dem Heimweg vom Golfspiel ein spielendes Kind mit seinem Schläger zu Tode prügelte, oder einen Angestellten, der das Zimmermädchen eines Hotels als Geisel nahm, weil er erzwingen wollte, seinem Chef einmal die Meinung sagen zu dürfen.«

Schon auf den ersten Blick weisen die geschilderten Gewalttaten eine frappante Übereinstimmung mit solchen in der Bundesrepublik Deutschland, in Italien oder Amerika auf. Wie in Deutschland und in einigen arabischen Ländern gibt es auch in Japan eine militante Terroristenorganisation, die durch mehrere Anschläge eine traurige Berühmtheit erlangte.
Wie stark in Japan die jugendliche Gewaltkriminalität ist, beschreibt Hans-Werner Hamacher in seinem Buch »Tatort Deutschland«:

»In einem Bericht des Nationalen Polizeibüros Japans heißt es wörtlich: ›Nach dem Zweiten Weltkrieg sah sich unser Land einem schnellen Anwachsen der Jugendkriminalität gegenüber.‹ Es ist ein deutliches Ansteigen festzustellen, besonders in den Fällen schwerer Gewalt- und Sittlichkeitsverbrechen, und zwar nicht nur in den Stadtzentren und den Elendsvierteln, sondern auch in den ländlichen Gebieten, in den wohlhabendsten Familien und bei durchschnittlich und überdurchschnittlich begabten jungen Leuten ... Typisch ist jedoch, daß ein Jugendlicher ein schweres Vergehen ohne jedes erkennbare Motiv verüben kann. Ein Jugendlicher sticht einen Fremden nieder und trifft ihn tödlich, nur weil dieser ihm auf der Straße ins Gesicht gesehen hat. Es hat den Anschein, daß jugendliche Straftäter dazu neigen, ihr Verhalten leicht zu entschuldigen. Das geht aus einigen Erklärungen hervor:
›Ich habe nur getan, was ich tun wollte!‹
›Die anderen machen es auch!‹
›Ich bedaure nichts, außer daß die Polizei mich schnappte!‹
›Ich habe den Beweis meiner Existenz erbracht!‹
›Ich habe bewiesen, daß ich wirklich lebe!‹«

Besonders die Zitate, die die japanische Kriminalpolizei als typische Aussagen gewalttätiger Jugendlicher gesammelt und veröffentlicht hat, zeigen uns, wie »sinnlos« gerade in Japan die Brutalität auf den ersten Blick ist und wie hilflos man ihr gegenübersteht, wenn man nicht die Wurzeln der neuen Gewalt freizulegen versucht.

Die Gewalt im Ostblock

Es würde zu weit gehen, wollten wir hier am Beispiel jedes einzelnen Landes unsere These von den Ursachen der neuen Gewalt erhärten. Zum Abschluß sei lediglich noch ein Blick auf die Staaten des Ostblocks geworfen.

Es gibt zwei Gründe, warum wir so wenig von Rockern, Rowdys oder Terroristen in diesen Ländern hören. In totalitären Regimen werden Verbrechen so gut es geht verschwiegen. Dies ist ein Grund. Andererseits wird in den östlichen Staaten versucht, der Aggression Ventile zu schaffen. Man wird schon sehr früh dazu angehalten, miteinander auf ein bestimmtes Ziel, nämlich den Erfolg des Kommunismus, hinzuarbeiten. Der Kampf um den Studienplatz, der beispielsweise in Japan eine derart verhängnisvolle Rolle spielt, oder das Streben nach beruflichem Aufstieg auf Kosten des Zusammenlebens mit anderen Menschen fällt in kommunistisch regierten Ländern naturgemäß weniger ins Gewicht.

Dennoch gibt es auch im Ostblock die neue Gewalt. Und die Politiker und verantwortlichen Polizeikräfte haben dort nicht weniger Sorgen, die Brutalität und besonders die Ausschreitungen Jugendlicher unter Kontrolle zu bekommen. Schätzungen von Experten besagen, daß die Jugendkriminalität im Osten je nach Land zwischen fünfundzwanzig und fünfzig Prozent der Gesamtkriminalität ausmacht. Überall, in Polen, der Tschechoslowakei, der DDR, Ungarn und der Sowjetunion, stieg die Zahl der Gewalttaten an. In der UdSSR trug man dieser Tatsache Rechnung, indem man Ende der sechziger Jahre ein neues Ministerium einrichtete, das sich in einer Abteilung ausschließlich mit der entschlossenen Ausrottung des Rowdytums und »anderer gesellschaftsfeindlicher Erscheinungen« beschäftigt.

In der DDR ist besonders das Rockerproblem eine nicht zu unterschätzende Gefahr. Dr. Irene Blumenthal, eine renommierte Ostberliner Chefärztin, schätzte bei einem Vortrag vor der Evangelischen Synode der DDR die Zahl der jugendlichen Delinquenten in ihrem Land auf etwa 300 000 bis 450 000 Jungen und Mädchen. Die Illustrierte »Stern« zitierte Dr. Blumenthal zu diesem Thema:

> »Diese dissozialen Kinder suchen sich zwei Ventile. Die einen sagen sich, ich will nicht mehr leben, weder in dieser Gesellschaft noch in einer anderen. Die anderen wollen ›diesen Laden hochgehen lassen‹ und meinen damit die Schule, den Betrieb, die wohletablierte Familie, die Menschen überhaupt.«

Diese Worte machen deutlich, daß dem Ansteigen der neuen Gewalt selbst die Machthaber in einem totalitären Staat nicht Einhalt gebieten können. Ost oder West – die Situation ist unterschiedlich, die Probleme jedoch sind die gleichen. Das, was am 7. Oktober 1977 in Ostberlin geschah, hätte sich genausogut im Westen der geteilten Stadt ereignen können:

Auf dem Alexanderplatz trat abends eine Rockband auf. Es galt, den Jahrestag der Gründung der DDR zu feiern, und die bekannte Musikergruppe lockte ein paar tausend Jugendliche an. Rund um den Platz standen Metallgerüste mit Fahnen und Spruchbändern. Einige junge Leute kletterten auf die Gerüste, um die Band besser sehen zu können. Plötzlich krachte es, und ein Gerüst brach unter der Last der Zuschauer zusammen. Etwa zwanzig Jugendliche wurden dabei zum Teil schwer verletzt. Doch dieses Ereignis, an dem die Jugendlichen selbst schuld hatten, löste erst eine Welle von Aggressivität aus. Unter den Jugendlichen kam es zu einer Schlägerei, und als die Volkspolizei versuchte, einen Weg für die Ambulanzfahrzeuge freizumachen, wurde sie mit Hohngeschrei und den Worten »Bullen raus!« empfangen. Eine Reihe von Zuschauern hatte den Unfall nicht bemerkt und dachte, als die Polizei kam, man wolle ihnen den Spaß an dem Konzert nehmen. Über die weitere Entwicklung der Schlägerei gibt es unterschiedliche Meldungen. Die einen sprechen von Todesfällen, andere lediglich von ein paar Verletzten. Fest steht jedenfalls, daß mindestens zwanzig Jungen rund sechzig Polizisten in eine handfeste Prügelei verwickelten, in deren

Verlauf ein Volkspolizist entkleidet und seine Mütze angezündet wurde.
Dieser Vorfall steht nicht allein. Immer häufiger vereinigen sich junge Männer in Lederkluft zu Cliquen, die auf Motorrädern ähnlich wie die Rocker des Westens durch Dörfer und Städte rasen und mit Lärm und Drohungen ihre Aggressivität abladen. Der »Stern« berichtete darüber im Dezember 1977:

> »In diesem Sommer rückten jedes Wochenende am S-Bahnhof Friedrichshagen Jugendliche per Motorrad, Bahn oder Taxi an, um im nahegelegenen Wald zu kampieren, Kinder aus sogenannten ordentlichen Verhältnissen. Auf der Suche nach Abwechslung belästigten sie Leute, brachen in leerstehende Häuser ein oder hinderten Autofahrerinnen am Weiterfahren. ›Wir Frauen hier draußen‹, so eine grüne Witwe aus dem Ostberliner Vorort, ›haben längst eine Art Selbstschutz organisiert. Wer beim Heimweg von Jugendlichen verfolgt wird, läuft in ein Haus, wo jemand telefonisch sofort die Polizei rufen kann.‹«

Es ist verblüffend, wie sich die Schilderungen aus Ost und West gleichen. Das zeigt wiederum, daß dieselben Fehler in dem einen wie auch in dem anderen politischen System gemacht wurden.

Frauen und Gewalt

Wenn man davon ausgeht, daß die Gewalt bei einem Menschen von einer Anhäufung negativer Erfahrungen und durch einen hohen Adrenalinausstoß hervorgerufen wird, und wenn wir weiter bedenken, daß sich die Bevölkerung der Bundesrepublik etwa zur Hälfte aus Männern und zur Hälfte aus Frauen zusammensetzt – 29,5 Millionen männlichen Einwohnern stehen etwa 32 Millionen weibliche gegenüber –, dann liegt der Schluß nahe, daß Frauen sich genauso häufig aggressiv verhalten müßten wie Männer.
Dennoch zeigen sich viele Menschen besonders entsetzt, wenn, wie

beispielsweise während der letzten terroristischen Anschläge, auch Frauen führende Rollen bei Gewalttaten spielen. Günther Nollau, der ehemalige Leiter des Bundesamtes für Verfassungsschutz, zerbrach sich in einem Artikel im »Spiegel« den Kopf über die Ursache der Gewalt bei Frauen: »Vielleicht ist das ein Exzeß der Befreiung der Frau.« Und in der Tageszeitung »Die Welt« war gar zu lesen, die Terroristinnen bereiteten das Matriarchat vor und wollten als Amazonen eine mutterrechtliche Gesellschaft einführen.

Der Grund für das Entsetzen über Gewalttaten von Frauen dürfte in der einfachen Tatsache zu suchen sein, daß die Frauen in unserer Gesellschaft in ein Rollenschema gepreßt werden, das brutale Aggressivität nicht vorsieht. Frauen – das gesteht man ihnen noch zu – greifen schlimmstenfalls im Verlauf einer Eifersuchtsszene zur Waffe. Ansonsten haben sie sich ihrer weiblichen Waffen zu bedienen: Anmut, Schwäche, Charme und Verführungskunst. So wie Jungen in unserer Gesellschaft eingebleut wird, sie müßten tapfer sein, das Weinen unterlassen und sich darauf vorbereiten, einmal in das feindliche Leben hinauszugehen, um Frau und Kinder ernähren zu können, hängt über den Mädchen noch immer die Drohung, einmal keinen Mann zu bekommen. Nach dem Motto, wer sich nicht fügt, trägt selber die Schuld, wenn er als Außenseiter darunter zu leiden hat.

Diese Schemata sind im Laufe unserer kulturellen Entwicklung natürlich nicht zufällig entstanden. Sie entwickelten sich im Laufe der Jahrtausende aus einer Arbeitsteilung, die dem Mann seiner robusteren körperlichen Beschaffenheit wegen andere Aufgaben zuwies als der Frau. Die Statistik scheint diese Entwicklung objektiv zu bestätigen: Frauen sind durchschnittlich um dreizehn Zentimeter kleiner als Männer und verfügen nur über ein Drittel der männlichen Muskelkraft. Sie besitzen – im statistischen Durchschnitt – dreißig Prozent weniger rote Blutkörperchen und ermüden deshalb schneller. Sie reagieren um vierundzwanzig Prozent langsamer als das männliche Geschlecht. Dazu kommen häufig körperliche und seelische Probleme während der Menstruation oder der Schwangerschaft, die beim Mann von Natur aus nicht vorhanden sind, sowie intensivere Klimakteriums- und Pubertätsschwankungen. Demgegenüber weisen die Frauen allerdings auch eine geringere Schmerzempfindlichkeit und eine bessere Widerstandsfähigkeit als Männer auf, die sie laut Statistik um rund fünf Jahre überleben.

Die ihnen zugewiesene Rolle haben die Frauen über viele Jahrhunderte hinweg akzeptiert und mitgespielt. Sie brachte ihnen neben den Nachteilen, die auf der Hand liegen, durchaus Vorteile. Der Mann war der Beschützer, der seine Familie im Rahmen seiner Geschlechterrolle vor aller Unbill bewahrte. Darüber hinaus entwickelten die Männer im alltäglichen Umgang untereinander gemäß ihrem Rollenverständnis ein offenes, lautstarkes Benehmen, das viel aggressiver wirken mußte als das zurückhaltende Gebaren der Frauen.
Dabei waren Frauen im Laufe der Geschichte nicht weniger aggressiv als Männer – sie ließen ihrer Aggressivität jedoch meist keinen freien Lauf, sondern lebten sie in sublimierten Formen aus. Eine dauernde Putzwut, ein übersteigertes Interesse für Mode, die Flucht in typische Frauenleiden wie Migräne oder Hysterie, all dies kann Ausdruck einer umgeleiteten Aggressivität sein.
Die Frauen haben also in unserer Gesellschaft zwar ein anderes, anerzogenes Rollenverhalten, aber dieselbe Aggressivität wie Männer. Wenn also nach den Mordanschlägen von Karlsruhe, Oberursel und Köln auf den Fahndungsbögen des Bundeskriminalamtes zehn der sechzehn meistgesuchten Terroristen weiblichen Geschlechts sind, so bedeutet das nicht, daß die Aggressivität bei Frauen urplötzlich sprunghaft zugenommen hat, sondern daß sich einfach das Rollenverhalten des »schwachen Geschlechts« veränderte.
Die amerikanische Soziologin Freda Adler schrieb kürzlich in einer Untersuchung über Frauen und Kriminalität: So wie sich »der soziale Status der Frauen dem der Männer« annähere, werde »es auch die Zahl und Art ihrer Verbrechen«. Grundsätzlich dürfte aber in Deutschland immer noch gelten, was Hildegard Damrow in ihrem Buch »Frauen vor Gericht« schreibt:

> »Der Anteil der Frauen an der Kriminalität ist überall in der Welt den Statistiken zufolge vier- bis zehnmal geringer als der der Männer. Auch in der Bundesrepublik kommen Frauen viel seltener vor den Richter. Von hundert überführten Tätern sind nur 15 Frauen, 85 Männer und männliche Jugendliche. Das Verhältnis zwischen verurteilten Männern und Frauen liegt bei acht zu eins.«

Und sie kommt zu dem Schluß:

»Diese Zahlen beweisen nicht etwa, daß Frauen ›besser‹ sind als die Männer, nur daß sie ›anders‹ sind.«

Langsam, aber sicher gleichen sich die Geschlechter in ihren Aggressivitätsformen jedoch an. Ein gutes Beispiel ist die jüngste Umfrage der Jugendillustrierten »Bravo« in Deutschland zum Thema Kriminalität. Unter 120000 befragten Jugendlichen antworteten 88,8 Prozent der Mädchen, sie hätten noch nie in ihrem Leben etwas mit der Polizei zu tun gehabt. Dagegen konnten nur 70,3 Prozent der Jungen die Frage »Habt ihr schon einmal mit der Polizei zu tun gehabt, weil ihr etwas ›angestellt‹ hattet?« mit einem Nein beantworten. 9,0 Prozent der Mädchen und 22,2 Prozent der Jungen gestanden ein, schon einmal in die Hände der Polizei geraten zu sein. 1,3 Prozent der Mädchen und 6,3 Prozent der Jungen hatten nach eigener Aussage schon öfter mit der Polizei zu tun. Was die Statistiker bei der Ausarbeitung dieser Umfrage aufhorchen ließ, war jedoch der überraschend hohe Anteil der zehn- bis elfjährigen Mädchen, von denen 2,4 Prozent bereits mehrmals unangenehm mit der Polizei Bekanntschaft machen mußten.
Diese letzten Zahlen der Umfrage beziehen sich auf die Kriminalität im allgemeinen. Bei derselben Umfrage stellte sich aber auch heraus, daß eine ganze Reihe von Mädchen der Lust an der Gewalt freien Lauf läßt. 39,4 Prozent der befragten weiblichen Jugendlichen beantworteten die Frage »Könntet ihr euch vorstellen, gegen andere Menschen körperliche Gewalt anzuwenden?« mit »Ja, wenn mich jemand reizt«. (Dagegen 52,9 Prozent Jungen). Vier Prozent der Mädchen (nur knapp ein Prozent weniger als Jungen) gestehen ein, selbst aggressiv zu sein.
Beschäftigen wir uns im folgenden mit dem Anteil der Frauen an den drei Gruppen der neuen Gewalt. Wir wissen, daß bei den Terroristen die weiblichen Täter im Vergleich zur Gesamtkriminalität überproportional zugenommen haben. Deshalb werden wir uns noch ausführlich mit Terroristinnen befassen. Zunächst aber einmal zu den beiden anderen Gruppen.
Das Rowdytum auf den Fußballplätzen mit all seinen Folgeerscheinungen ist weiterhin eine typisch männliche Domäne. Sieht der Münsteraner Professor Hans Joachim Schneider in der Zukunft auch eine Angleichungstendenz zwischen der männlichen und der weiblichen Kriminalität voraus, so ist davon auf dem Fußballplatz noch wenig zu bemerken.

Es prügeln und randalieren ausschließlich Männer. Die Gründe dafür liegen auf der Hand. Während die Angehörigen des männlichen Geschlechts ihre fehlende Identität in den Helden auf dem Fußballfeld zu finden hoffen, konzentriert sich das Interesse der Frauen auf ganz andere Gebiete. Ist es ihnen nicht gelungen, ihre Identität zu finden, so suchen sie diese ihrer Natur gemäß nicht bei den harten, männlichen Fußballern, sondern weichen beispielsweise auf Filmschauspieler, Schlagersänger oder auf Mitglieder des Adels aus, von denen man immer wieder liest.

Wir haben gesehen, daß die Idole auf dem Weg in die Aggressivität stets eine wichtige Rolle spielen. Nicht zuletzt aus der Tatsache, daß die Spiele auf dem Fußballrasen immer brutaler wurden, erklärt sich die rapide ansteigende Brutalität in den Stadien.

Andrerseits verhalten sich bei den Frauen die Idole immer noch den weiblichen Rollenvorstellungen entsprechend, und so konnte der Funke der brutalen Aggressivität auch nicht vom Vorbild auf die Nachahmer überspringen.

Etwas Ähnliches läßt sich über das Verhältnis der Frauen zum Rockertum sagen. Die Lederkleidung und die Provokation durch lautstarke Motorradmotoren mögen manchen Mädchen imponieren, sie regen sie jedoch nicht zur Nachahmung an. Im Gegenteil, Frauen kommt bei dieser Art der Gewalt eine nicht zu unterschätzende Rolle zu: Sie üben als sogenannte »Rockerbräute« eine dämpfende Funktion aus, und sie versuchen, während die männlichen Gruppenmitglieder dabei sind »aufzumischen« (Rockerausdruck für eine sinnlose Gewalttat), den Frieden so bald wie möglich wiederherzustellen. Zwar wurden vereinzelte Fälle von weiblich regierten Rockergruppen bekannt, die aber im Gesamtbild der neuen Gewalt kaum ins Gewicht fallen. Es gilt dafür noch immer, was Hildegard Damrow in ihrem Buch »Frauen vor Gericht« zu den gewalttätigen Außenseiterinnen gesagt hat:

> »Nur die maskulinen Frauen, die sich oft als Lesbierinnen sowieso von der Gesellschaft ausgeschlossen fühlen, bilden in wenigen Ausnahmefällen eine Art ›Gang‹, gehen gemeinsam auf Raubzüge aus und infizieren den Nachwuchs kriminell.«

So überraschend die folgende Feststellung auch klingen mag, gerade bei den relativ einfachen und weniger gebildeten Gewalttätern herrscht heute noch eine nahezu kavaliersmäßige Art den Frauen gegenüber vor. Die Studien unseres Instituts in München, die in Zusammenarbeit mit der Polizei durchgeführt wurden, ergaben, daß die Hemmschwelle für Rocker, eine Frau oder ein Mädchen tätlich anzugreifen, höher ist als bei einem Opfer gleichen Geschlechts. Diese Tatsache ist besonders verblüffend, wenn man bedenkt, daß sich Rocker sonst stets die allerschwächsten Opfer für ihre Gewalttaten aussuchen. Trotz sexueller Aufklärung und geschlechtlich gemischter Banden sind die Mädchen in der Gruppe für die männlichen Mitglieder immer noch schwer zu ergründende Wesen. Sie passen sich den Männern an, suchen bei ihnen Schutz und haben das weibliche Rollenverständnis ihrer Mütter nicht abgelegt. Dieser Mythos, der den »schwachen« Frauen anhaftet, schützt die möglichen Opfer häufig vor brutalen Rockerangriffen.

Ganz anders sieht das Bild der weiblichen Gewalttäter aus, wenn wir uns der dritten Gruppe, den Terroristen, zuwenden.
In den terroristischen Organisationen auf der ganzen Welt nehmen junge Mädchen und Frauen führende Rollen ein. Sie sind um keinen Deut zurückhaltender, wenn es gilt, der Gewalt freien Lauf zu lassen. Im Gegenteil – nach Aussagen ehemaliger Geiseln versuchen sie sich sogar durch besondere Brutalität hervorzutun. Leila Chalid, die Palästinenserin, die als Luftpiratin einen traurigen Ruhm erlangte, zögerte keinen Augenblick, in einem Flugzeug ihre Drohung wahr zu machen und in Reiseflughöhe eine Handgranate zu zünden. Zum Glück hatte der Sprengkörper einen defekten Zünder.
In Japan wird die Rote-Armee-Fraktion von einer auf den ersten Blick mütterlich-bieder wirkenden Frau mittleren Alters dirigiert. Sie heißt Fusako Shigenobu und leitet die mordenden Männer und Frauen der japanischen RAF unnachsichtig und unbarmherzig. Fehler oder gar Verrat werden streng bestraft; es gilt in Polizeikreisen als sicher, daß in dieser fernöstlichen Terrorgruppe bereits zahlreiche Mitglieder von ihren Genossen liquidiert wurden.
Auch sonst erwarben sich die von Fusako Shigenobu angeführten Japaner durch das Attentat auf dem israelischen Flughafen Lod den Ruf außergewöhnlicher Gnadenlosigkeit und selbstzerstörerischer Brutalität.

Am 22. Mai, so fand man später heraus, waren drei ehemalige Studenten aus Japan, allesamt RAF-Mitglieder, von Paris nach Frankfurt geflogen und von da mit dem Zug weiter nach Rom gefahren, wo sie in Koffer verpackte Maschinengewehre russischer Bauart und Handgranaten erhielten. Mit diesen brisanten Gepäckstücken flogen die drei Japaner am 30. Mai 1972 an Bord einer Air-France-Maschine nach Israel. In Lod angekommen, packten die Attentäter die Waffen neben den Transportbändern des Flughafens aus und begannen in die Menschenmenge in der überfüllten Flughalle zu schießen. 24 Personen wurden bei diesem Anschlag getötet, 72 Menschen verletzt. Einer der Japaner starb beim Schußwechsel mit der Polizei, ein anderer tötete sich selbst. Nur einer der drei Terroristen überlebte und wurde vor Gericht gestellt. Die Richter verurteilten ihn zu einer lebenslangen Gefängnisstrafe. Dr. Richard Clutterbuck zitiert in seinem Buch »Terrorismus ohne Chance« Stellen aus der Aussage des Japaners, die nur allzudeutlich die hemmungslose Brutalität im Denken der von einer Frau angeführten Gruppe wiedergeben:

> »Revolutionärer Krieg ist Krieg für die Gerechtigkeit, die ich als eine Gesellschaft ohne Klassenkampf definiere. Krieg umfaßt das Töten und auch Zerstörung. Wir können die Kriegführung nicht auf Zerstörung von Gebäuden beschränken. Wir glauben, daß die Tötung von Menschen unumgänglich ist ... Wir drei Soldaten wollen nach unserem Tode drei Sterne von Orion werden ... Ich glaubc, daß einige von denen, die wir töteten, bereits Sterne am Himmel geworden sind ... Die Revolution wird weitergehen, und es wird viele andere Sterne am Himmel geben.«

Jene Fusako Shigenobu, die Japans Rote-Armee-Fraktion regiert, ist nicht die einzige Frau, die über schießende Männer herrscht. In Irland führte Maire Drumm, die inzwischen erschossen wurde, eine Gruppe der Terror-Organisation IRA an. In Deutschland prägten Frauen wie Ulrike Meinhof oder Gudrun Ensslin das Denken und Handeln der Terroristen. Ulrike Meinhof schuf mit ihrem Handbuch der Stadtguerilla eine Philosophie der Gewalt und rief zur puren Brutalität auf: »Und natürlich kann geschossen werden!« Gudrun Ensslin wiederum schien sogar den arabischen Freischärlern während ihrer Ausbildungs-

zeit in palästinensischen Terrorschulen im Jahre 1970 »really militant«. Die Vorwürfe der Staatsanwaltschaft sprachen später ebenfalls für die Gewalttätigkeit dieser Frau: Man beschuldigte sie vierer Morde und 35 Mordversuche. Schon bei der ersten blutigen Terroraktion in Deutschland, als am 14. Mai 1970 Andreas Baader mit Waffengewalt aus dem Lesesaal des Zeitgeschichtlichen Instituts in Berlin geholt wurde, taten sich Frauen als Planer und Akteure hervor. Ulrike Meinhof, die zusammen mit Gudrun Ensslin und Horst Mahler den Plan zur Befreiung Baaders ausgeheckt hatte und während des gesamten Ablaufs dabei war, wurde von Irene Goergens und Ingrid Schubert unterstützt. Die beiden letztgenannten Frauen zögerten auch nicht, im Verlauf der Befreiung ihre Waffen zu benutzen.
Seit diesem Tag tauchen immer wieder Frauen im Zusammenhang mit Anschlägen der RAF in Deutschland und im Ausland auf. Am aufsehenerregendsten war jedoch die Tat der Rechtsanwaltstochter Susanne Albrecht, die sich mit einem Blumenstrauß im Arm und Schußwaffen in der Tasche Eintritt bei ihrem Nennonkel, dem Bankier Jürgen Ponto, verschaffte, um ihn zu entführen. Als sich Jürgen Ponto wehrte, wurde er von den Terroristen erschossen.

Wenn man die bundesdeutschen Terroristinnen miteinander vergleicht, fallen einem zwei Gemeinsamkeiten auf:

1. Auf Grund ihrer Intelligenz versuchten die Frauen, ihren Drang zur Aggressivität eine Zeitlang anders als durch Gewalttaten auszuleben. Ulrike Meinhof schrieb sich ihre Wut von der Seele. Gudrun Ensslin diskutierte jahrelang, ehe sie ihre erste Straftat beging und das Frankfurter Kaufhaus in Brand setzte. Susanne Albrecht widmete sich sogar höchst sozialen Aufgaben.
2. Die meisten Terroristinnen entstammen begüterten Familien. Der Vater von Astrid Proll ist beispielsweise Architekt, Ingrid Schuberts Vater ist Manager, Susanne Albrechts Vater Rechtsanwalt, der Vater von Hanna und Friederike Krabbe Kaufmann.

Frauen sind heute in der terroristischen Szene – so meint der Kölner Soziologe Erwin K. Scheuch – nicht nur die charakterlich, sondern meist auch die intellektuell stärkeren Figuren. Der Kriminologe Gustav Nass stellt in einem Artikel im »Spiegel« einen Zusammenhang zwischen

Intellekt und einem Abgleiten in Gewalttätigkeit her: Von »hochbegabten jungen Menschen«, so wird der Kasseler Wissenschaftler zitiert, werde »die Diskrepanz zwischen Moralischem und desillusionierender Realität ... stärker erlebt und erlitten als von anderen«. Der Soziologe Scheuch argumentiert ebenso:

> »Je ethisch anspruchsvoller die Elternhäuser, je stärker die Sensibilisierung für Ungerechtigkeiten, um so extremer und vor allem um so plötzlicher der Ausbruch.«

Das ehemalige Mitglied der Rote-Armee-Fraktion Beate Sturm sieht das Problem aus einem anderen Blickwinkel. Im Magazin »Der Spiegel« wird sie zitiert:

> »Wenn man mit 14 Jahren schon in der Fabrik steht und selber genug damit beschäftigt ist, sich seiner Haut zu wehren, dann ist es gar nicht so leicht, noch für andere einzutreten.« Als Studentin indes rutsche man leichter »in so etwas hinein«.

Die jungen Frauen, finanziell ohne Sorgen, psychisch jedoch voller Probleme, unverstanden und rebellisch, trafen andere junge Leute in der gleichen Situation. Und sie wurden auch im Männerkreis als vollwertige Diskussions- und Demonstrationspartner anerkannt. Noch einmal Beate Sturm:

> »Eines fand ich damals wirklich Klasse – daß man als Frau wirklich emanzipiert war, daß man manche Sachen einfach besser konnte als die Männer. Wir haben uns einfach stärker gefühlt.«

Die Geschichte lehrt, daß die Frau schon seit eh in revolutionären Gruppen als schlagkräftige Mitstreiterin wohlgelitten ist. Ein wichtiger Schritt der Französischen Revolution wurde am 5. Oktober 1789 getan, als Frauen Ludwig XVI. und seine Familie aus Versailles vertrieben und ihn zwangen, nach Paris zu übersiedeln. In den »Mémoires du Général Thiébault« kann man nachlesen, wie der Aufstand der Frauen vor sich ging. Thiébault war damals noch ein junger Offizier der Schloßwache und schrieb in seinen Erinnerungen:

»... kurz darauf erschienen etwa sechzig schreckliche Weiber, die mit lautem Geschrei verkündeten, sie wollten den König aufsuchen, und jeden aufforderten, sich ihnen anzuschließen. Beim Anblick dieser Furien ... von denen einige Stöcke und große Küchenmesser schwangen, hatte ich, was mir an Leuten noch übriggeblieben war, unter die Waffen treten lassen.«

Diese Maßnahme des jungen Offiziers war vergeblich, die Frauen fühlten sich im Gegenteil durch die bewaffneten Soldaten provoziert, ließen ihrer Aggressivität freien Lauf, stürmten bis in die Gemächer der Königin Marie-Antoinette und gaben nicht eher Ruhe, bis sich der König ihrem Willen unterwarf und mit ihnen nach Paris zog.
Auch in der Anarchistenszene der Jahrhundertwende tauchen immer wieder Namen von weiblichen Mitgliedern auf, die in der Brutalität den Männern in nichts nachstanden, so daß der deutsche Kriminologe Hans von Henting schon 1923 notieren konnte:

»Die revolutionäre Frau übertrifft den Mann an Entschlossenheit in der Regel.«

Und Hildegard Damrow stellte 1969 fest:

»Ist die Grausamkeit einer Frau einmal geweckt, kann sie sich ins Maßlose steigern.«

Bei den deutschen Terroristinnen steigerte sich der Haß so maßlos, wie es Hildegard Damrow vorhergesehen hatte. Sie alle versuchten dabei ihre ganz persönliche Frustration in eine aggressive Haltung gegen die Gesellschaft und ihre Repräsentanten umzuwandeln. Es ist gut denkbar, aber bis heute noch nicht wissenschaftlich bewiesen, daß bei einigen der gewalttätigen Frauen der Grund ihrer außerordentlichen Aggressivität in einer vorangegangenen geschlechtsspezifischen Unterdrückung zu suchen ist. Angenommen, ein Mädchen erlebt aktiv oder passiv in seiner Umwelt immer wieder eine deutliche Zurücksetzung der Frau gegenüber dem männlichen Geschlecht. Mit den Jahren und mit der Steigerung des eigenen Bewußtseins wird dieser psychische Druck immer stärker werden und in irgendeiner Form eine Entladung suchen. Die Erfahrung, als weibliches Wesen unterdrückt zu sein, kann oft ganz harmlos anfangen. Der stufenweise Ablauf sieht etwa folgendermaßen aus: Zuerst die Enttäuschung in der frühen Kindheit. Wir alle kennen die Redensart: »Ach, das ist ja nur ein Mädchen, mit dem wollen wir nicht spielen!« Dann kann sich die Unterdrückung (oder das vermeintliche Gefühl, unterdrückt zu sein) in der Pubertät steigern: »Für ein Mädchen ist es nicht so wichtig, einen Beruf zu erlernen, denn es wird ja ohnedies einmal heiraten!« Schließlich kann die angesammelte Wut sich ins maßlose steigern angesichts eines Satzes wie (der mit diesen oder ähnlichen Worten jeden Tag unzählige Male irgendwo in Deutschland ausgesprochen oder angedeutet wird): »Nein, Frauen können wir in unserer Firma für diesen Posten leider nicht gebrauchen!«

Dabei ist es gar nicht notwendig, daß ein Mädchen auf dem Weg in die Aggressivität die Unterdrückung am eigenen Leib verspürt. Es kann genausogut durch Erfahrungen aus seiner Umwelt auf dieses Problem aufmerksam gemacht worden sein und sich mit seinen Geschlechtsgenossinnen identifizieren. Wissenschaftler haben ja gefolgert, daß besonders junge Leute aus ethisch anspruchsvollen Elternhäusern mit besonderer Bildung ein offenes Ohr für scheinbare und tatsächliche Diskriminierung haben. Dieser begrüßenswerte Wesenszug wird allerdings dadurch stark beeinträchtigt, daß dieselben Jungen und Mädchen extrem reagieren und rasch über das gewünschte Ziel hinausschießen. Dabei neigen Frauen noch mehr als Männer ihrer gesellschaftlichen Rolle gemäß dazu, Ungerechtigkeiten zu bekämpfen.

Dabei kommt Frauen noch folgendes zugute: Verwandelt eine Frau ihren Typ mit Hilfe kosmetischer Präparate oder durch Haarteile so, daß sie völlig anders aussieht, ist das nach unseren geltenden gesellschaftlichen Normen noch akzeptabel, und die Betreffende wird nicht weiter auffallen. Dies geht sogar so weit, daß ein geringfügiges Abweichen im Äußeren der Frau gegenüber den amtlichen Eintragungen in ihrem Paß oder einem anderen Dokument selbst von den Behörden nicht tragisch genommen wird.

Ganz anders verhält sich die Sache bei einem Mann. Würde er etwa versuchen, mit Schminke, aufgeklebten Augenwimpern, Haarfärbemitteln oder Perücken sein Aussehen zu verändern, so fällt er mit Sicherheit auf und wird von seinen Mitmenschen mißtrauisch beobachtet. Geschminkte Männer sind anormal und damit verdächtig.

Dies machen sich die Terroristinnen zunutze. Ihnen fällt es leichter, äußerlich verändert in der Öffentlichkeit aufzutreten. Schon aus diesem Grund werden die weiblichen Mitglieder dieser Gruppen viel häufiger aus dem Untergrund zu Vorbereitungsarbeiten für Anschläge ausgeschickt. Egal, ob sie konspirative Wohnungen mieten, Autos oder Nahrungsmittel kaufen, sie haben eher die Chance, unerkannt zu bleiben. Zum Teil wurden von der Baader-Meinhof-Gruppe Waffen konstruiert, die speziell für Frauen gedacht waren. Dierk Hoff, ein geschickter Metallbildner und Sprengstoffspezialist der Gruppe, konstruierte eine später »Baby-Bombe« genannte Vorrichtung, die dazu diente, einen Sprengkörper in abgesicherte Amtsgebäude einzuschmuggeln. Die Bombe in Halbkugelform konnte vor den Körper geschnallt werden und sollte eine Schwangerschaft vortäuschen. Die Terroristen rechneten damit, daß sich die Sicherheitsbeamten vielleicht scheuen würden, eine offensichtlich schwangere Frau intim nach Waffen zu untersuchen.

Die weiblichen Mitglieder der Gruppen, die stärker in der Öffentlichkeit agierten, hinterließen naturgemäß eine ganze Reihe von Spuren. Später sicherte die Polizei diese Spuren und verfolgte sie weiter. Dieser einfache Sachverhalt erweckte den falschen Eindruck, Frauen seien aktivere Gewalttäter und den männlichen Terroristen zahlenmäßig und in der Brutalität überlegen.

Wirkt Gewalt in den Medien ansteckend?

Als in Amerika der fünfzehn Jahre alte Ronny Zamora eine alte Dame beraubt und ermordet hatte, zitierte dessen Rechtsanwalt im Spätherbst 1977 Lieutenant Theo Kojak, den kahlköpfigen Helden der Fernsehserie »Einsatz in Manhattan«, in den Zeugenstand, um ihn über die Gewalt in den amerikanischen Medien zu befragen. Eigentlich sollte der Filmpolizist nicht auf dem Platz des Zeugen, sondern auf der Anklagebank sitzen – stellvertretend für ein Medium, das Tag für Tag Szenen schauerlichster Gewalttätigkeit in die Wohnungen liefert und so, laut Anschuldigung des Anwalts, die Jugend im allgemeinen und seinen Mandanten im besonderen zur Gewalttätigkeit animiert. Ronny Zamora, führte er aus,

sei durch jenen Lieutenant Kojak zur Brutalität verführt worden. Der fünfzehnjährige Ronny bestätigte das vor den Richtern: »Die Gangster im Fernsehen wehren sich auch immer so.«
Genug über Gewalt bekommen Kinder und Jugendliche überall auf der Welt jeden Tag zu sehen, zu hören und zu lesen. Einige Zahlen aus wissenschaftlichen Untersuchungen und Meinungsumfragen zeigen dies:

- Einem Kind wird in den USA pro Minute in einem der ein Dutzend Fernsehkanäle durchschnittlich eine Gewaltszene vorgeführt. Bis zu seinem zehnten Geburtstag, so stellte der Arzt Michael B. Rothenberg aus Seattle fest, war das amerikanische Durchschnittskind Zeuge von 18 000 Bildschirmmorden.
- Vergleichsweise human geht es dagegen auf den bundesdeutschen Bildschirmen zu. Der Hildesheimer Medienforscher Heribert Heinrichs zählte in einer Woche nur achtzig Leichen und zweihundert Bluttaten auf dem Fernsehschirm.
- In Japan müssen innerhalb von achtundvierzig Stunden so viele Schauspieler ihr Leben vor der Kamera aushauchen wie in Deutschland während einer Woche: achtzig.

Ungezählt und statistisch nicht erfaßt sind darüber hinaus die brutalen Szenen, die das Fernsehen während aktueller Berichterstattung und Reportsendungen ins Haus liefert. Ja selbst Sendungen, die speziell für Kinder und Jugendliche produziert werden, strotzen nach Vorwürfen der Kritiker vor Ermunterung zur Gewalttätigkeit. Schweinchen Dick und der rosarote Panther, Stan Laurel, Oliver Hardy und die Leute von der Shilo-Ranch, sie alle prügeln, schießen und schlagen sich zur Freude der jugendlichen Fernseher. Nur zur Freude? Oder ist die Gewalt ansteckend? Während man in Kinos Kindern und Heranwachsenden bei bestimmten Filmen den Besuch untersagen kann, bleibt diese Zensur vor dem Fernsehschirm den Eltern überlassen. Um des lieben Friedens willen geben diese oft nach. Noch weniger Kontrolle haben die Erwachsenen über das gedruckte Wort, das Kindern in die Hände fallen oder ganz bewußt zugespielt werden kann. Da töten und quälen in Romanheften und Büchern Polizisten oder ihre Widersacher aus der Unterwelt. Mehr noch: Jeden Tag berichten Hunderte Tageszeitungen und Illustrierte auf der ganzen Welt in Wort und Bild detailliert über die schrecklichsten Greueltaten. Und die Kinder konsumieren dies genauso interessiert wie vor dem Fernsehgerät.

- Rund 1,64 Millionen Drei- bis Dreizehnjährige sitzen abends, um Viertel nach acht, noch unverdrossen vor dem Fernsehschirm. 370 000 tun es noch nach neun Uhr abends, 110 000 Kinder dieser Altersschicht sogar bis um Mitternacht. Das ergab eine Untersuchung in der Bundesrepublik.
- In Österreich führte man ohne Anspruch auf wissenschaftliche Genauigkeit in einem Wiener Kindergarten eine Umfrage unter den Zöglingen durch. 99,9 Prozent der Fünfjährigen dürfen daheim fernsehen. Bei den Dreijährigen waren es nicht viel weniger: 76,7 Prozent. Und als die Interviewer bei den Eltern noch weiter in der Erinnerung nachbohrten, ergab es sich, daß sogar 11,5 Prozent der Kinder als Babys noch vor dem ersten Geburtstag ihre Eindrücke übers Fernsehen bereichern konnten.

Diese letzten Zahlen sind gewiß nicht repräsentativ, sie geben jedoch recht gut wieder, welch eminente Rolle der Fernsehapparat in unserem Leben spielt.
Damit drängt sich ein logischer Schluß auf: Kinder und Jugendliche konsumieren die Medien unkritisch, in den Medien wird ein großes Maß an Gewalt gezeigt, also steckt die Brutalität der Medien an und ist an der neuen Gewalt zumindest teilweise mit schuld. Noch ist dieser Schluß ein Trugschluß. Denn so einfach, wie es auf den ersten Blick scheint, ist es nicht. Wäre die Lösung vieler Sorgen doch sonst relativ problemlos – es wird nur noch das Gute gesendet, gedruckt und gespielt (oder den gefährdeten Kindern und Halbwüchsigen zugänglich gemacht), und schon leben wir in einer gewaltlosen Welt.
Bei einem Experiment der beiden amerikanischen Forscher Seymour Feshbach und Robert Singer zeigte sich, daß auch die Darstellung einer heilen Welt die Aggressivität ihrer Betrachter nicht in jedem Fall zu mindern vermag. Nachdem die beiden Wissenschaftler einer ausgewählten Kinderschar harmlose TV-Serien wie beispielsweise »Lassie« vorgeführt hatten, verhielten sich die Testpersonen oft aggressiver als nach dem Konsum eines gewalttätigen Films etwa aus der amerikanischen Serie »FBI«.

Die Frage, ob dargestellte Gewalt die Brutalität des Zuschauers steigert oder aber sich dämpfend im realen Leben auswirke, da der Betrachter seine Aggressivität beim Zusehen ausleben kann, wird nicht erst heute diskutiert. Sie erregt schon seit Tausenden von Jahren die Gemüter der Menschen. Die griechischen Tragödien waren, um nur ein Beispiel zu nennen, sicher alles andere als erbaulich für das Publikum. Der große griechische Philosoph Plato verdammte sie deswegen auch als gefährlich für die menschliche Gemeinschaft. Aristoteles, sein Schüler, konnte dagegen der Darstellung von Gewalt auf der Bühne auch etwas sehr Positives abgewinnen. Er meinte, daß das Publikum durch den brutalen Anschauungsunterricht geläutert werde.

Die Meinung der Wissenschaftler zu der Frage, wieweit die dargestellte Gewalt Ursache realer Gewalt sein kann, ist heute immer noch so umstritten wie zu Zeiten der frühen Griechen. Gesichert scheint nur folgendes: Im Hamburger Hans-Bredow-Institut für Rundfunk und Fernsehen der Universität wurde bei einer umfangreichen Untersuchung festgestellt, daß der Bildschirm überraschenderweise die Kommunikation innerhalb der Familie anregt. Auch die Darstellung von Gewalt regt dazu an, darüber zu reden: 2,6 Prozent der Zuschauer diskutieren über das Thema »Gewalt und Leiden«, wenn der Fernsehapparat läuft, nur 0,5 Prozent reden darüber, sobald er ausgeschaltet ist.

Dazu sei eine eigene Hypothese gewagt, wobei vorausgeschickt werden muß, daß sie auf Überlegungen und Schlüssen und nicht auf entsprechenden eigenen Untersuchungen beruht. Wir nehmen mit Aristoteles an, daß die Darstellung der Gewalt auf die Psyche des Menschen eine reinigende Wirkung ausübt. Sigmund Freud entwickelte diesen Gedanken der sogenannten Katharsis weiter. Er meinte, die kindliche Phantasie, die bereits mit zerstörerischen Trieben angefüllt sei, werde beim Anblick von Gewalttaten neutralisiert.

Bis zu diesem Punkt bringt die Gewalt in den Medien also keine negativen Folgen mit sich. Gehen wir aber einen Schritt weiter. Gleichzeitig mit der positiven Möglichkeit, seine Aggressivität auszuleben, läuft für das Kind vor dem Fernsehschirm oder im Kino ein Lernprozeß ab. Das Kind stellt fest, daß es äußerst wichtig sei, sich im Leben anderen Menschen gegenüber gewalttätig zu verhalten. Aus zwei für das Kind sehr logischen Gründen: Erstens gewinnt immer der, der die Gewalt angewandt hat, und zweitens ist die Gewalttätigkeit in den

Filmen des für Kinder gemachten Programms immer lustig dargestellt. Egal, ob im Zeichentrickfilm »Schweinchen Dick« oder bei »Dick und Doof«, überall bleiben Prügel und Hiebe ohne ernste Folgen und reizen zum Lachen. Ja mehr noch: Selbst wenn aus allen Rohren geschossen wird, trägt das Opfer nicht mehr als einen häßlichen Fleck auf der Kleidung davon. Auswüchse schlimmster Brutalität werden dadurch auf die Ebene des Klamauks erniedrigt und zwingen den kindlichen Betrachtern den Schluß auf, Gewalt mache sowohl den Tätern als auch den Opfern Spaß.

Hier ist gewiß der Einwand angebracht, daß die Gewalt in den Darstellungen für Kinder kein Zeichen unserer Zeit ist, sondern schon seit Urzeiten in Märchen und Legenden vorkommt (die man Kindern nach altem Brauch merkwürdigerweise vor dem Einschlafen erzählt). In dem Märchen Hänsel und Gretel wird von einem Mord und einem zweifachen Mordversuch berichtet, in Schneewittchen handelt es sich um den klassischen Fall eines Eifersuchtsmordes. In Rotkäppchen wird eine liebenswürdige alte Frau von einer reißenden Bestie aufgefressen, und in der gereimten Geschichte von Max und Moritz erleiden die beiden Helden am Ende einen grausamen Tod.

Es genügt aber nicht, allein den Inhalt einer Geschichte, die einem Kind erzählt wird, zu untersuchen, sondern ebenso wichtig ist die Form, wie ein Kind die Geschichte erfährt. Dabei hat sich im Fernsehzeitalter Entscheidendes verändert. Am einfachsten lassen sich die unterschiedlichen Wirkungen zwischen den guten alten Märchen von einst und den modernen Unterhaltungsfilmen auf die kindliche Psyche in drei Punkten zeigen:

- Früher wurden den Kindern die Geschichten jeden Tag nur in einem sehr beschränkten Maß erzählt, während heute Kinder ein Überangebot von Gewalttaten in Filmen und Comic-Heften verkraften müssen. Die wenigen Geschichten konnte die kindliche Psyche leichter verarbeiten, die Fülle der heutigen Geschichten verwirrt die kindliche Psyche.
- Eine Geschichte, die erzählt oder vorgelesen wurde, ließ dem Kind viel mehr Möglichkeiten offen, brutale Fakten in seiner Phantasie abzuschwächen. Die Darstellung im Film dagegen läßt der Phantasie keinen Spielraum mehr.

- Und was am wichtigsten ist: Die Märchen wurden von den Eltern oder den Großeltern den Kindern erzählt. Es konnte darüber geredet werden, der Erzähler vermochte während des Vortrags je nach Reaktion auf die Kinder einzugehen und verschiedene Ängste sogleich abzuschwächen. Vor dem Fernsehschirm ist das Kind dagegen meist allein, und es gelingt ihm bei manchen Szenen nicht, die erlebte Furcht zu kompensieren. Dann kann man häufig folgende kindliche Reaktion beobachten: Der Junge oder das Mädchen wirft sich scheinbar ganz ohne Grund plötzlich weinend und verängstigt der Mutter oder einer anderen Bezugsperson an den Hals.

Abschließend kann man sagen, daß das Betrachten von gewalttätigen Szenen allein für ein Kind nicht schädlich sein muß, solange die Brutalität von den Eltern als spezielles Ausdrucksmittel des Films oder des Berichts erklärt wird. Wichtig ist auch in diesem Fall ein offenes Gespräch zwischen Kindern und ihren Bezugspersonen, das den Kindern die Möglichkeit gibt, Unverstandenes mit den Erwachsenen zu diskutieren.

Gewalt gegen Gewalt

Der Ruf nach der Todesstrafe

Zwei Drittel der deutschen Bundesbürger, so ermittelte nach den Ereignissen von Mogadischu und der Entführung und Ermordung Hanns-Martin Schleyers das Emnid-Institut, wären dafür, wenn in der ganzen Bundesrepublik »bei Morden im Zusammenhang mit Terroranschlägen« (so die Frage der Demoskopen) die Terroristen zum Tode verurteilt würden. Nur zweiunddreißig Prozent der repräsentativen Interviewpartner sprachen sich dagegen aus, das härteste Rechtsmittel eines Staates anzuwenden. Als die Illustrierte »Stern« Prominente zu diesem Thema befragte, zeigten sich von den vierzig namhaften Bundesbürgern besonders die Sportler von der Idee der Todesstrafe angetan. Frauen wie die Sprinterin Annegret Richter oder die Diskuswerferin Liesel Westermann und Männer wie der ehemalige Fußballspieler Uwe Seeler oder sein aktiver Berufskollege Bertie Vogts plädierten für die Todesstrafe. Aber auch Angehörige anderer Berufe zeigten sich einer Einführung der Todesstrafe gegenüber aufgeschlossen: Bernhard Grzimek zum Beispiel oder die ehemalige Solotänzerin Margot Werner.

Es gibt, sobald man diese atavistischen Ansichten genauer untersucht, zwei Gründe, die dem Menschen die Todesstrafe angemessen erscheinen lassen.

Der erste Grund ist die Abschreckung. (»Ich bin für die Todesstrafe, weil sonst zur Befreiung gefangener Terroristen immer wieder Menschen getötet werden«, Prof. Bernhard Grzimek laut »Stern«. »Ich bin dafür in der Hoffnung, damit die sich fortschraubende Spirale von Mord und Totschlag zu bremsen«, Liesel Westermann in demselben Artikel. »Ich bin für die Todesstrafe als wirksames Mittel zur Eindämmung des Terrorismus«, Annegret Richter ebendort.) Aber auch die ansonsten eher zurückhaltenden Leitartikler der »Frankfurter Allgemeinen Zeitung« meinten sibyllinisch, nachdem sie das Urteil der Demoskopen

schwarz auf weiß vor sich hatten: »Es werden bald alle manches denken müssen, was sie bisher hartnäckig aus ihren Gedanken fernhielten.«
Nun, gar so undenkbar war den Deutschen der gewaltsame Tod eines Straftäters nie. Die Illustrierte »Quick« hielt 1977 fest, wie sich der Wunsch der Deutschen nach der Todesstrafe von Jahr zu Jahr veränderte:

> »Es ist erstaunlich, wie exakt die Bundesbürger ihre Sympathien für die Todesstrafe nach der politischen, wirtschaftlichen und kriminellen Situation in der Bundesrepublik ausgerichtet haben. 1949, als sie abgeschafft wurde, waren 65 Prozent dafür. 1960 nur noch 54, vier Jahre später wieder 57 Prozent. Aber dann sank die Zahl im Jahr 1973 auf 30 Prozent, stieg 1974 auf 36 Prozent, sank 1975 um ein Prozent und schnellte in diesem Jahr auf 67 Prozent.«

Schuld an diesem steten Auf und Ab haben ohne Zweifel überregionale aktuelle Ereignisse, wie zum Beispiel eine Mordserie an Taxifahrern, Entführungen oder Sexualverbrechen, die die Meinung der Bevölkerung beeinflußten. Es drängt sich allerdings die Frage auf, ob diese Morde oder Verbrechen durch Abschreckung hätten verhindert werden können.
Dagegen sprechen Erfahrungen in den Ländern, in denen es noch die Todesstrafe gibt:

- In Frankreich wurden in den letzten zwanzig Jahren sechzehn Menschen hingerichtet. Trotzdem hat die neue Gewalt auch Frankreich überzogen. Kürzlich erst sprachen sich die Bischöfe des Landes gegen die Todesstrafe aus, mit dem Hinweis, sie verkehre den Sinn des Sühnegedankens und den der Strafe.
- In Spanien droht terroristischen Attentätern der Tod durch die Garotte, eine besonders schreckliche Art der Hinrichtung, bei der der Delinquent mit einer Stahlzange erwürgt wird. Dennoch starben in den letzten Jahren immer wieder spanische Politiker von Mörderhand.
- In den Vereinigten Staaten wurde erst 1977 ein Delinquent erschossen. Dennoch lassen sich Terrorattentäter nicht abschrecken. John F. Kennedy wurde in Dallas ermordet, sein Bruder Robert wurde auf

einer Wahlkampfreise umgebracht. George Wallace erlitt bei einem Attentat während einer Wahlreise so schwere Verletzungen, daß er sein Leben lang an den Rollstuhl gefesselt ist. Auf den demokratischen Präsidenten Gerald Ford wurden im Laufe seiner kurzen Amtszeit ohne Erfolg drei Attentate verübt.

Gerald Grünwald, der an der Universität Bonn Straf- und Strafprozeßrecht lehrt, kam deshalb zu dem Schluß:

> »Die Forderung nach der Todesstrafe ist eine irrationale Reaktion, die sich nur aus dem unreflektierten Gefühl einer Bedrohung erklären läßt. Die Todesstrafe, das wissen wir längst, ist nicht geeignet, Straftaten, Morde oder Terrorakte zu verhindern. Beim Vergleich von Ländern, in denen die Todesstrafe abgeschafft ist, mit solchen, die sie anwenden, zeigen sich keine Unterschiede in der Zahl der Verbrechen, auch der Morde.«

Sein österreichischer Kollege, der Erste Staatsanwalt Dr. Werner Olscher, schrieb in seinem Buch »Recht und Strafe«:

> »Selbst wenn man ... von den allgemeinen Einwänden gegen die Todesstrafe, deren Wiedereinführung einen Schritt zurück in ein längst überwunden geglaubtes, barbarisches Strafrechtsdenken bedeuten würde, einmal absieht, ist sie zur wirksamen Bekämpfung des politischen Terrors von vornherein völlig ungeeignet. Denn ein fanatisierter Anarchist spielt ja in jedem Fall mit seinem Leben, das bei einem Zusammenstoß mit der staatlichen Ordnungsmacht (Polizei usw.) stets gefährdet ist. Er hat ein Mißlingen der Aktion und einen für ihn letalen Ausgang von vornherein einkalkuliert und wäre deshalb auch durch eine ihm drohende Todesstrafe nicht abschreckbar.«

Die meisten Menschen, die leichtfertig für die Todesstrafe plädieren, bedenken ohnedies nicht, welche Konsequenzen die Änderung der betreffenden Verfassungsartikel 2 (»Jeder hat ein Recht auf Leben«) und 102 (»Die Todesstrafe ist abgeschafft«) mit sich bringen würde: Die Strafverfahren würden mit Sicherheit um ein Vielfaches länger dauern als heute. Kein Richter kann sich bei der Todesstrafe einen Verfahrensfehler erlauben. Und unser Rechtssystem müßte um eine Verfahrensinstanz erweitert werden, um die Möglichkeit der Begnadigung einzuschließen. Auch dies würde wieder Zeit in Anspruch nehmen. Diese Zeit würden die freien Komplizen der Gefangenen mit Sicherheit nutzen, um mit neuerlichen Erpressungen die Hinrichtung der Verurteilten zu verhindern. Automatisch müßte der Kreislauf zwischen Gewalt und Gegengewalt eskalieren. Die einzige Möglichkeit, diese Gefahr zu unterbinden, wäre ein kurzer Prozeß – die Angeklagten müßten wie im Kriegsfall standrechtlich erschossen werden. Eine Methode, die mit Sicherheit die Demokratie in jene Ecke treiben würde, wo die Terroristen sie sehen wollen. So, wie es Andreas Baader prophezeite: »Die Bullen werden so lange im finstern tappen, bis sie sich gezwungen sehen, die politische in eine militärische Situation umzuwandeln.« Aus fehlgeleiteten Gewalttätern würden Kriegsgefangene, die nun unter dem Schutz internationaler Organisationen stünden, die wiederum das standrechtliche Verfahren gegen Kriegsgefangene verbieten. Wie man es auch wendet, die Todesstrafe kann bei der Bekämpfung des Terrorismus keine entscheidende Hilfe sein. Im Gegenteil. Bundeskanzler Helmut Schmidt sagte in seiner Regierungserklärung während der Schleyer-Entführung vor dem deutschen Bundestag:

> »Es erreichen uns vielerlei Vorschläge, bis hin zu dem Vorschlag von Repressionen, die sich gegen das Leben einsitzender Terroristen richten. Ich will Ihnen dazu meine Überzeugung nicht verhehlen: Androhen kann man nur, was man tatsächlich auch ausführen will und ausführen darf. Drohungen mit Maßnahmen, die unsere Verfassung brechen würden, sind deshalb untauglich. Die Mitglieder der Bundesregierung und auch ich selbst haben vor dem Bundestag geschworen, das Grundgesetz und die Gesetze des Bundes zu wahren und zu verteidigen. Ich habe den festen Willen, diesem Eid zu gehorchen.«

Richard Clutterbuck, ein englischer Politologe und Aggressionsforscher, schreibt in seinem Buch »Terrorismus ohne Chance« 1975:

»Einer der wichtigsten Gründe, den Terrorismus abzuwehren und in seine Schranken zu verweisen, liegt in dem Umstand, daß wir uns absichern müssen, um nicht eines Tages vor der Notwendigkeit zu stehen, harte und drakonische Maßnahmen als einzige Alternative zu Tod, Zerstörung und Chaos ergreifen zu müssen. Aber das ist genau die Form der Unterdrückung, die Carlos Marighela (der geistige Vater der Stadtguerillas, Anm. d. Verf.) seine Schüler zu provozieren lehrt. Überreaktionen wären nicht nur Gift für unser Leben, sondern würden eine direkte Unterstützung der Terroristen bedeuten. In der Öffentlichkeit würde sich mehr Sympathie für sie entwickeln und den Zugang an neuen ›Rekruten‹, der augenblicklich äußerst gering ist, schlagartig erhöhen.«

Die Ereignisse in den Herbst- und Wintermonaten des Jahres 1977 bewiesen, wie prophetisch diese Worte waren. Ja, es bedurfte nicht einmal einer Überreaktion des Staates, um die Zahl der Sympathisanten schlagartig zu vermehren. Es genügte der Selbstmord von Andreas Baader, Gudrun Ensslin und Jan-Carl Raspe, um in halb Europa eine Welle der Sympathie auszulösen. Dies wiederum erweckte bei sehr vielen Menschen den Wunsch nach einer ordnenden, starken Hand, die die Gewalt in Zaum hält – und sei es durch die Drohung mit der Todesstrafe. Auch vor jener Entwicklung warnte Clutterbuck:

»Wenn aber die Reaktion auf die Wirkung des Terrorismus dazu führt, daß eine Militär- oder Polizeidiktatur errichtet würde, dann wäre der einzelne in diesem Staat anstatt dem heimlichen Terror der Terroristen dem offiziellen, staatlichen Terror ausgeliefert. Welchen Weg man … auch immer beschreitet, die Gesellschaft entwickelt sich dann stets zu jener schrecklichen Form, wie sie in Georges Orwells ›Farm der Tiere‹ und in ›1984‹ so anschaulich beschrieben worden ist und wie sie auch in Alexander Solschenizyns ›Archipel Gulag‹ geschildert wurde.«

Und weiter:

»Über Jahrhunderte hinweg hat die Menschheit bewiesen, daß sie mit dem Terrorismus leben und daß sie den Terrorismus letztlich auch erfolgreich bekämpfen kann, ohne ihre eigene Freiheit aufzugeben. Sie hat bewiesen, daß auf lange Sicht der Terrorismus keine Chancen hat.«

Führt man sich die Fülle der Argumente vor Augen, die gegen die Behauptung von der abschreckenden Wirkung der Todesstrafe sprechen, so drängt sich einem unwillkürlich der Verdacht auf, daß hinter der vehementen Forderung nach Gewalt gegen Gewalttäter mehr steckt als nur der Wunsch, sich vor neuen Anschlägen zu schützen. Wenn Empörung die Vernunft ersetzt, besteht die Gefahr, daß der Mensch zur bloßen Lynchjustiz Zuflucht nimmt.

Den wenigsten Menschen aber wird bewußt werden, daß ihr Wunsch nach Rache der einzige Grund ist, nach der Gewalt des Staates zu rufen. Damit wird aber das tief in uns verwurzelte Verlangen nach Rache zu einer der Ursachen der neuen Gewalt, denn die Aggressivität einer fehlgeleiteten Minderheit kann nicht mit der Gegenaggressivität einer fehlreagierenden Mehrheit bekämpft werden. Es zeigt sich stets, daß Abschreckungsmechanismen nur kurze Zeit erfolgreich sind. Der florentinische Politiker und Schriftsteller Niccolò Machiavelli erkannte bereits Ende des 15. Jahrhunderts, wie man sich in aufständischen Staatsgebieten rasch Respekt verschaffen kann – wenn man ein Dorf einnimmt und wahllos die Hälfte der Bevölkerung umbringt, wird die andere, überlebende Hälfte in Furcht und Schrecken versetzt und Ruhe geben. Doch die Ruhe wird nur für den Augenblick sein und in einen neuerlichen Strom von Gewalt einmünden.

Wenn aber die Todesstrafe nicht die erhoffte Wirkung zeigt, wie sähe dann der nächste Schritt aus? Unsere Gesellschaft müßte sich auf die Ebene der Gewalttäter begeben, um Gleiches mit Gleichem zu vergelten. Zur Vorbeugung neuer Gewalttaten und zur Erpressung der Gewalttäter müßten Geiseln aus Staatsräson genommen werden. Das ist keine neue Idee.

Wolf Middendorff schreibt in seiner Untersuchung »Menschenraub, Flugzeugentführungen, Geiselnahme, Kidnapping«:

»Die Gewohnheit, Geiseln zu nehmen, ist in der Kriegsgeschichte schon vom Altertum her bekannt. Die siegreichen Römer stellten nie Geiseln, nahmen sie aber ab und behandelten sie als Kriegsgefangene, wenn der Vertrag nicht erfüllt wurde. Während des deutschfranzösischen Krieges spielten die sogenannten vorbeugenden Geiseln eine wichtige Rolle; die Deutschen stellten bekannte Bürger als Geiseln auf Brücken oder ließen sie in Zügen mitfahren, um die Transporte gegen Sabotage zu schützen. Während des Burenkrieges tat der englische Oberbefehlshaber Lord Roberts ähnliches.«

Ein ungeheuerlicher Gedanke, daß sich der Staat in unserer Zeit der Aggressionsmittel seiner Gegner bediente. Und trotzdem scheint dies noch immer durch die Hirne einiger Menschen zu geistern. Der »Stern« schrieb in einem Artikel Ende 1977:

> »Über zweihundert Briefe mit dem Ruf nach Todesstrafe stapeln sich im Bundeskanzleramt, täglich erreichen den Innen- und Petitionsausschuß des Bundestages, die Bonner Parteizentralen, die Fraktionen und vor allem die Landesgruppen der bayerischen CSU neue Stöße an Post mit Aufrufen zum Köpfen.«

Die Zeitschrift zitiert Briefe:

> »Für jedes unschuldige Opfer muß ein inhaftiertes Bandenmitglied erschossen werden.« Oder: »Vergelten Sie in Zukunft alle Opfer mindestens zehnfach.«

In einer Rede anläßlich der Verleihung des Theodor-Heuss-Preises an Bundeskanzler Helmut Schmidt sagte der Philosoph Carl Friedrich von Weizsäcker:

> »Über die wahre Moralität der Handlungen unserer Mitmenschen, ja unserer eigenen Handlungen werden wir nie die volle Gewißheit bekommen. Hier gilt der biblische Satz: Richtet nicht, auf daß ihr nicht gerichtet werdet. Aber die Legalität einer Handlung ist kontrollierbar, deshalb muß die Gesellschaft Organe haben, die in selbst legaler Form über sie richten. Das einhaltbare Recht entlastet uns von den unerfüllbaren Forderungen des moralischen Rigorismus an die Gesellschaft, Forderungen, die immer wieder in Haß und Selbsthaß umschlagen. Deshalb ist es eine tiefe Perversion, von Gerichten zu verlangen, daß sie unserem wie auch immer verständlichen Haß gegen den Verbrecher Ausdruck verleihen.«

Gegengewalt der Gesellschaft – und die Folgen

Wir dürfen nicht die Augen vor der Tatsache verschließen, daß wir bereits mitten in einem gefährlichen Teufelskreis von Gewalt und Gegengewalt stecken. Das beste Beispiel ist die erfolgreich verlaufene GSG 9-Aktion in Mogadischu. Den bestens ausgebildeten Bundesgrenzschutzbeamten war es geglückt, alle Geiseln des entführten Lufthansaflugzeugs »Landshut« zu befreien und die Geiselnehmer zu töten oder zu verletzen, ohne daß der Sturm auf das Flugzeug unschuldige Opfer gekostet hätte. Soweit eine erfolgreiche und glückliche Aktion. Aber sehen wir, was weiter geschah. Wenige Tage später erschien in der »Münchner Abendzeitung« auf der Titelseite folgender Bericht:

> »Angst vor Rache-Mord an Kanzler Schmidt!«

Und weiter hieß es:

> »Die Bundeshauptstadt Bonn verwandelt sich zur Zeit in eine Festung. Die Behörden fürchten Anschläge der Terroristen auf Spitzenpolitiker. Als meistgefährdetster Mann im Land gilt Bundeskanzler Helmut Schmidt. Ihm haben die Schleyer-Entführer nach der Geiselbefreiung von Mogadischu mit Rachemord gedroht. Regierungssprecher Bölling: ›Wir nehmen die Drohung ernst.‹
> Der Schutz für den Kanzler ist noch mehr verstärkt worden. Männer der Elitetruppe GSG 9, die in Somalia die Geiseln befreiten, zogen ins Kanzleramt.
> Im Ausland gingen die Anschläge gegen deutsche Einrichtungen gestern weiter. Auch auf das Amtsgericht Hannover verübten Terroristen einen Sprengstoffanschlag. Es entstand Sachschaden.«

Der Staat hatte auf die Gewalt der Terroristen mit Gegengewalt reagiert, um die unschuldigen Geiseln zu retten. Auf Mogadischu folgte die Angst vor der Rache, auf die staatliche Gewalt folgte die Sorge vor der terroristischen Gegengewalt. Bilder von namhaften Politikern, die hinter kugelsicheren Glasscheiben Ansprachen an ihre Wähler hielten, mit Maschinenpistolen bewaffnete Soldaten bei Weihnachtsempfängen der Bundesregierung und schärfste Kontrollen auf den deutschen und ausländischen Flughäfen waren zur Selbstverständlichkeit geworden. Die Furcht vor der Rache hatte gute Gründe. Allenthalben überboten sich Gewalttäter mit neuen Schreckensdrohungen. Dr. Wadiah Haddad, der Chef der palästinensischen Terrorkommandos, drohte laut einem Bericht des »Stern« mit Rache. Wörtlich hieß es da unter anderem:

> »Sie (die Bundesregierung) hat unsere Helden in Mogadischu ermordet. Jetzt werden die Deutschen schwer bestraft. Weltweit werden wir die Deutschen jagen.«

Und die Drohungen gingen weiter:

- Drei Flugzeuge der Lufthansa sollten bombardiert werden. Daraufhin gingen die Buchungen bei der Lufthansa bis zu 30 Prozent zurück.
- Den österreichischen Bundeskanzler Bruno Kreisky wollte man ermorden.
- Auf Generalbundesanwalt Kurt Rebmann sollte zum Weihnachtsfest ein Anschlag verübt werden.

Den Drohungen folgten Taten:

- Über Singapur stürzte das Flugzeug der malaysischen Fluggesellschaft MAS ab, nachdem es von Terroristen gekapert worden war. Die Entführer, vermutlich Mitglieder der japanischen RAF, ließen sich von den Beteuerungen des Piloten nicht beirren, der ihnen mehrmals versicherte, daß der Treibstoff für die von den Terroristen ausgewählte Flugroute niemals reichen würde. Alle 98 Insassen kamen ums Leben.
- In Wien wurde der Seniorchef des Textilkonzerns Palmers von Mitgliedern der Rote-Armee-Fraktion entführt. Erst als seine Angehörigen fünf Millionen Mark Lösegeld bezahlten, ließ man den greisen Unternehmer frei.
- In Rom wurde der Politiker Aldo Moro gekidnappt und fünf seiner Leibwächter dabei erschossen. Nach fast zwei Monaten in den Händen seiner Entführer wurde Moro ermordet.

Auf die Befreiung der Geiseln von Mogadischu folgten also neue Terroranschläge und Terrordrohungen. Der Staat hatte im akuten Notfall in Somalia mit Gewalt reagieren müssen, um die Geiseln zu retten – die *Situation* war erfolgreich bewältigt worden. Das *Problem* der neuen Gewalt dagegen wurde nicht gelöst. Auf die Demonstration der staatlichen Gewalt antworteten die Terroristen neuerlich mit Gewalt.

Das heißt, das Prinzip der Abschreckung versagt bei den neuen Gewalttätern. Sie sind unempfindlich gegenüber staatlichen Drohungen. Gefahr für Leib und Leben berührt sie weniger als andere Täter. Für sie ist die Haft nicht Strafe, sondern Märtyrertum. Ihr Tod ist die stärkste Waffe, die sie im Kampf gegen Staat und Gesellschaft einsetzen können.

Und sie setzen sie kaltblütig ein, wie die Selbstmorde von Andreas Baader, Gudrun Ensslin und Jan-Carl Raspe in Stuttgart-Stammheim und der Selbstmord Ingrid Schuberts in München-Stadelheim bewiesen. Sie kalkulierten, daß Terroristen erst nach ihrem Tod für viele zu Helden würden.

Noch etwas anderes gilt es zu bedenken: Der Fall Mogadischu wird Gewalttäter und Sympathisanten sicher nicht eines Besseren belehren, sondern als Beispiel des Verrats der Verhandlungsführer gelten. Wer auch immer in Zukunft mit Geiselnehmern und Gewalttätern verhandeln wird, der wird sich das Beispiel von Mogadischu vorhalten lassen müssen.

Dabei darf man die Kritik am Fall Mogadischu nicht falsch verstehen: Selbstverständlich war die getroffene Entscheidung in diesem Moment und in der besonderen Lage die einzige Möglichkeit, unschuldige Geiseln vor dem Tod zu retten. Auch die Tatsache, daß der unblutige Ausgang für die Entführten nur mit einer großen Portion Glück zu erreichen war, mindert nicht die Richtigkeit der Entscheidung. Jedoch müssen wir stets zwei Aspekte im Auge behalten:

1. den speziellen Fall;
2. die gesamte Breite der neuen Gewalt.

Beides ist oft nicht miteinander in Einklang zu bringen. Was im akuten Fall zur Lösung unumgänglich scheint, kann in der Gesamtbehandlung der Gewalt auf lange Sicht Schaden anrichten. Gewiß muß es immer die vordringlichste Aufgabe einer fallspezifischen Lösung sein, die Täter am

Töten der Geiseln zu hindern. Andererseits müssen wir aber gleichzeitig versuchen, durch eine neue Form des Umgangs mit Gewalttätern vorbeugend zu wirken. Kommen wir noch einmal auf das Beispiel von Somalia zurück. Um die Geiseln zu retten, schien es unumgänglich, gegen die von den Terroristen angewandte brutale Gewalt mit konsequenter Gegengewalt vorzugehen. Alle anderen Möglichkeiten waren vorher von der Bundesregierung eingehend erörtert und wieder verworfen worden. Aber der Erfolg, den die Aktion hatte, war nur ein Erfolg der Stunde.
Es ist zu fürchten, daß die Toten von Mogadischu die Terroristen nicht werden aufgeben, sondern die Brutalität noch gnadenloser, noch unnützer, noch blinder werden lassen.
Fassen wir zusammen, dann ergibt sich der Schluß:

- Die Erstürmung des Lufthansaflugzeuges hat zwar den Geiseln die Freiheit gebracht und war somit als Lösung des speziellen Falles zu begrüßen, im Gesamtbild des Terrorismus jedoch führt jede Aktion von Gegengewalt nur zu weiteren Gewalttaten.

Daraus folgt, daß wir uns in Zukunft nicht die Wahl der Mittel von den Gewalttätern vorschreiben lassen dürfen. Einer besonnenen Gesellschaft müßte es möglich sein, einen neuen Weg zum Sieg über die Gewalt einzuschlagen. Dieser Weg muß gewaltarm sein. Dabei scheint ein Hinweis außerordentlich wichtig:

- Eine gewaltarme Lösung bedeutet keine Kapitulation vor der Gewalt! Auch wer aufgibt, fordert nur neue Brutalität heraus.

Die Lust zur Selbstaufopferung

Am Beispiel Israels läßt sich erkennen, wie wenig wirkungsvoll das Prinzip der Abschreckung ist. Die Israelis weigern sich beharrlich, Gefangene auf Grund von Erpressungen freizulassen. Sie drängen im Gegenteil darauf, die Geiselnehmer mit blutigster Rache zu verfolgen.

Man sollte meinen, die Gegner Israels hätten inzwischen begriffen, daß es nicht sehr sinnvoll ist, mit Hilfe von Geiselnahmen den Staat zu erpressen – und dennoch sind die Israelis immer wieder Ziel zahlreicher Anschläge. Wir sollten uns deshalb noch mit der Frage beschäftigen, ob es nicht gar in der Absicht der Gewalttäter liegt, mit den eigenen Waffen geschlagen zu werden, und ob nicht etwa die Gewalt, die gegen sie selbst gerichtet ist, für die Terroristen die lustvollste Art des Terrors ist.
Nehmen wir als Beispiel den japanischen Schauspieler Mitsuyasu Maeno, der zwar auf den ersten Blick mit den von uns beschriebenen Gewalttätern in keinem Zusammenhang steht, bei einer näheren Betrachtung seiner Taten jedoch eine verblüffende Ähnlichkeit mit den Terroristen aufweist.
Mitsuyasu Maeno hatte sein Leben lang versucht, berühmt zu werden und die eigene Identität zu finden. Er tat es auf vielfältige Weise: Er wurde Schauspieler, begann ein Buch zu schreiben, machte den Pilotenschein und fuhr sogar Auto- und Motorradrennen. Mit 29 Jahren schienen alle seine Träume zerplatzt zu sein: Als Schauspieler wurde er gerade noch für Pornofilme verpflichtet, der Job des Piloten brachte nichts ein, sein Buch wurde nicht gedruckt, bei keinem der Rennen, die er fuhr, erreichte er einen Spitzenplatz. Auch seine beiden Ehen gingen in die Brüche. Bei Mitsuyasu Maeno paarten sich auffällig zwei psychische Widersprüche: Auf der einen Seite forderte sein übergroßes Selbstdarstellungsbedürfnis ständig Anerkennung und Erfolg, auf der anderen verhinderte sein mangelndes Talent diesen Erfolg. Hätte der Japaner in einem seiner angestrebten Berufe Erfolg gehabt und seine Identität finden können, wäre alles normal verlaufen. Da es ihm zudem nicht gelang, über seine Probleme zu sprechen, reagierte er zwanghaft gewalttätig. Die Gewalt richtete sich gegen den verhaßten politischen Gegner und – eine Folge seiner Erziehung – gleichzeitig gegen die eigene Person.
Mit 29 Jahren ließ er sich in einer geliehenen Uniform eines kaiserlich-japanischen Marineoffiziers fotografieren. Später erinnerte sich der Fotograf, daß der Kunde darum bat, ihn so aufzunehmen, wie man sich einen Krieger am Abend vor dem Angriff vorstellt. Fünf Tage danach mietete Maeno in der Montur eines kaiserlich-japanischen Kampffliegers bei der privaten Fluggesellschaft »Taiyo« in Tokio zwei einmotorige Sportflugzeuge. Er erklärte, er wolle einen Film über die japanischen

Kamikaze-Piloten drehen. Maeno dachte aber nicht daran, einen Film zu machen, sondern wollte seinem Leben auf spektakuläre Weise ein Ende bereiten. Er, Nachfahre der Samurais, wollte einen Mann töten, der seiner Meinung nach durch korrupte Geschäfte den Ruf seines Landes in den Schmutz gezogen hatte, den Millionär und Politiker Joshio Kodama. In der Fliegeruniform und mit dem Kamikaze-Zeichen am Ärmel flog Maeno los, begleitet von einem Kameramann, der in dem zweiten Flugzeug das Geschehen für den angeblichen Spielfilm aufnehmen sollte. Eineinhalb Stunde kreuzte der Gewalttäter über Tokios westlichen Vororten, ehe er sich mit dem Funkspruch »Tenno heika banzai banzai« – dem Todesschrei der japanischen Kamikaze-Piloten aus dem Zweiten Weltkrieg – mit 150 Stundenkilometern auf das Haus des korrupten Geschäftsmannes und Politikers stürzte. Maeno starb, die Hausbewohner blieben unversehrt. Der Selbstmörder erreichte dennoch sein Ziel. Er wurde über Nacht weltberühmt. Wenn wir diesen Fall analysieren, ergibt sich folgendes:

1. Maeno fühlte, daß er den ersehnten Ruhm nur durch Einsatz des eigenen Lebens erreichen konnte. Er mußte einen namhaften Menschen töten, um die eigene Publizität zu steigern.
2. Er wählte dabei eine Form, die ihm den traurigen Ruhm im nachhinein garantierte. Er ließ sich bei seiner Aktion filmen.
3. Er wollte als Märtyrer sterben, der durch seinen Tod die Gesellschaft von einem ungeliebten Zeitgenossen erlöste.

Wenn man die japanische Erziehung einmal ausklammert, die Maeno geradezu in den Tod mit dem Flugzeug trieb, so findet sich an diesem Beispiel exemplarisch das Motiv und die Vorgangsweise der neuen Gewalt wieder. Es ist die Lust, etwas ganz Spektakuläres zu machen, damit die Menschen, die den Gewalttäter bisher übersahen, auf ihn aufmerksam werden. Ähnliche, weniger krasse Fälle können wir jeden Tag erleben. Menschen zünden die Häuser ihrer Mitmenschen an oder inszenieren Gewalttaten, nur um »einmal in die Zeitung zu kommen«.
Dieses Bedürfnis nach Selbstdarstellung steht in einem engen Zusammenhang mit der Identität. Wem es gelingt, zwischen seinem Sein und seinem Denken eine Übereinstimmung herzustellen, wer in seiner Arbeit, in seinem sozialen Umfeld, in der Familie, bei Freunden oder im

Hobby seine Identität findet, der bedarf keiner anderen Formen des Zusichselbstfindens. Ein Schauspieler, dem, wie in unserem Beispiel, die eigene Identität fehlt, sucht sie unter Umständen durch einen großen Auftritt zu erreichen. Er nimmt in Kauf, daß dieser Auftritt sein letzter ist.

Was bedeutet das im Hinblick auf die Terroristen? Sie drängen mit Pamphleten und Parolen an die Öffentlichkeit, sie geben ihren Gruppen martialische Namen, posieren während Gewalttaten für Fotos und drehen sogar, wie zuletzt im Fall Schleyer, einen Film, auf dessen Ausstrahlung im Fernsehen sie bestehen. Dies alles ist nichts anderes als ein übersteigertes Verlangen nach Selbstdarstellung. Die Opfer, die dafür gebracht werden müssen, nehmen die Terroristen gern in Kauf. Wenn sie durch einen Selbstmord die Aufmerksamkeit der Öffentlichkeit auf sich ziehen können, tun sie es.

Die Dokumentation der Bundesregierung zur Entführung von Hanns-Martin Schleyer verzeichnet für Sonnabend, den 8. Oktober 1977, folgendes Protokoll eines Beamten des Bundeskriminalamtes nach einem Gespräch mit Andreas Baader in Stuttgart-Stammheim:

> »Um 17.45 Uhr wurde mir Baader im Besucherzimmer des siebten Stockwerks der Haftanstalt vorgeführt. Er fragte zunächst, ob ich ihm etwas zu sagen habe. Als ich verneinte, gab er nervös und unzusammenhängend folgende Erklärung ab: Wenn das ›jämmerliche Spiel‹ und die ›Potenzierung der Isolation seit sechs Wochen‹ nicht bald ein Ende finde, dann würden die Gefangenen entscheiden. Das ›polizeiliche Kalkül werde nicht aufgehen‹. Die Sicherheitsorgane würden dann mit einer ›Dialektik der politischen Entwicklung konfrontiert‹ werden, die sie zu ›betrogenen Betrügern‹ mache. Die Gefangenen beabsichtigen nicht, die gegenwärtige Situation länger hinzunehmen. Die Bundesregierung werde künftig nicht mehr über die Gefangenen verfügen können.
>
> Als ich daraufhin fragend einwarf, in welcher Welt er eigentlich lebe und ob das nicht irreale Vorstellungen seien, erwiderte Baader:
>
> Dies sei eine Drohung. Es werde sich um eine ›irreversible Entscheidung‹ der Gefangenen in ›Stunden oder Tagen‹ handeln.«

Baader drohte, so ist im nachhinein klar, mit seinem Tod. Damit wird für die Terroristen der eigene Tod zum Machtfaktor, mit dem sie die

Gesellschaft wieder zu erpressen versuchen. Aus diesem Grund wären Repressalien gegen die Gewalttäter nicht abschreckend, sondern animierend. Sie könnten sich als wahre Märtyrer ihrer Überzeugung fühlen, und dies mit staatlicher Unterstützung.

Wir können heute bereits feststellen, daß eine Generation der Gewalttäter noch brutaler ist als die vorangegangene. Laut einem Zeitungsbericht soll sich der Politiker Peter Lorenz nach seiner Freilassung geäußert haben: »Das waren eigentlich ganz nette Leute ... fehlgeleitete Idealisten.« Doch vier Jahre später verbreiten die Gewalttäter nur noch Todesangst. Es ist zwar wissenschaftlich noch nicht festgestellt, aber durchaus denkbar, daß sich mit der äußeren Brutalität auch die Brutalität gegen sich selbst bei den Terroristen gesteigert hat. Dennoch ist, soweit wir das heute übersehen können, das Verhältnis der Gewalttäter zur Selbstaufopferung im letzten Moment zwiespältig. Zwar kann man mit Sicherheit behaupten, daß sie den Tod (also auch die Todesstrafe) bei allen ihren Aktionen in Kauf nehmen und sich bewußt in Situationen begeben, bei denen sie umkommen können, jedoch kann man immer wieder unbändige Freudenskundgebungen feststellen, sobald sich die Terroristen aus einer lebensbedrohenden Situation gerettet haben. Als die Lufthansa-Maschine »Landshut« nach der Entführung in Aden notlanden mußte, zeigten auch die Araber Anzeichen von Panik und Todesangst. Einer von ihnen saß auf dem Notsitz hinter dem Flugkapitän. Er vermochte sich während des ganzen Landevorgangs nicht zu bewegen und war auch nicht imstande, den Verschluß seines Sicherheitsgurtes zuzumachen, so daß die beiden Piloten Jürgen Schumann und Jürgen Vietor das Flugzeug noch einmal hochreißen mußten, um den Entführer anzuschnallen.

Obwohl sich Terroristen durch eine Art mentales Training auf den Tod vorbereiten, zeigt die eben geschilderte Szene, wie ängstlich jemand werden kann, der mit dem Leben bereits abgeschlossen hat, wenn er dem Tod unmittelbar ins Auge schaut. Dies beweist einmal mehr die These von der psychologischen Normalität auch von Gewalttätern. Der Entführer verhielt sich im Fall der Notlandung genauso wie jeder andere normale Mensch in dieser Situation. Er hatte Angst, und er konnte dieses lähmende Angstgefühl auch nicht steuern, obwohl er rational dazu bereit war, für seine Sache zu sterben.

Aus einer Studie des Autors, die sich mit Flugzeugentführungen befaßt, geht zur Frage einer eventuellen Selbstvernichtung der Entführer folgendes hervor:

> »Soweit man Flugzeugentführungen betrachtet, ist dies (die Selbstvernichtung) bei den bisher bekannten Fällen noch nicht vorgekommen. Es wurden zwar bereits Flugzeuge gesprengt, die Terroristen ließen jedoch die Passagiere und die Besatzung von Bord und brachten sich selbst in Sicherheit. Solche Vorkommnisse waren jedoch immer nur primitive Racheakte, die deswegen durchgeführt wurden, weil Terroristen ihr Ziel nicht erreicht haben und nun am Schluß in einer Art Trotzreaktion noch etwas tun mußten.«

Etwas später heißt es jedoch:

> »Mit Sicherheit läßt sich sagen, daß die Terroristen dann eher bereit sind, sich und alle anderen zu vernichten, wenn sie sich in einer völlig aussichtslosen Lage befinden, als wenn sie noch geringe Hoffnung haben, ihr Ziel oder nur ein Teilziel tatsächlich zu erreichen ... Sicherlich spielt bei diesen Überlegungen auch der Zeitpunkt der Entführung eine Rolle. Am Anfang sind die Entführer sicher eher bereit, ernst zu machen. Und letztlich hängt wiederum die Bereitschaft zur Selbstaufgabe vom Ziel oder Motiv der Entführung ab.«

Gewalttätiges Vorgehen gegen Gewalttäter kann dazu dienen, akute Krisen zu bewältigen oder gar den Rachedurst zu stillen, es wird jedoch keinen Täter von einer erneuten brutalen Aktion zurückschrecken lassen. Man erreicht sogar das Gegenteil von dem, was beabsichtigt war: Die Brutalität der Gewalttäter wird, so ist mit Sicherheit anzunehmen, noch ansteigen. Kann man einen herkömmlichen Verbrecher, der raubt und mordet, um Gewinn zu erzielen, mit harten Strafen eventuell noch abschrecken, so sind solche Überlegungen bei den neuen Gewalttätern hinfällig. Nichts käme ihnen gelegener als ein märtyrerhafter Opfertod.

3. Teil

Konflikte lösen ohne Gewalt

Die Erkenntnisse der Psychologie nutzen

Wissenschaftliche Einsichten sollten auch dazu dienen, auf ihnen ein System aufzubauen, das uns allen hilft, der neuen Gewalt nicht mehr hilflos ausgeliefert zu sein. Die folgenden Kapitel versuchen Verhaltensrichtlinien zu geben, die jedermann anwenden kann, denn jeder von uns kann mit der neuen Gewalt konfrontiert werden. Sie sollen Eltern helfen, rechtzeitig gefährliche Entwicklungen bei ihren Kindern zu erkennen und ihnen zu begegnen. Sie sollen jenen Menschen helfen, die als Geiseln in die Hände von Gewalttätern geraten, sie sollen aber auch eine Hilfe fürs tägliche Leben sein, wo der Mensch ständig offener und verschleierter Aggressivität ausgesetzt ist.

Schließlich sollen sie auch die praktische Arbeit der Psychologen im Umgang mit Einzeltätern oder Gruppen dem Außenstehenden durchsichtiger machen. In diesem Zusammenhang taucht natürlich ein schwieriges Problem auf: Machen wir damit nicht selbst unsere Arbeit zunichte, wenn wir unsere Vorgehensweise in akuten Fällen publizieren und so den Tätern ebenfalls die Möglichkeit geben, über unser Handeln informiert zu sein und sich rechtzeitig darauf einzustellen? Aus einem einfachen Grund ist dies nicht der Fall. Ein psychologisch normaler Mensch – und das sind auch die neuen Gewalttäter – wird immer nach einem bestimmten Schema reagieren, selbst wenn er dieses Schema genau kennt. Nehmen wir ein Beispiel: Wenn jemand Angst hat, und er weiß, daß er Angst hat, so kann er diese Angst dennoch nicht unterdrücken. Das ändert sich auch nicht, wenn er von vornherein darauf gedrillt ist, er müsse bei seinen Aktivitäten mit erheblicher Angst rechnen – er wird dennoch Angst haben und dementsprechend voraussehbar reagieren. Und noch etwas sehr Wichtiges: Unsere Ratschläge stützen sich auf Erfahrungen und Untersuchungen. So werden im folgenden keine geheimen psychologischen Tricks mitgeteilt, sondern jene Methoden vermittelt, mit denen unserer Meinung nach von den Betroffenen mit Gewalttätern umgegangen werden muß, um eine möglichst einfache und auch anhaltende Wirkung bei der Lösung des jeweiligen Konflikts zu erzielen. Sogenannte Psychotricks, die von verschiedenen Wissenschaftlern immer wieder vorgeschlagen werden, erwiesen sich trotz ihrer Plausibilität als wirkungslos. Sie sind zu leicht durchschaubar und meist nur ein einziges Mal anwendbar. Dann kennen sie auch die Täter und richten sich danach, da diese Tricks, wie ihr Name schon sagt, sich nicht auf den Ablauf einer Tat und das gesetzmäßige Handeln der Täter stützen, sondern auf der Täuschung der Geiselnehmer beruhen, was einen Gewalttäter, sobald er den Trick durchschaut, logischerweise nur noch gewalttätiger machen muß.

Wie kommt es zu Flugzeugentführungen?

Von August bis Dezember 1977 wurden auf der ganzen Welt 28 Flugzeuge entführt. Seit 1969 gab es, laut einer Statistik der internationalen Vereinigung der Luftfahrtgesellschaften IATA, 392 Entführungen. Es ist problematisch, hierbei mit absoluten Zahlen zu operieren. Jede Woche, ja manchmal sogar jeden Tag, werden irgendwo auf der Welt mehrere Flugzeuge entführt, um mit den Passagieren als Geiseln einen Staat oder eine einzelne Person zu erpressen. Kaum scheinen Flugzeugentführungen bei Geiselnehmern aus der Mode gekommen zu sein, schon wird wieder eine neue gemeldet. Es sieht so aus, als würden auch in Zukunft Flugzeugentführungen zu den bei Gewalttätern beliebtesten Aktionen gehören. Aus gutem Grund: Mit keiner anderen Tat läßt sich derartig einfach eine Erpressung inszenieren.
Wir kennen aus der Geschichte der Kriminalität viele Fälle von Geiselnahmen, doch wurden in deren Verlauf meist wenige Personen festgehalten, um die Freilassung vieler anderer zu erwirken. Das scheint vernünftig – einem kleinen Täterkreis ist es kaum möglich, eine große Zahl von Menschen in seine Gewalt zu bekommen, sie zu bewachen und nach der Erfüllung der gestellten Forderungen womöglich noch zu fliehen. Das wurde jedoch anders, als die Gewalttäter das Flugzeug in

ihre Überlegungen einbezogen. Im Flugzeug konnte man mit Hilfe weniger Entführer viele Menschen festhalten und durch die Publizität des Ereignisses Vorteile bei der Erzielung seiner Wünsche erreichen. Der empfindliche technische Apparat, den ein Flugzeug darstellt, und die für die Betroffenen gefährliche Situation in der Luft brachten für den Erpreßten ein weiteres Gefahrenmoment mit sich: Gab er den Wünschen der Gewalttäter nicht rechtzeitig nach oder behinderte er sie, so daß die Täter ihre Waffen benutzten, dann bestand die Gefahr, daß das komplizierte technische Gerät Flugzeug Schaden nahm, abstürzte und alle Geiseln verloren waren.
Die Federal Aviation Agency, die amerikanische Luftfahrtbehörde, registriert seit dem Jahre 1930 Flugzeugentführungen. Bei der ersten derartigen Tat kaperte in Peru während einer Revolution eine Gruppe Aufständischer ein Flugzeug, um mit dessen Hilfe Flugblätter abzuwerfen. Ehe die Täter jedoch ihre Flugblätter abwerfen konnten, war die Revolution bereits zu Ende und die Flugzeugentführung sinnlos geworden.
Kurz nach dem Zweiten Weltkrieg ereignete sich eine Reihe von Flugzeugentführungen in Europa, in deren Verlauf Menschen aus den Ostblockländern zu fliehen versuchten. In den fünfziger Jahren ebbte die Flut dieser neuen Verbrechensart ab, um im Laufe der sechziger Jahre von den Gewalttätern neu entdeckt und als Erpressungsmittel benutzt zu werden. Auch hier können wir deutlich eine zunehmende Brutalisierung der Entführungen beobachten. Wurde anfangs die Geiselnahme nicht als furchterregend, sondern höchstens als lästiger Umweg bei einer geplanten Reise empfunden und manche Entführer wie wahre Helden gefeiert (beispielsweise der US-Marineinfanterist Minichiello, der ein Flugzeug von den USA nach Italien entführte), so steigerte sich die Gewalttätigkeit kontinuierlich. Es begann damit, daß die Terroristen als Ausdruck ihrer Wut über Fehlschläge Flugzeuge in die Luft sprengten, und führte dazu, daß im Laufe der siebziger Jahre Geiseln in Flugzeugen bewußt getötet wurden.

Wie eine Flugzeugentführung abläuft, und wie man sich als Geisel in den einzelnen Phasen verhält

Der Autor und seine Mitarbeiter führten eine umfangreiche Untersuchung von Flugzeugentführungen durch, in deren Verlauf er mit den betroffenen Crew-Mitgliedern und Passagieren sprach. Als erstes ergab sich eine frappierende Übereinstimmung im Ablauf der einzelnen Entführungen. Wie sich später zeigte, gilt dies auch für den Ablauf anderer gezielter Geiselnahmen.

Man kann behaupten, daß Geiselnehmer, egal, welche Motive sie leiten oder welcher Nationalität sie sind, zu Beginn ihrer Tat von der gleichen Angst beherrscht werden wie ihre Geiseln. Meist fürchten sie sich jedoch noch mehr als die Menschen in ihrer Gewalt. Diese Einsicht stützt sich auf Aussagen, die immer wieder davon berichten, daß Geiselnehmer durch Drohungen, lautes Schreien, Herumfuchteln mit ihren Waffen oder Schüsse ihrer Angst gleichsam Luft machen, sich selbst mit diesem Imponiergehabe in ihrem Vorhaben bestärken – und ihre Geiseln durch diese Machtdemonstration einschüchtern wollen. Aus einer ganzen Reihe von Zitaten seien zu dieser Phase der Entführung hier zwei angeführt:

- »Die waren wahnsinnig nervös, sobald jemand eine falsche Bewegung gemacht hat, haben die gleich gesagt: Beweg dich nicht, bleib sitzen, oder ich schieße gleich!« Daran erinnerte sich eine Stewardeß. Und weiter: »Der eine wollte mich ganz gern erschießen, als ich anfangs die Tür im Heck nicht schließen konnte.«
- »Es war ein ziemlicher Terror, hinterher ist mir aufgegangen, wenn ich mit fünf Leuten ein Flugzeug möglichst schnell unter Kontrolle bringen will, dann würde ich wohl zuerst einmal Terror ausüben, durch Gebrüll, durch angedeutete Brutalität, sagen wir mal.«

Um aber gleich mit einem gefährlichen Trugschluß aufzuräumen, der sich aus diesen Aussagen ergeben könnte: Selbst wenn die Geiselnehmer Angst haben, bedeutet das nicht, daß man sie in dieser Phase leicht übertölpeln könnte! Das genaue Gegenteil ist der Fall! In dieser Zeit anfänglicher Hektik ist die Gefahr einer Überreaktion der Täter besonders groß. Es zeigte sich immer wieder, daß Geiselnehmer in der Anfangsphase mit Schlägen oder Bluttaten beeindrucken wollen. Erin-

nern wir uns unseres Fallbeispiels im ersten Kapitel: In Rom wird ein Flugzeug der Lufthansa gekapert. Als sich die hintere Tür der Maschine nicht automatisch verschließen läßt, fordert einer der Terroristen den Kapitän auf, mit ihm auszusteigen und zu versuchen, die Tür von außen zu schließen. Der Geiselnehmer befiehlt noch einem italienischen Zollbeamten, der sich ebenfalls im Flugzeug aufhält, mitzukommen. Als sie etwa in Höhe der Triebwerke sind, keine fünfzehn Schritte von der Flugzeugtreppe entfernt, will der Zollbeamte davonrennen. Der Araber erschießt ihn sofort.
Wie ernst es den Terroristen in dieser Phase mit ihren Drohungen ist und in welcher emotionalen Situation sie sich befinden, belegen auch die folgenden Zitate aus anderen Fällen:

- »Wir mußten uns hinsetzen – irgendwo, Mund halten, nicht aufmukken, weil die Entführer nach meinem Gefühl sehr nervös waren, wenn da auch nur einer einen falschen Ruck gemacht hätte, hätten die geschossen – da bin ich ganz sicher.«
- »Das schlimmste ist immer der erste Moment, wenn die nicht wissen, ob die Sache jetzt geht oder nicht geht. Wenn da eine falsche Reaktion ist, kann es Leben kosten.«
- »Wie nervös die die ersten zwei Stunden waren, bis sie sich darüber im klaren waren, wie die Sache weiterläuft und wie sich auch die Passagiere verhalten.«

Diese Aussagen sind in ähnlicher Form bei allen Betroffenen zu finden. Die Terroristen versuchen also, sich durch gezielte Brutalität zunächst einmal Respekt zu verschaffen. Dabei muß man davon ausgehen, daß sie dies mit allen ihnen zur Verfügung stehenden Mitteln auch tatsächlich bis aufs äußerste tun. Jede falsche Reaktion von seiten der Besatzung oder der Passagiere wird sofort bestraft. Wer flieht, wird erschossen, wer eine falsche Bewegung macht, wird mit der Pistole zur Ordnung gerufen. Welche Schlüsse können wir daraus ziehen? Vor allem drei:

1. Es wäre verfehlt, einem bewaffneten Entführer Widerstand leisten zu wollen. Der Widerstand könnte in der Anfangsphase sofort zu Spontanreaktionen beim Täter führen.
2. Es bedarf einer ruhigen und überlegten Handlung von seiten der Betroffenen. Wobei wir voraussetzen können, daß die auch für diesen

Fall geschulten Crew-Mitglieder den Passagieren mit Rat und Tat zur Seite stehen und als Verbindungsglied zwischen Entführern und Passagieren fungieren, um auf beide Seiten beruhigend einzuwirken. In den von uns untersuchten Fällen, insbesonders auch im Falle der »Landshut«, erfüllte die Besatzung ihre Aufgabe stets vorbildlich.
3. Eine aktive Einflußnahme von außen wäre in dieser Phase völlig falsch.

Ehe wir als nächstes darauf eingehen, wie sich eine Geisel im weiteren Umgang mit den Entführern verhalten soll, müssen wir uns vor Augen führen, was ein Terrorist oder ein anderer Kidnapper von seinem Opfer erwartet: Er nimmt an, daß er dem Opfer einen gehörigen Schrecken eingejagt hat und daß sich die Geisel, zumindest am Anfang, ihm gegenüber distanziert bis feindlich verhalten wird. Er erwartet, von den Geiseln in seiner Rolle akzeptiert zu werden. Andrerseits würde ihn eine ausbrechende Panik in Verwirrung stürzen. Es ist jedoch die wichtigste Aufgabe aller bei einer Entführung beteiligten Personen – seien es Passagiere, Besatzungsmitglieder oder auch Verhandlungspartner außerhalb –, den Entführern stets das Gefühl zu vermitteln, sie kontrollierten fortwährend den Ablauf des Geschehens. Anders gesagt: Man muß dem Täter Selbstsicherheit geben!
Dieser Hinweis mag auf den ersten Blick widersinnig scheinen. Bei genauerer Überlegung jedoch leuchtet er sofort ein. Unser Konzept ist darauf aufgebaut, daß sich die Kidnapper psychologisch normal verhalten. Reaktionen im Rahmen der psychischen Norm sind voraussehbar, sobald sich der Gewalttäter sicher fühlt und nach einem bestimmten Verhaltensablauf reagiert. Verunsichert man den Täter jedoch oder begeht man gar den Fehler, ihn nicht ernst zu nehmen, wird er aus Wut oder Enttäuschung unkontrollierbar reagieren.
Kommen wir also wieder zu dem Ausgangspunkt unserer Überlegungen zurück: Dem Täter geben wir Sicherheit, indem wir ihn so behandeln, wie er es erwartet. Nehmen wir ein Beispiel: Ein Mann sitzt in einem Flugzeug, das gerade entführt wurde, und zittert. Der Entführer kommt, stellt sich neben ihn und spricht ihn an. Er fragt ihn, warum er so zittere. Nun kann es sein, daß der betreffende Passagier mit möglichst fester Stimme darauf antwortet: »Aber das stimmt ja gar nicht, ich zittere doch nicht!« Das wäre problematisch. Erstens erwartet der Kidnapper eine

Furchtreaktion von den Passagieren, und zweitens fühlt er sich belogen, da er die Wirkung der Furcht ja beobachten kann. Viel besser ist es, in solch einem Fall zuzugeben: »Ich zittere, weil ich Angst habe.«
Von einer der Entführungen der letzten Zeit wurde folgender Vorfall berichtet: Als die Terroristen gleich nachdem sie das Flugzeug in ihre Gewalt genommen hatten durch die Reihen gingen und die Passagiere zu fesseln begannen, bot eine ältere Dame der Terroristin, die zu ihr kam, all ihren Schmuck an und bat als einzige Gegenleistung darum, nicht gefesselt zu werden. Dieses Ansinnen brachte die junge Araberin in blinde Wut.
Gewiß kann niemand ein sicheres Erfolgsrezept geben, was man im Umgang mit Geiselnehmern zu tun oder zu sagen hat. Aber wir können auf Grund unserer Untersuchungen wenigstens mit Sicherheit sagen, welche Handlungsweisen man im Falle einer Geiselnahme besser unterläßt. Wir haben zu Anfang dieses Kapitels festgestellt, daß es in der ersten Phase einer Entführung lebensgefährlich ist, irgend etwas gegen die Täter unternehmen zu wollen. Genauso falsch wäre es aber auch, sich dem Geiselnehmer anzubiedern, um seine Sympathie zu erlangen. Denn der Gewalttäter erwartet keine Freunde in einem gekaperten Flugzeug, und es bestünde im Fall einer Anbiederung die Gefahr, daß er sich verhöhnt fühlt und seine Aggressivität gerade gegen jene Geisel richtet, die durch die Anbiederung Schutz bei ihm sucht. Zusammenfassend läßt sich für die ersten Stunden einer Geiselnahme die Empfehlung geben: Man muß den Wünschen der Täter nachkommen und ihnen die Initiative überlassen.
Von dieser ersten Phase an könnte man den weiteren Verlauf einer jeden Entführung nach unseren Erfahrungen am besten mit einer Wellenlinie verdeutlichen. Die Stimmung, die während der Folgezeit unter den Entführern herrscht – und damit den Ablauf der Tat nachhaltig beeinflußt –, pendelt zwischen Euphorie und Verzweiflung hin und her. Dazu kommt der Zeitfaktor. Je mehr Zeit verrinnt, desto größer ist die Chance, daß die Täter zermürbt werden und ihr Vorhaben ohne Blutvergießen aufgeben. Die Wellenlinie flacht mit der Zeit immer mehr ab und geht im günstigsten Fall in Erschöpfung und Resignation über.
Zahlreiche Aussagen von Betroffenen bestätigen die These, daß die Geiselnehmer ruhiger werden, sobald sie meinen, den Ablauf des Geschehens unter Kontrolle zu haben. Ein Zitat:

»Die haben sich wohl gegenseitig etwas Rückgrat gegeben, wie sie gesehen haben, daß die Sache einigermaßen lief, wurden sie etwas ruhiger. Aber nervös waren sie alle und erst gar nicht zugänglich, daß man mit denen reden konnte.«

In dieser Übergangsphase wirkt sich vor allem noch immer der starke psychische Druck aus, dem Geiselnehmer unterworfen sind. Sie wissen nicht, ob sie ihr endgültiges Ziel – beispielsweise die Freilassung gefangener Komplizen – erreichen werden. »Man konnte den Leuten ansehen, der Schweiß stand denen auf der Stirn; bestimmt nicht, weil es ihnen zu warm war, sondern auf Grund ihrer Aufgabe. Man merkte es selber, wie aufgeregt sie waren«, erinnerte sich eine Betroffene an diese Phase.

Schließlich versuchen die Entführer in der nächsten Zeit, die Gründe für ihr Handeln den Passagieren und der Besatzung plausibel zu machen. Es gibt Unterlagen, die darüber berichten, daß Passagiere verschiedentlich in dieser Phase versuchten, mit logischen Argumenten die Terroristen von ihren Plänen abzubringen und über den Gehalt ihrer politischen Argumente zu diskutieren. Wer versucht, in dieser Situation einem Gewalttäter seinen Standpunkt aufzuzwingen, vergrößert aber die Gefahr nur noch. Die Kommunikationsforscher nennen das, was aus einer solchen Diskussion zwangsläufig entstehen muß, eine »symmetrische Eskalation« – die Argumente beider Seiten, die nicht vom Verständnis für den anderen, sondern von der subjektiven Logik geprägt sind, prallen gegeneinander. Nur allzuschnell kann durch solch unbedachtes Gespräch die Gewalt eskalieren. Das Institut des Autors richtete in einem Schulungsfilm für potentiell Gefährdete deshalb auch den dringenden Appell an die Betroffenen, politische Diskussionen mit Gewalttätern zu unterlassen und nach Möglichkeit dafür zu sorgen, daß auch die Geiseln von solchen Gesprächen Abstand nehmen.

Ebenso gefährlich wie die bewußte politische Diskussion, die zur Provokation ausartet, können auch unbewußte Kleinigkeiten im Verhalten der Betroffenen sein, welche die Terroristen zu gefährlichen Reaktionen hinreißen.

Wenn wir uns überlegen, daß oft mehr als hundert Menschen über viele Tage in Flugzeugen oder Banken, eingepfercht auf einer Fläche, die kaum größer als eine Dreizimmerwohnung ist, zusammen mit den

Entführern in qualvoller Unsicherheit ausharren müssen, können wir ermessen, welcher Anspannung die Betroffenen unterzogen sind. Frederic Vester, der international bekannte Streßforscher, schätzte einmal die Lage der Geiseln in einer entführten Maschine so ein:

> »Diese Menschen empfinden eine ständige pausenlose Bedrohung. Dies ist auch unter Tieren genetisch tief eingewurzelt: Der ständige Anblick des überlegenen Gegners, dem man nicht ausweichen kann, wirkt sich als der schlimmste Streß aus. Wer genau weiß, in drei Stunden oder auch in dreißig Stunden ist bestimmt alles vorbei, wer also Hoffnung hat, der hält aus. Wer aber völlig unsicher ist über die Dauer des Streßzustandes, wer ständig in der Erwartungs-Angst lebt, der leidet ungeheuer.«

Dieser unmenschliche Streß führte in den von uns untersuchten Fällen zu den absonderlichsten Reaktionen bei den Geiseln. Typisch ist zum Beispiel eine unbändige Lust zu lachen, die gerade im falschen Augenblick aufkommt. Wieder zwei Zitate:

- »Wir waren so durchgedreht, da hätten wir sogar über unsere eigenen Todesanzeigen gelacht«, und:
- »Nachdem wir gesehen haben, daß die [gemeint sind die Terroristen] geschlafen haben, haben wir anstatt Angst zu haben eine dreiviertel Stunde nur gelacht.«

Diese Lust am Lachen kam nicht daher, daß die Angst plötzlich verschwunden war, sondern sie legte sich wie ein Schutzmantel über die geschundene Psyche der Betroffenen. Eine solche Notreaktion kann man sich etwa so vorstellen: Ein Mensch hat Angst. Sobald die Angst unerträglich wird, muß er etwas tun, um diese Angst bewältigen zu können. Eine unerklärliche Freude kommt auf, man beginnt zu lachen und empfindet in dem Augenblick die Situation nicht mehr so schlimm und unerträglich wie zuvor.

Ebenso wie bei den Geiseln zeigt sich auch im Laufe der Zeit bei den Entführern ein auf den ersten Blick unerklärliches und unerwartetes Verhalten. Während sie gerade noch mit Drohungen oder Schlägen ihre Geiseln tyrannisierten, können sie bereits im nächsten Moment aufopferungsvolle Gefährten sein, um wiederum ein paar Minuten später noch brutaler zu sein als vorher. Aus diesem Verhalten können wir schließen,

daß die Entführer von einem Zwang zum Kontakt mit ihren Opfern getrieben werden, den sie lange niederkämpfen, aber im Laufe der Ereignisse wenigstens zeitweise nachgeben. Die Geschichte vom eiskalten Terroristen, der vom Anfang bis zum bitteren Ende einer Entführung unmenschlich und ohne jede Emotion reagiert, ist frei erfunden. Es gibt Beweise dafür, daß während der gemeinsam verbrachten Stunden und Tage von beiden Seiten ein menschliches Verhältnis aufgebaut wird, das zu einer Art emotionaler Abhängigkeit führen kann.
Bei all diesen Entwicklungen dürfen wir natürlich nicht vergessen, daß die Terroristen bis zum letzten Moment dazu bereit sind, ihr Ziel wenn nötig auch mit Waffengewalt zu erreichen. Gefühlsmäßige Regungen können im Handumdrehen von rationalen Überlegungen abgelöst und freundliche Worte durch drohende Gebärden ersetzt werden. Dennoch liegt eine große Chance der Geiseln darin, nach angemessener Zeit – man kann dafür keine festen Zahlen angeben, da der Ablauf einer Geiselnahme von zahllosen Umständen beeinflußt werden kann – gute persönliche Beziehungen zu den Terroristen aufzubauen. In jedem Fall darf aber auch dann nicht übersehen werden, daß man sich nicht aufdringlich anbiedert oder über politische Argumente in eine hitzige Diskussion verwickelt wird. Bei den Gesprächen, die geführt werden, um eine emotionale Bindung entstehen zu lassen, sollte es ausschließlich um persönliche Dinge gehen. Es ist ratsam, beispielsweise über die Familie daheim zu sprechen und den Terroristen zu animieren, ebenfalls von seiner Frau oder Mutter zu erzählen. Man kann über Kinder sprechen oder aber auch das körperliche Befinden. (Zitat: »Ich habe nur an meine Eltern gedacht, und dann habe ich halt geheult. Da kam dann der eine [gemeint ist ein Terrorist] her und sagte, ich sollte nicht heulen. Sagte ich, ich will zu meinen Eltern. Sagte er, ach Gott, gehen wir zu deinen Eltern. Irgendwie wußten die, daß sie uns nichts tun wollten. Unser Gedanke war: Wir sind Frauen, vielleicht tun sie uns Frauen wenigstens nichts.«)
Kommen die Entführer von sich aus auf ihre Motive zu sprechen, sollte man unbedingt Verständnis für sie zeigen (Zitat: »... da tat sich doch langsam ein normales menschliches Verhältnis auf, denn auch Entführer sind doch nur Menschen, die auf der Skala unserer Gattung irgendwo am Rande liegen und ansonsten normale Reaktionen zeigen.« Und: »Wie gesagt, wir hatten wirklich ein gutes Verhältnis zueinander. Okay, sie

waren politisch Andersdenkende, und wir kamen nicht auf einen Nenner, wir haben sie auch nicht gerade geliebt, aber ich meine, es war auch kein regelrechter Haß da, wir waren zwar wütend, daß uns das passiert war – aber irgendwie ... ich war jedenfalls nicht in der Lage, da einen Haß aufzubauen, daß ich denen ein Messer hätte in den Rücken stechen können.«

Die Erregungswelle bei Entführern und Geiseln glättet sich mit der Zeit. Und darin liegt die große Chance, Geiselnahmen gewaltarm zu lösen. Dabei darf man jedoch nicht unterlassen, auch bei den Verhandlungen von außen stets dem Täter den Eindruck zu vermitteln, er hätte den Ablauf der Entführung bis zum allerletzten Moment in der Hand. Es ist unumgänglich, dem Täter kleine Zugeständnisse zu machen, um ihn in seinem Stolz nicht zu treffen. Unterläßt man diese Zugeständnisse, ja verfährt man mit ausgesprochener Härte gegen die Entführer, kommt es zwangsläufig zur Eskalation. Der Täter versucht durch besondere Brutalitäten seine Macht zu beweisen, die Verhandlungspartner einzuschüchtern und sein Ziel zu erreichen.

Eine der grausamsten Machtdemonstrationen ist die Hinrichtung einer Geisel ...

Warum gerade er?

Am 17. Dezember 1973 wurde zum erstenmal in der Geschichte der Flugzeugentführungen eine Geisel ausgewählt und vor den Augen der anderen Passagiere von den Terroristen hingerichtet. Bis zu jenem Tag waren bereits etwa 22000 Menschen in der Hand von Hijackern, wie man die Flugzeugentführer auch nennt, gewesen. Aber noch niemals war ein Mensch an Bord zum Tod verurteilt worden, um den Verhandlungspartnern außerhalb des Flugzeuges die Entschlossenheit der Entführer zu beweisen. Warum geschah es gerade diesmal? Warum wurde gerade jener Mann ausgewählt?

Es geschah an Bord jener Lufthansa-Boeing 737 »Worms«, die wenige Stunden zuvor aus Rom entführt worden war und in Athen Zwischenaufenthalt hatte. Die Enführer versuchten, die griechischen Behörden zur Freilassung zweier gefangener Komplizen zu bewegen.

Um 14 Uhr 48 war die Boeing 737 in Athen gelandet, und mehr als zwei Stunden lang war ein kleiner Angestellter der griechischen Fluggesellschaft Olympic Airways der einzige Gesprächspartner der aufgebrachten arabischen Terroristen gewesen. Politiker und Mitglieder der Exekutive weigerten sich, mit ihnen auch nur zu verhandeln. Diese Situation brachte die Stimmung unter den Geiselnehmern auf den Siedepunkt. Bis sie endlich, gegen 17 Uhr, meinten, ein Zeichen setzen zu müssen.
Einer der Terroristen, ein grobschlächtiger Kerl, den die Geiseln seines rohen Äußeren wegen heimlich den Killer nannten, schob den Vorhang zur Seite, der die kleine Anrichte im Flugzeug vom Passagierraum trennte. Langsam, so erinnerte sich eine der Stewardessen, als genieße er das, was er nun vorhatte, schritt der Mann durch die Sesselreihen und blickte jeder der Geiseln aufmerksam ins Gesicht. In Flugrichtung rechts saß ein Beamter des deutschen Bundesgrenzschutzes, der zufällig an Bord gewesen war und jetzt mit Handschellen an einen italienischen Polizisten gefesselt in den Polstern lehnte. Dahinter saßen, jeweils zu zweit, die italienischen Zollbeamten. Auch sie waren gefesselt. Auf der linken Seite ein Polizist, drei Stewardessen und hinter ihnen ein Angehöriger der Ethiopian Airlines, ein dunkelhaariger stiller Mann. Schräg gegenüber hockte in der sechsten Reihe ein italienischer Flughafenarbeiter.
Der Mann hatte kurzgeschorenes schwarzes Haar und einen weißen Overall aus Drillichstoff an. Der Overall war unter den Achseln naß vom Angstschweiß. Der italienische Arbeiter hatte es vermieden, mit einer anderen Geisel zu sprechen und sich dafür tief in seinen Sitz gedrückt.
Die Flugzeugbesatzung erinnerte sich, daß der Mann vor Aufregung sich mit seinen Fingernägeln die Wangen aufgekratzt hatte und eine dünne Blutspur bis zum Kinn führte. Wie die anderen Geiseln, versuchte er an dem Araber vorbeizusehen. Doch der forderte ihn auf mitzukommen. Der Italiener blieb sitzen. Der Killer stieß ihn mit seiner Waffe sacht an: »Du sollst mitkommen«, sagte er auf englisch. Die anderen Geiseln mußten mitansehen, wie der kleine magere Mann in stummer Verzweiflung den Kopf schüttelte, schließlich stand er aber doch auf. Er hatte die Augen gesenkt und sah zur Erde. Als er an den anderen Geiseln vorbeiging, blickte er niemanden an. Der Araber blieb mit ihm im schmalen Gang zwischen der Anrichte und dem Cockpit stehen. Er

schloß den Vorhang zum Passagierraum, achtete aber nicht darauf, daß dabei ein breiter Spalt klaffte und den Blick von den ersten Sesselreihen auf das schreckliche Geschehen freigab. In diesen Sekunden, so stellte man später an Hand des Funkprotokolls fest, brüllte ein anderer Terrorist mit sich überschlagender Stimme immer wieder in das Mikrophon des Funksprechverkehrs und drohte eine Hinrichtung an, falls man seinen Wünschen nicht nachgeben sollte. Eine der Stewardessen beobachtete, was weiter geschah: Der kleine Italiener bedeutete dem Killer immer wieder, daß er daheim kleine Kinder habe. Im nächsten Moment schrie der Araber im Cockpit seinem Komplizen etwas zu. Der Killer stieß dem Mann im weißen Overall die Maschienenpistole in die Seite und zwang ihn, sich umzudrehen. Dann schrie der Araber so laut, daß alle im Flugzeug es hören konnten: »Open the door!« Als die Tür aufging, konnte man bis in den Passagierraum den kühlen Luftzug spüren. Der Arbeiter mußte sich mit dem Gesicht zur Wand aufstellen. Der Killer trat sodann zwei Schritte zurück, stellte seine Maschinenpistole auf Einzelfeuer und schoß. Mit einem Komplizen zog er den leblosen Körper zur offenen Tür. Die Geiseln erinnerten sich noch viele Monate später an das Geräusch, das nun folgte: Ein hartes Aufklatschen, als der Tote auf den Betonboden der Piste aufschlug.

Von diesem Augenblick an beschäftigte die überlebenden Geiseln nur eine einzige Frage: Welch glücklichem Zufall verdankten sie es, daß der Killer an ihnen vorbeigegangen war und sie noch lebten?

Wir können diese Frage allgemeiner stellen: Wird eine Geisel zufällig ausgewählt und hingerichtet, oder steckt etwa eine gewisse Gesetzmäßigkeit dahinter, wenn Terroristen diesen oder jenen aus den Reihen der anderen Entführten herausholen?

Das Material, das bis jetzt zur Verfügung steht, reicht zwar noch nicht aus, von einem Schema zu sprechen, nach dem die Geiselnehmer bei der Auswahl der Todeskandidaten vorgehen. Es gibt jedoch Anzeichen dafür, daß einige Verhaltensweisen die Entführer geradezu reizen, *den* Mann oder *die* Frau als Opfer auszuwählen: Passagiere, die allein sitzen, panische Angst zeigen oder sich bei den Entführern anbiedern, sind besonders gefährdet.

In dem eben geschilderten Fall trafen die ersten beiden Voraussetzungen zu. Der italienische Arbeiter saß weitab von den anderen allein in seinem Sessel, und seine Angstreaktion reichte weit über das übliche Maß

hinaus. Die Hemmungen, eine Geisel aus einer Gruppe anderer Menschen herauszuholen, um sie hinzurichten, sind für den Täter, auch wenn es sich um einen fanatisierten Terroristen handelt, um ein Vielfaches größer als bei einem Menschen, der allein sitzt.
Ähnlich verhält es sich auch mit dem dritten Punkt. Wer sich den Gewalttätern aufdrängt, der gerät in Gefahr, bei einer Spontanreaktion als Opfer ausgewählt zu werden. Die Gewalttäter ersparen sich damit die für sie unangenehme Suche nach einer geeigneten Geisel und entledigen sich damit auch des lästigen Anbiederers.
Übergroße Angst wirkt auf die Täter etwa wie Alkohol – beides macht die Täter gefährlich und unsicher. Panik oder Heldenmut, das konnten wir schon am Anfang unserer Überlegungen feststellen, paßt nicht in das Erwartungskonzept der Entführer. Es ist daher ratsam, sich womöglich in Gruppen zusammenzufinden, die keinen ausschließen, weder provozierend heldenmütig noch unbeherrscht ängstlich zu sein und übertriebene Unterwürfigkeit oder Freundlichkeit den Entführern gegenüber zu vermeiden.

Zeit gewinnen!

Wir können nicht entscheiden, welche Vorgangsweise aus politischer Sicht im Falle einer Geiselnahme die geeignete ist. Unsere Untersuchungen haben allerdings ergeben, daß mit der Dauer einer Geiselnahme die Wahrscheinlichkeit für das Überleben der Betroffenen steigt.
Der Schlüssel zur möglichen Lösung liegt also im Zeitgewinn. Wir konnten auf Grund der Analysen feststellen, daß bei einigen der lange andauernden Entführungen die Täter am Ende beinah apathisch wurden und ihr Widerstand gegen psychische oder physische Einflüsse immer mehr erlahmte. Auch hier ein paar Zitate: »... und hat das Ding durchgeladen. Da bin ich hin, habe ihm auf die Schulter geklopft und habe gesagt: Hier, laß das vorerst da liegen. Da hat er es wieder aus der Hand genommen, entladen und wieder hingelegt, da waren sie schon in der Stimmung, daß sie aufgeben wollten, mit Tränen in den Augen, warum, weiß ich auch nicht, sie waren echt bedrückt, als sie da

ausstiegen.« Und: »... ja schwer angemerkt, furchtbar müde, die wollten einfach nicht mehr, die wollten genauso raus, wie wir raus wollten.«
Es stellt sich die Frage, wie lange es dauern kann, bis die Täter von der Sinnlosigkeit ihres Handelns überzeugt sind und dazu neigen, ihr Vorhaben aufzugeben. Dies hängt von mehreren Faktoren ab, die von Fall zu Fall bedacht werden müssen.

1. Wie groß ist die Gruppe der Entführer?
2. Wieviel Streß haben sie bereits durchgestanden?
3. Wie gut sind sie für diese Aufgabe geschult worden?

Die erste Frage spielt wahrscheinlich die wichtigste Rolle. Es zeigte sich, daß Einzeltäter gewöhnlich nach relativ kurzer Zeit zu einer Aufgabe bereit sind. Man kann davon ausgehen, daß ein einziger Entführer nach rund vierundzwanzig Stunden körperlich und psychisch derart ermüdet ist, daß er selbst die Waffen niederlegt. Meist haben wir es dagegen mit Terroristengruppen zu tun, deren Durchhaltevermögen natürlich um ein Vielfaches länger ist. Im Schnitt beginnt bei einer Gruppe von vier bis sechs Personen nach einer knappen Woche die kritische Phase, in der zumindest der größere Teil der Entführer zum Aufgeben neigt.
Die zweite Frage läßt sich einfacher beantworten: Je mehr Passagiere sich in der entführten Maschine befinden, je mehr Zwischenfälle das Konzept der Terroristen stören und je länger die Reise dauert, desto größer ist der Streß, dem die Täter ausgesetzt sind, auch wenn sie – und damit kommen wir zur Beantwortung der dritten Frage – auf die Entführung gut vorbereitet sind. Es zeigte sich, daß politisch fanatisierte Entführer lange Zeit auf diese Tat gedrillt wurden. Wir wissen, daß sie vor den Überfällen in verschiedenen Lagern einer Ausbildung unterzogen wurden, die der Rangerschulung gleichzusetzen ist.

In der Hand von Bankräubern

Auf den ersten Blick läßt sich für den Außenstehenden zwischen einer Flugzeugentführung und einem Bankraub, in dessen Verlauf Angestellte oder Kunden als Geiseln genommen werden, kein nennenswerter

Unterschied feststellen. Da wie dort erpressen Verbrecher die Gesellschaft, indem sie gegen Unschuldige Gewalt anwenden oder eine Gewalttat zumindest androhen. Im Gegensatz zum polizeilichen Sprachgebrauch verstehen wir als »Motiv« für eine Tat die tief in der Persönlichkeit des Menschen liegenden Beweggründe, die erst durch eine spezifische Auslösesituation – also das, was man im herkömmlichen Sinn »Motiv« nennt – an die Oberfläche gelangen. Wir wissen inzwischen, daß diese unbewußten Beweggründe in der Mehrzahl der neuen Gewaltfälle eine verblüffende Übereinstimmung zeigen. Also sind die beiden Tätertypen auch in ihren Motiven (zuwenig Akzeptanz, keine Identität, kaum Möglichkeiten, Entsagungen zu verkraften) identisch. Und dennoch unterscheidet sich eine Geiselnahme im Flugzeug beträchtlich von der in einem Bankhaus – und damit wird auch die Situation anders, die sich der Geisel bietet: Während bei einer Flugzeugentführung darauf hingezielt wird, die Aufmerksamkeit einer breiten Öffentlichkeit und womöglich auch der Politiker eines Landes auf sich zu ziehen, versucht der Bankräuber seine Tat heimlich und schnell hinter sich zu bringen. Geiselnahmen sind dabei in der überwiegenden Mehrzahl der von uns untersuchten Fälle auf Mißgeschicke zurückzuführen, die eine rasche Flucht unmöglich machten.

Eine zweite Art von Bankräubern, die jedoch im Vergleich mit den anderen verschwindend gering ist, legt es allerdings darauf an, durch Geiselnahmen die Aufmerksamkeit auf sich zu ziehen. Sie nehmen dabei die Identifizierung ihrer Person in Kauf und suchen die Konfrontation mit der Polizei. Während ein Bankraub in Deutschland ohne Geiselnahme im Durchschnitt nur acht Minuten lang dauert, zieht sich der gleiche Fall rund 69 Stunden hin, sobald sich ein Räuber gezwungen sieht, eine Geisel zu nehmen, um sein Ziel zu erreichen.

Selten wird uns so deutlich vor Augen geführt, wie wirkungslos das Prinzip der Abschreckung ist, wie gerade bei Raubüberfällen auf Geldinstitute. Obwohl der erste spektakuläre Bankraub in der Münchener Prinzregentenstraße mit dem Tod des einen Täters und der Verhaftung und Verurteilung des anderen endete, riß in der Folgezeit die Welle ähnlicher Straftaten nicht mehr ab. Auch als die Banken ihre Angestellten (und das Geld) durch kugelsichere Trennscheiben und Kameras schützten, zeigte das wenig Erfolg. Die Verbrecher gingen dazu über, Geiseln auf seiten der Kunden zu nehmen.

Lebensgefährlich wird die Situation, wenn Unbeteiligte versuchen, die Festnahme der Geiselnehmer oder Räuber selbst in die Hand zu nehmen. (Das gilt übrigens nicht nur im Falle des Bankraubs, ähnliches läßt sich von jeder Straftat sagen, in deren Verlauf Passanten oder Zeugen Polizeiaufgaben übernehmen wollen.) Ein tragischer Fall ereignete sich im Januar 1978 in München. Da betrat ein junger Mann eine Filiale der Deutschen Bank in der Innenstadt und bedrohte Kunden und Angestellte mit einer Pistole. Als er, nachdem der Kassier seinen Forderungen nicht nachgab, auf den Bankangestellten schießen wollte, versagte die Waffe, und der Mann flüchtete. Vier junge Leute, die sich während des Vorfalls in der Bank aufgehalten hatten, liefen ihm nach. Zwei von ihnen schoß der Räuber auf der Flucht in Panik nieder; einer erlitt eine Querschnittslähmung durch eine Kugel, die sein Rückgrat durchschug. Die Pistole hatte plötzlich wieder funktioniert.
An Hand dieses letzten Ereignisses läßt sich auch ein merkwürdiger Widerspruch im Verhalten der Geiseln zu Kidnappern oder Räubern zeigen: Während sich in Fällen wie diesem, die nur ganz kurze Zeit dauern, die Geiseln gegen den oder die Täter wenden und in manchen Fällen sogar mit Brachialgewalt Verbrecher am Entkommen zu hindern suchen, entwickelt sich bei einer Geiselnahme, die über Stunden, Tage oder auch Wochen gehen, zwangsläufig ein enges Verhältnis zwischen Opfer und Täter. Diese Entwicklung hat folgenden Grund: Geisel und Geiselnehmer fühlen sich die ganze Zeit über von außen her bedroht. Bei beiden spielt die Bedrohung eine andere Rolle. Der Geiselnehmer fürchtet, gibt man seinen Wünschen nicht nach, verhaftet oder gar getötet zu werden. Die Geisel jedoch hat davor Angst, daß ein Zögern der Verantwortlichen die Wut des Täters steigern könnte und damit die Gefahr für die Geisel noch größer wird. Zudem bindet der Raum, in dem man gemeinsam gegen den »Feind« draußen ausharrt, Opfer und Geiselnehmer mit der Zeit aneinander.
In Stockholm ereignete sich ein Banküberfall mit Geiselnahme, der diese Abläufe treffend verdeutlicht. Ein zweiunddreißigjähriger Einbrecher aus Helsingborg hatte an einem Augusttag die »Sveriges Kreditbank« im Zentrum der schwedischen Hauptstadt überfallen und vier Bankangestellte als Geiseln genommen. Er verlangte die Übergabe von umgerechnet 1,75 Millionen Mark und die Freilassung eines Komplizen aus dem Gefängnis. Bei dem Überfall verletzte der Räuber einen Polizisten; die

Bank wurde daraufhin von dreihundert Polizeibeamten umzingelt, und der Räuber zog sich mit seinen Geiseln – drei Frauen im Alter zwischen einundzwanzig und einunddreißig Jahren und einem fünfundzwanzigjährigen Mann – in den Tresorraum zurück. Der damalige schwedische Ministerpräsident Olof Palme führte selber die Verhandlungen, um das Leben der Geiseln zu retten. Einmal schaltete sich in das Telefongespräch mit dem Verbrecher eine Geisel ein, die dreiundzwanzigjährige Kristin E. Die Polizei zeichnete das Telefonat auf Tonband auf:

Kristin: Ich bin wirklich sehr enttäuscht von dir.
Palme: Wieso denn?
Kristin: Mein ganzes Leben lang bin ich Sozialdemokratin gewesen, und nun muß ich mit ansehen, wie ihr dasitzt und um unser Leben schachert.
Palme: Wieso denn?
Kristin: Vor den Bankräubern habe ich nicht die geringste Angst. Die haben mir nichts getan, sie waren unheimlich nett. (Anm.: Die Polizei hatte in der Zwischenzeit einer Forderung des Geiselnehmers nachgegeben und den Komplizen in die Bank bringen lassen.) Wir haben hier zusammengesessen und uns Geschichten erzählt. Weißt du, wovor ich Angst habe? Daß die Polizisten stürmen. Wenn die hier reinkommen und schießen, dann gehen wir alle zusammen drauf.
Palme: Das wird die Polizei nicht machen.
Kristin: Aber kannst du denn nicht mich und Elisabeth und die Bankräuber wegfahren lassen? (Elisabeth ist eine zweite Geisel.)
Palme: Aber versetz dich mal in unsere Lage: Die sind in eine Bank gegangen, um Geld zu rauben, und haben auf einen Polizisten geschossen.
Kristin: Jetzt will ich dir mal was sagen: Die Polizisten haben zuerst die Waffen gezogen!
Palme: Auf jeden Fall haben sie auf die Polizei geschossen, oder nicht?
Kristin: Ja, aber nur, weil die Polizisten die Waffen gezogen haben.
Palme: Der verletzte Polizist ist ein netter Junge. Er heißt Warpenfeld. Ich kenne ihn gut. Es ist bestimmt nicht angenehm für ihn, mit einer durchschossenen Hand dazusitzen.
Kristin: Hieltest du es denn für besser, wenn wir sechs Personen sterben müßten?

Palme: Schuld am Töten sind die, die die Waffe zuerst ziehen oder anfangen zu schießen.
Kristin: Er fängt ja nicht an mit dem Schießen. Er würde erst schießen, wenn die Polizei was macht.
Palme: So? Warum legt er dann die Waffe nicht nieder?
Kristin: Waffen niederlegen? Versteh doch, er will hier raus. Er wird sich doch nicht ergeben. Verstehst du das denn nicht?
Palme: ... das schwedische Volk sagt: »Erschießt sie!« Aber wir sagen nein. Sag ihm, er soll die Knarre beiseite legen und euch gehen lassen.
Kristin: Aber das tut er doch nicht. Verstehst du denn nicht, daß ich um mein Leben kämpfe?
Palme: Das begreife ich sehr wohl.
Kristin: Du bist der Höchste, mit dem ich in diesem Land reden kann! Du bist derjenige, der mir das Leben retten kann! Liebster, Süßer, Bester, du Goldiger, laß mich und Elisabeth mit ihm fahren ... wenn du hier wärest, würde ich dir die Füße abküssen, wenn wir das dürften ...
Palme: Die dürfen nur gehen, wenn sie euch freilassen.
Kristin: Aber sie trauen euch nicht. Verstehst du das nicht?
Palme: Sie dürfen abhauen, das dürfen sie.
Kristin: Aber die ganze Umgebung ist doch voller Scharfschützen?
Palme: Sie dürfen abhauen.
Kristin: Wie denn? Da ist doch alles voll von Neugierigen?
Palme: Aber wenn sie kein Vertrauen haben, dann müssen sie euch ihr ganzes Leben lang mit sich herumschleppen. Das ist an und für sich ja nicht meine Angelegenheit. Das ist Sache der Polizei.
Kristin: Und die Polizei sagt, das ist deine Sache!
Palme: Nein!
Kristin: Doch, das tut sie. Du bist derjenige, der entscheidet.
Palme: Wo kämen wir denn hin, wenn alle, die im Gefängnis sitzen ... (durch eine Tonstörung sind die nächsten Worte nicht zu verstehen).
Kristin: Ich verstehe schon, daß man nicht alle, die im Gefängnis sitzen, freilassen kann. Aber ich bitte dich ... (Störung) ... Sie sind damit einverstanden, uns auszutauschen, wenn du dich zur Verfügung stellst.
Palme: So, haben sie das gesagt ...
Kristin: Das haben sie gesagt. Wenn du hierher kommst, dürfen wir gehen.
Palme: Das wäre ja interessant.

Kristin: Ja, finde ich auch. Das wär' sehr interessant. Aber du kommst ja nicht hierher.
Palme: Ja, also wartet mal ab.
Kristin: Liebster, Bester, ich bitte dich auf meinen bloßen Knien. Ich habe noch niemals zuvor jemand um was gebeten.
Palme: Du sprichst, als hätte man dich beeinflußt. Wir müssen nur verhüten ... (Störung).
Kristin: Ich will, daß du der Polizei sagst: Laßt sie laufen, und gebt ihnen zwei Pistolen.
Palme: Nein, solchen Desperados zwei Waffen zu geben und auf die Straße zu schicken, das riskieren wir nicht.
Kristin: Aber sie würden uns dann bald freilassen.
Palme: Das glaube ich nicht.
Kristin: Es ist doch wichtiger, daß ich es glaube, denn schließlich lebe ich doch mit ihnen schon anderthalb Tag zusammen.
Palme: Aber wir tragen die Verantwortung.
Kristin: Könntest du mich nicht für einen Abend zum Staatsminister machen?
Palme (lacht): Das geht nicht.
Kristin: Ja, Lieber, Guter. Ich übernehme selbst jegliche Verantwortung, ich bitte dich, ich bitte dich. Soll ich dir und der Polizei denn einen Brief schreiben und dich von jeglicher Verantwortung freisprechen?
Palme: Aber die Polizei will euch doch nichts Böses. Das kannst du doch nicht im Ernst annehmen?
Kristin: Du mußt mir verzeihen, aber ich in meiner Lage glaube das.
Palme: Empfindest du die Polizei wirklich als eine feindliche Macht?
Kristin: Ja, das tue ich ... wenn wir hier drinbleiben müssen, dann lebe ich nicht mehr lange.
Palme: Aber bist du dir denn darüber klar, was das heißt, wenn man diesen Räubern zwei Pistolen geben würde?
Kristin: Aber so was wie hier geschieht doch nicht alle Tage. Oloflein, wollt ihr uns vielleicht deshalb nicht fortlassen, weil bald Wahlen sind?
Palme: Damit hat das nichts zu tun.
Kristin: Lieber, Guter, Goldiger, Kleiner, Engelchen – ich weiß nicht, was ich sagen soll.
Palme (kommt wieder auf den verletzten Polizisten zu sprechen): Dieser Warpenfeld ist ein enorm feiner Kerl!

Kristin: Aber er zog doch zuerst die Pistole. Und was hat er abbekommen: eine kleine Schramme zwischen Mittel- und Zeigefinger!
Palme: Das spielt keine Rolle. Auf jeden Fall ist es nicht angenehm.
Kristin: Für mich ist es auch nicht angenehm.
Palme: Er tat nur seinen Job, nämlich euch zu beschützen.
Kristin: Und ich tat auch meinen Job. Ich habe mich auf das hier nicht freiwillig eingelassen. Ich tat nur meinen Job. Darum finde ich, du solltest jetzt deinen Job tun.
Palme: Und du meinst, der besteht darin, eine Gesellschaft zu schaffen, in der man mit Maschinenpistolen drohen darf?
Kristin: Darüber können wir ein anderes Mal reden. Jetzt werde ich aber sauer. Also, ruf irgendwo an und sage, daß alles klar ist. Laß uns Mädchen mit Clark und dem Bankräuber fahren. Gib ihnen eineinhalb Millionen in ausländischen Geldscheinen und zwei Pistolen. Oder komm selber hierher und laß dich gegen uns austauschen. Na, schönen Dank für solche Hilfe.«
(Abgedruckt im »Stern« Nr. 15/1974.)

Vier Tage nach diesem Telefongespräch gaben die Bankräuber auf. Sie waren körperlich und psychisch am Ende. Ehe die Polizei sie abführte, verabschiedeten sie sich von ihren Geiseln mit Handschlag. Kristin und Elisabeth umarmten sie und küßten sie.
Zusammenfassend kann man sagen, daß mit Fortdauer einer Geiselnahme die Beziehung zwischen Opfer und Täter gelöster wird und beide versuchen, das Ziel der Täter möglichst rasch zu erreichen. Dabei ist es ganz normal, daß sich die Geiseln offen gegen ihre Helfer draußen stellen und die Geiselnehmer verteidigen.

Und nachher? Spätfolgen bei Geiseln und ihre Behandlung

Der Wunsch scheint ganz natürlich: Wenn ein Mensch etwas Schlimmes erlebt hat, möchte er es so rasch wie möglich wieder vergessen. Wer einmal sehr gelitten hat, möchte nicht mehr daran erinnert werden. Orte, an denen uns etwas zugestoßen ist, meiden wir, Vorfällen oder Personen, die das Erlebnis wieder in unser Gedächtnis zurückrufen könnten, weichen wir aus. Dabei gibt es in unserer Psyche einen merkwürdigen Widerspruch. Zwar drängt es uns, schreckliche Geschehnisse schnell zu vergessen, andererseits kämpfen sich die Erinnerungen immer wieder in unser Bewußtsein vor.

Manchmal geschieht dies verschlüsselt und hat scheinbar mit den tatsächlichen Geschehnissen gar nichts zu tun: Plötzliche Schlaflosigkeit kann einsetzen, Depressionen, Kopfschmerzen, Durchfall, ein unerklärliches Kribbeln in den Gliedmaßen.

Es gibt wenige Vorfälle, die die menschliche Psyche derart angreifen wie eine Flugzeugentführung oder eine andere, ähnlich dramatische Geiselnahme. Dementsprechend gefährlich und rätselhaft können die Spätfolgen nach solch einem Ereignis bei den betroffenen Opfern sein. Mitarbeiter der amerikanischen George Washington University untersuchten fünfzig Überlebende einer achtundvierzig Stunden dauernden Geiselnahme in Washington. Bei der Geiselnahme hatten Mitglieder der terroristischen Hanafi-Moslem-Bande einen jüdischen Klub überfallen und die Tötung der rund hundert Geiseln angedroht, falls nicht verurteilte Freunde freigelassen würden. Im Verlauf der Terroraktion wurde ein Opfer getötet und mehrere andere schwer verletzt. Die Zeitschrift »Psychologie heute« druckte den Bericht der Wissenschaftler ab, der ein deutliches Bild der Situation der Opfer Wochen und Monate später gibt.

Als Fazit ihrer Untersuchung stellten die Psychotherapeuten abschließend fest:

> »Im Laufe unserer Arbeit mit den Geiseln wurde deutlich, daß viele, die das B'nai-B'rith-Gebäude körperlich unversehrt verlassen hatten, ebenso tief – wenn nicht gar tiefer – verletzt waren wie jene, die mit blutdurchtränkten Verbänden herausgekommen waren. Es ist praktisch unmöglich, nach einer so extremen, anhaltenden Belastung ohne jeden Schaden davonzukommen.«

Als unser Institut Geiseln zu diesem Punkt in Deutschland befragte, ergab sich ein ganz ähnliches Bild. Besatzungsmitglieder und Passagiere litten oft noch Monate später unter den Nachwirkungen der schrecklichen Erlebnisse. Hier ein Auszug aus einem Gespräch mit einer Stewardeß:

Frage: Sind Ihnen nach den Geschehnissen Bilder der Täter vorgelegt worden?
Antwort: Nein.
Frage: Würden Sie die Täter wiedererkennen?
Antwort: Ich glaube bestimmt. Es war einmal einer an Bord, der sah dem einen so ähnlich, ich habe ihn nur immer angeguckt. Ich habe die letzten Tage laufend die Japaner angeguckt. (Anm.: Das Gespräch wurde kurz nach dem Überfall der japanischen RAF auf den Flughafen Lod geführt.)
Frage: Was haben Sie heute für ein Gefühl, wenn Sie Japaner sehen?
Antwort: . . . ich bin nicht unfreundlich zu denen, natürlich nicht. Aber ich prüfe im stillen, ob sie zu den Entführern gehören könnten. Oder gestern abend war hier auf dem Flughafen Blaulicht. Das kann die Feuerwehr gewesen sein, ich weiß es nicht. Es war schon dunkel, als wir zurückkamen. Da hatte ich schon das Gefühl, Mensch, ist da draußen was los? Man weiß es ja nicht. Ich gucke heute noch rum, setze mich also nicht ins Eck, nicht immer, daß ich rumgucke, aber anfangs (Anm.: gemeint ist kurz nach dem Überfall), da habe ich mich nicht hingesessen und Zeitung gelesen, sondern immer rausgeguckt, was geht draußen vor.

Eine andere Stewardeß erklärte:

> »Ich fühle mich seither nicht so ganz wohl, weil ich jedesmal an Entführung denken muß. Aber ich fühle mich auf dem Flughafen, auf dem die Sache passiert ist, genauso wie woanders. Was dort passiert ist, kann genausogut woanders passieren.«

Es hat sich gezeigt, daß man die Auswirkungen des erlittenen Streß bei Geiseln nicht nach einem bestimmten Schema katalogisieren kann. Je nach psychischer Verfassung reagieren Männer und Frauen schon während der Tat anders. Man kann, überspitzt ausgedrückt, behaupten, daß die Situation im Verlauf einer Geiselnahme die psychischen Merkmale des einzelnen Individuums deutlich verstärkt: Wer ängstlich ist, reagiert in diesem Fall noch ängstlicher, wer dazu neigt, alles eher ruhig und analytisch zu beobachten, wird es auch im Fall einer Geiselnahme tun. Aggressivität kann sehr schnell zunehmen, Aktivität auf die Spitze getrieben werden. Ähnlich verhält es sich, wenn es darum geht, die seelischen Folgen einer Geiselnahme zu verkraften. Aus den eben zitierten Aussagen der beiden Stewardessen läßt sich mühelos deren hohe Streßstabilität herauslesen, die für die Ausübung ihres Berufes nötig ist. Genauso verkraftete ein weiblicher Passagier einer der jüngsten Flugzeugentführungen den Vorfall. In einem Gespräch mit den Autoren sagte die junge Frau:

> »Ich habe sehr viel über die Entführung geredet, ich habe mich in Gedanken ausführlich mit der Geschichte auseinandergesetzt, ich spürte, wie mir das guttat. Ich glaube, ich bin heute bereits darüber hinweg.«

Andere Menschen, die mit dieser Frau in der Maschine gesessen hatten, konnten mit den Erlebnissen lange nicht so gut fertig werden. Einige von ihnen verwandeln ihre Wohnung in eine Festung und wagen es nicht, allein auf die Straße zu gehen. Ein junges Mädchen kann nicht mehr allein in einem Zimmer schlafen, es ist erst beruhigt, wenn seine Schwester im Bett neben ihr liegt; ein Geschäftsmann begann an rätselhaftem und hartnäckigem Durchfall zu leiden, eine Frau plötzlich grundlos zu weinen, auch wenn sie in Gesellschaft ist oder in einem Restaurant speist. Eine andere Frau ertappt sich immer wieder dabei, wie sie auf der Straße mißtrauisch die Autos und Passanten beobachtet und fürchtet, Menschen zu entdecken, die den Entführern ähnlich sehen. Als sie einmal ein Plakat sah, das sie an die Geiselnahme erinnerte, lief sie »wie von Furien gehetzt« nach Hause. Eine andere Frau wiederum meint Schritte zu hören – auch dann, wenn ihr die Leute um sie herum bestätigen, daß es völlig still sei.
Ganz ähnliche Symptome stellten die Wissenschaftler der George Washington University an den Geiseln des Moslem-Überfalls fest. Etwa vierundzwanzig Stunden nach deren Freilassung stellten sich bei ihnen die spezifischen Reaktionen ein: Furcht vor Dunkelheit, Angst, allein zu Hause zu sein oder einen Fahrstuhl oder das Treppenhaus allein zu benutzen. In der Studie heißt es:

> »Fast alle Geiseln berichteten, daß sie Angst hätten, wenn sie jemandem begegneten, der den Terroristen auch nur von ferne ähnlich sah.«

Bei Vorfällen, die sie bisher nicht berührt hatten, zeigten sie sich außergewöhnlich schreckhaft: Etwa wenn es an der Haustür klingelte,

jemand von hinten an sie herantrat oder besonders laut auf sie einsprach. Die meisten Opfer litten an Schlafstörungen: Einige von ihnen konnten lange nicht richtig einschlafen oder wachten bereits bei Morgengrauen wieder auf, andere klagten über Alpträume und sahen in der Nacht die schrecklichen Erlebnisse immer wieder – blutige Gesichter, Messer, Gewehre, Leichen ...
Die Forscher berichten:

> »Das Erlebnis des Geiseldramas wirkte sich zwangsläufig auch auf die Familien der Opfer aus. Oft hatten die Geiseln große Schwierigkeiten, ihr Bedürfnis nach Zuspruch oder auch nach Alleinsein verständlich zu machen. Einige Geiseln fühlten sich ihren Freunden und Familien gefühlsmäßig entfremdet oder verspürten nunmehr Unzufriedenheit mit ihrer Ehe und ihrem Leben generell.«

Bei der Befragung unseres Instituts zeigte sich aber auch, daß viele psychisch gefestigte Geiseln, nachdem sie den Vorfall verkraftet haben, nun intensiver und gefühlsoffener leben. Zitat:

> »In der Maschine habe ich mir geschworen, wenn ich rauskomme, dann finde ich alles schön, dann werde ich nie mehr schimpfen ... ich ärgere mich zwar genauso wie vorher, ich schimpfe auch über dieselben Sachen, aber wenn die erste Wut verraucht ist, denke ich an die Maschine und was ich mir damals vorgenommen habe. Wenn ich heute in der Zeitung etwas lese, was anderen Menschen widerfahren ist, dann denke ich mit mehr Gefühl darüber nach ... ich weiß, was man dabei spüren kann ... Wenn ich heute fliege, passe ich bei Starts und Landungen mehr auf – vorher habe ich das nie gemacht –, aber ich passe jetzt auf, weil ich mir bewußt bin, was Angst ist und was der Zeitraum zwischen Leben und Tod sein kann. Deswegen konzentriere ich mich mehr. Vor Hijackern hab ich keine Angst mehr.«

Auch bei den Geiseln der B'nai-B'rith-Gemeinde in Washington machten sich Monate später psychische Veränderungen bemerkbar: Eine junge Frau wünschte sich ein Kind. In den Stunden der Angst hatte sie an Freunde gedacht, die Kinder hatten, und beschlossen, künftig ein erfüllteres Leben zu führen. Sie wollte Dinge tun, die sie bisher mit oberflächlichen Ersatzhandlungen hinausgeschoben hatte – gelegentlich ein Wochenende in einer anderen Stadt verbringen, Kunstwerke ansehen und den Gedanken an ihre Karriere zurückstellen. Eine fünfzigjährige Frau begann, alle Dinge, die sie bedrückten, plötzlich offen auszusprechen. In einem Gespräch mit dem Herausgeber der Zeitschrift »National Jewish Monthly«, der zu den Geiseln gehörte, sagte sie:

> ». . . ich bin nicht gewillt, wie früher den Unsinn anderer Leute hinzunehmen . . . ich habe gelernt, mich nicht einfach überfahren zu lassen.«

Ein Mann aus diesem Kreis widmet sich seit den Erlebnissen in Washington mehr seiner Familie. Er meint, an sich beobachtet zu haben, daß er Menschen gegenüber, die er schätzt, rücksichtsvoller geworden ist, während er anderen weit weniger Geduld schenkt als vorher. Zitat: »Jetzt weiß ich, daß einige Dinge wichtig sind, andere nicht. Einige Menschen sind der Mühe wert, andere können sich, was mich betrifft, zum Teufel scheren.«
Die Wissenschaftler aus Washington versuchten, auch ihren verhaltensgestörten Patienten Hilfe zu geben. In mehreren Sitzungen hielten sie die Opfer an, offen miteinander über die Geschehnisse zu reden, und unterwiesen sie später in Entspannungstechniken, um die angstvollen Gedanken, die sie tagsüber und die halbe Nacht bedrängten, zu unterbinden. Zitat:

> »Für einige Gruppenteilnehmer genügten so einfache Betätigungen wie Lesen, Gymnastik oder ein warmes Bad vor dem Schlafengehen. Andere lehrten wir ein Verfahren der sogenannten tiefen Muskelentspannung: Durch abwechselndes An- und Entspannen einiger Muskeln in Rumpf und Gliedern lernten sie, das Gefühl von Anspannung und Entspannung in ihrem Körper zu unterscheiden. Sobald sie sich ohne Schwierigkeiten entspannen konnten, waren sie in der Lage, die Technik auch in Streßsituationen anzuwenden.«

Schließlich brachten die Wissenschaftler die Geiseln dazu, sich mit Dingen zu befassen, die sie als beängstigend oder hemmend empfanden.

Wer Angst hatte, in einem Taxi zu fahren (begründet wurde diese Angst damit, daß sehr viele Taxifahrer Angehörige jener militanten Moslem-Sekte seien, die den jüdischen Klub überfallen hatte), der begann weitab vom Ort des Geschehens zuerst mit Freunden und später dann allein kurze Taxifahrten zu machen. Dabei spielte eine große Rolle, daß die Fahrer mit den Geiselnehmern keine Ähnlichkeit hatten. Am Ende der Therapie gingen die Wissenschaftler mit den Patienten an den Ort des Überfalls. Die Studie beschreibt das so:

> »Während der 25 Minuten, die wir dort verbrachten, erinnerten sich viele Geiseln an die Vorkommnisse jener Schreckensstunden. Einige lachten, einige weinten, andere waren dankbar, daß Maler und Zimmerleute den Ort des Geschehens nun in einen normalen Konferenzraum verwandelt hatten.«

Bei einer späteren Kontrolle der Opfer zeigte sich, daß viele von ihnen auch noch zwei Monate nach Ende der Therapie den Schock des Überfalls nicht ganz überwunden hatten. Abschließend stellen die amerikanischen Psychiater fest:

> »Der Nutzen dieser Gruppensitzungen war für die einzelnen Geiseln unterschiedlich. Alle aber erklärten, daß es ihnen irgendwie geholfen habe.«

Aus den Unterlagen, die bisher zu diesem Fragenkomplex zur Verfügung stehen, kann man schließen, daß die Verarbeitung der Erlebnisse je nach Menschentyp verschieden verläuft (ein Mann, Geisel einer Flugzeugentführung, zwang sich dazu, dieselbe Strecke noch einmal zu fliegen, seither fühlt er sich im Flugzeug wohler), aber niemals ganz ohne psychische Störungen vor sich geht. Psychotherapeutische Behandlung ist auf jeden Fall empfehlenswert. Besonders wenn sie von den Geiseln – wie es nach den Vorfällen in Mogadischu vorgekommen ist – vehement gefordert wird. Denn – so schreiben die amerikanischen Therapeuten – »der Terrorismus scheint eine der häßlichen, unausweichlichen Realitäten der Zukunft zu sein. So müssen wir also nicht nur alles in unserer Macht Stehende tun, um diesem Terrorismus Einhalt zu gebieten, sondern auch differenzierte Therapien für die Opfer entwickeln.«

Während Wissenschaftler auf der ganzen Welt darangehen, die Wurzeln der neuen Gewalt freizulegen und Fehlentwicklungen bei jungen Leuten Einhalt zu gebieten, steht man bei der Erforschung einer erfolgreichen Behandlung von Spätfolgen der Opfer erst am Anfang.

Wie man lernt, richtig mit Geiselnehmern zu reden

Zu jenen Dingen, die uns immer wieder daran hindern, die Gewalt zu besiegen, zählt die weitverbreitete Vorstellung, nichts sei für den Menschen so wichtig wie die Erhaltung seines Prestiges. Wenn eine Gruppe von Rockern und Rowdys in den Städten wütet, dann vermeidet man es, ihre Beweggründe zu untersuchen und mit ihnen darüber zu reden, bis eine Lösung gefunden ist, aus Angst, man könnte sein Prestige verlieren. Statt dessen reagiert man mit immer stärkerer Gegengewalt, putscht die Emotionen auf und steigert am Ende nur den Drang zur Gewalt.

Wenn junge Leute auf Grund einer psychischen Fehlentwicklung, deren Mitschuld wir alle zu verantworten haben, zu terroristischen Gewalttätern werden, weigert man sich entschieden, ihre gefühlsbedingten Motive auch nur zu erörtern. Mag sein, daß es viel Überwindung kostet, sich das, was wir auf den nächsten Seiten vorschlagen, anzueignen und sich zu einem Verhalten durchzuringen, das von Akzeptanz und gewaltarmem Agieren bestimmt wird. Aber diese Methode der geistigen Überwältigung und Bewältigung scheint uns die einzige Chance zu bieten, der neuen Gewalt Herr zu werden. Daß wir dafür Gefahr laufen, ein wenig von unserem Prestige zu verlieren, müssen wir in Kauf nehmen. Diese Gefahr geht aber auch jeder Staat ein, der mit einem anderen Staat, dessen System er nicht schätzt oder gar ablehnt, über seine Diplomaten Verhandlungen aufnimmt, um auf diese Weise erträgliche Beziehungen herzustellen. Trotz des vermeintlichen Prestigeverlustes scheut sich jedes Land der Erde, auf längere Zeit die Beziehungen zu einem anderen Land abzubrechen. Werden sie endlich wieder aufgenommen und ersetzen Verhandlungen den Zustand der zwischenstaatlichen Spannung, so wird diese Entwicklung, wie uns jüngst das Beispiel

Ägyptens und Israels beweist, von den meisten Menschen mit großer Genugtuung aufgenommen.
Wir müssen uns dazu durchringen, die Diplomatie nicht nur auf höchster Ebene zu akzeptieren, sondern das Gespräch auch mit dem vermeintlichen Gegner im privaten Bereich zu suchen. Das heißt nicht, sich der Gewalt zu unterwerfen, es bedeutet vielmehr, aus den eigenen Planungen für den Umgang mit Gewalttätern die Gewalt konsequent auszuschließen und die Beziehungen von der rein rationalen auf die Gefühlsebene zu verlagern.
Am wichtigsten scheint es uns zu sein, daß wir Rocker, Rowdys oder Terroristen – so schwer es auch fallen mag – nicht blindwütig als Gegner betrachten, die besser heute als morgen vernichtet werden, sondern in ihnen Menschen sehen, die außerhalb unserer gesellschaftlichen Norm stehen und durch eine Fehlentwicklung, an der sie meist keine Schuld trifft, in die Sackgasse der Gewalt getrieben wurden.
Das Problem der Gewalt kann sowohl auf lange Sicht als auch im akuten Fall nur durch Kommunikation befriedigend gelöst werden. Allgemein herrscht die irrige Ansicht vor, diese Kommunikation beginne erst beim Gespräch mit dem anderen. Soll das Gespräch jedoch erfolgreich verlaufen, so muß die Kommunikation bereits viel früher einsetzen. Dann nämlich, wenn es darum geht, sich auf den Gesprächs»partner« einzustellen. Wer seinen Widerpart mit haßerfüllten Gegenargumenten aufstachelt, der lädt nur seine eigene Aggressivität ab und verschlimmert die Lage. Eine oft benutzte Floskel, um mit Gewalttätern, die Geiseln genommen haben, ins Gespräch zu kommen, lautet: »Seien Sie doch vernünftig!« (In Kriminalfilmen kann man dies oft den Kommissar sagen hören. Geschulte Kriminalbeamte würden dagegen ein Gespräch nie mit derart provozierenden Worten beginnen!) Besser, wir halten uns stets vor Augen, was wir mit dem Gespräch eigentlich bezwecken (und dies gilt für alle Menschen, die mit der Gewalt in Berührung kommen, seien es Polizisten oder Politiker, die die Macht des Staates hinter sich wissen, oder einzelne, scheinbar ohnmächtige Geiseln in der Gewalt eines Verbrechers!): Wir müssen zu verhindern suchen, daß die ausgeübte Gewalt weiter eskaliert. Durch ein geschicktes Gespräch – das nicht von der logisch-sachlichen Ebene allein, sondern auch vom Gefühl geprägt sein muß – ergibt es sich von selbst, daß die beiden Kommunizierenden ein Verhältnis wie zwischen echten Verhandlungspartnern aufbauen und

am Ende der Täter die Möglichkeit hat, ohne Gesichtsverlust aufgeben zu können. Nur der Gewalttäter, so zeigte sich bei unseren Untersuchungen, der auch in der Niederlage meint, sein Gesicht zu bewahren, wird nicht bis zum Äußersten gehen, sondern eine friedliche Lösung des Konflikts akzeptieren.

Es ist wichtig, daß die Art des Umgangs mit Geiselnehmern aus den Forderungen der Täter abgeleitet wird. Hierfür gibt es eine Reihe von Beispielen aus der jüngsten Vergangenheit. Als es anläßlich des Überfalls auf das OPEC-Gebäude in Wien darum ging, die Täter zu beruhigen, ergab sich dafür eine vernünftige Vorgehensweise aus der Forderung der Täter. Sie hatten Stricke verlangt, um ihre Opfer zu fesseln. Ihre Verhandlungs»partner« gingen auf diese Forderung ein, erwiderten jedoch, daß an einem Sonntagnachmittag die Läden in Wien geschlossen seien und es eine Weile dauern könne, ehe man die erwünschten Stricke aufgetrieben habe. Derart logische Argumente, die sich aus der Situation immer wieder ergeben und benutzt werden können, um die Lage am Tatort zu stabilisieren, werden auch von Gewalttätern, die ja psychologisch normal sind, akzeptiert. Verhält man sich ihnen gegenüber jedoch strikt ablehnend, läuft man Gefahr, bei ihnen Spontanreaktionen zu provozieren und eine Steigerung der Gewalt zu bewirken.

Im Verlaufe des Gesprächs ist es wichtig, daß die Betroffenen stets ihr Interesse an dem, was der Täter zu sagen hat, bekunden. Am besten geschieht dies mit den sogenannten »W-Fragen« (Was? Wie? Welche? . . .).

Droht das Gespräch zu erlahmen, ist es ratsam, auf Aussagen des Täters zurückzukommen: »Sie sagten vorhin . . .« Es ist unumgänglich, daß der Betroffene stets vermeidet, Rollenunterschiede deutlich werden zu lassen; er muß vielmehr versuchen, sich mit dem Täter auf einer Gesprächsebene zu treffen, auf der zwei scheinbar gleichberechtigte Partner agieren.

Auch wenn der Gewalttäter, wie zu erwarten ist, seine Forderungen in aggressiver Form vorträgt, heißt es Ruhe zu bewahren, ohne den Täter andererseits durch beharrliches Schweigen zu provozieren. (Wir wissen ja, auch Schweigen kann eine Form der Aggressivität sein.) Vielmehr sollte man auf alles eingehen, was der Täter verlangt.

Völlig verfehlt wäre es, ein Gespräch mit einer Antwort zu beginnen (»Wissen Sie, die Sache ist so . . .«). Wir wollen mit dem Gespräch ja nicht nur den Täter stabilisieren, sondern auch die wahren Motive der Täter ergründen und ihre Aggressivität umleiten. Wenn jemand, wie es kürzlich in Österreich geschehen ist, Geiseln nimmt, um vor dem Wiener Parlament eine Rede halten zu können, so ist (setzt man voraus, daß der Täter geistig normal ist) nicht die Ansprache, die er fordert, seine wahre Motivation, sondern wahrscheinlich die Selbstdarstellung, die ihm die Aktion ermöglicht. Wichtig ist es nun für den Gesprächspartner, dem Täter die Möglichkeit zu geben, sich selbst darzustellen, und damit das vordergründige Ziel (Rede vor dem Parlament) abzuschwächen.

Wer mit Antworten ein Gespräch beginnt oder sich mit feststehenden Argumenten verständigen will, der erreicht wiederum nur das, was die Kommunikationsforscher eine »symmetrische Eskalation« nennen: Wenn nicht Verständnis, sondern Dogmen von beiden Seiten vorgebracht werden, steigert sich die Aggressivität, und das unbewußte Motiv der Gewalttäter bleibt dem Gesprächspartner weiter verborgen.

Vor einigen Jahren wurde der Autor in seiner Funktion als Polizeipsychologe um Rat gefragt, als ein Mann mit einer Giftampulle im Mund das Polizeipräsidium betrat und angab, in den nächsten Minuten Selbstmord begehen zu wollen. Ganz verkehrt wäre es gewesen, den Suizidgefährdeten etwa mit der naheliegenden Suggestivfrage zu empfangen: »Sie haben sicher sehr große Probleme, sonst würden Sie nicht Selbstmord begehen wollen!« Unter Umständen hätte der Mann nur genickt, die Ampulle geschluckt und sein Ziel erreicht. Der Autor versuchte dagegen, durch Akzeptanz seinen Gesprächspartner vom Selbstmord abzubringen. Er sagte sinngemäß etwa: »Das ist eine sehr spektakuläre Idee, mit einer Giftampulle im Mund das Polizeipräsidium zu betreten. Wie sind Sie nur darauf gekommen?« Der Mann antwortete und begann zuerst stockend, dann immer flüssiger von den Gründen zu berichten, die ihn zum Selbstmord trieben. Nach ein paar Minuten hinderte ihn die Giftampulle am Sprechen, er nahm sie aus dem Mund, und der Fall war zumindest für den Augenblick gelöst.

Wer einen Menschen, der seinen Selbstmord androht, jedoch dazu provozieren will (etwa jemanden, der auf dem Fensterbrett steht und in die Tiefe springen will), erreicht nicht, wie vielfach fälschlich angenommen wird, eine Einsicht und die Aufgabe des Vorhabens, sondern eine spontane Handlung – die geplante Tat.

Jedes Gespräch kann allein schon durch die Formulierung der Fragen beeinflußt werden. Die richtige Formulierung ist, wie alles, was die menschliche Psyche betrifft, nicht nur eine Frage der Technik, die man auswendig lernt und im richtigen Moment hersagt, sondern der Einstellung. Geht man auch mit Gefühl an ein solches Gespräch heran und nicht nur mit dem kühlen Verstand, so ist der positiven Kommunikation bereits der Weg bereitet. Beherrscht man darüber hinaus noch das erwähnte Gesprächsverhalten, kann es einem gelingen, die Gespräche auch mit der notwendigen inneren Sicherheit zu führen. In einigen Fällen wurden von den Sicherheitsbehörden Verwandte der Täter zu einem Gespräch herangezogen. Dafür spricht zweierlei: Erstens wird der Gewalttäter aus der Anonymität, die er suchte, herausgerissen, und zweitens kann die emotionale Bindung zwischen dem Täter und dem Verwandten eine größere Wirkung erzielen als eine Unterredung mit einem Außenstehenden.

Dabei ist es nicht möglich, dem Verwandten Verhaltensmaßregeln für das Gespräch zu geben. Die Kommunikation der beiden ist für gewöhnlich so aufeinander eingespielt, daß jede von einem Fremden ausgewählte Formulierung aufgesetzt wirkt und den Täter mißtrauisch macht. Der Außenstehende muß jedoch während der Unterhaltung stets darauf achten, ob sich im Laufe des Gesprächs eventuell die Aggressivität des Gewalttäters steigert. Ist das der Fall, unterbricht man das Gespräch besser und wählt wieder einen anonymen Verhandlungspartner aus.

Bietet sich für einen Unterhändler die Möglichkeit, die Gespräche entweder von Angesicht zu Angesicht oder über ein Telefon zu führen, so ist das Telefon auf jeden Fall vorzuziehen. Denn säßen sich die Gesprächspartner Auge in Auge gegenüber, könnte man plötzliche Unsicherheiten viel eher bemerken. Dadurch würden beide Seiten automatisch in ihren Formulierungen vorsichtiger und versuchen, die verräterischen Gefühle zurückzuhalten. Das Gespräch müßte notgedrungen sachlich werden und würde ausschließlich von jenen rationalen Argumenten beherrscht, die wir zu vermeiden suchen.

Einer gegen alle: das richtige Gespräch mit Fußballrowdys

Was wir über die Verhandlungsmöglichkeiten mit Geiselnehmern und Gewalttätern gesagt haben, gilt im allgemeinen auch für den Umgang mit Fußballrowdys. Mit einem Unterschied: Während in den beschriebenen Beispielen stets zwei Verhandlungs»partner« miteinander sprachen, ist diese Kommunikation in einem Fußballstadion nicht möglich. Dort muß ein Verhandlungsführer, unterstützt durch einen Lautsprecher, mit einer Gruppe von Gewalttätern verhandeln, die sicher in die Hunderte, manchmal auch in die Tausende geht. Diese veränderte Situation bedingt aber keine Änderung der Gesprächsführung. Der Sprecher kann, so als würde er am Telefon mit einem einzigen Täter reden, von seinem Platz aus auf die Gruppe eingehen. Er kann ihre Motive akzeptieren und sie zu einem Ersatzziel führen. Das wird an einem Beispiel verständlicher: Für die Fußballweltmeisterschaft 1974 erstellte der Psychologische Dienst der Stadtpolizei München den Stadionsprechern ein Textschema, das folgende Elemente enthielt: Akzeptanz (»Liebe Zuschauer, wir sehen, daß sie sich freuen/ärgern und ihrer Freude/Ärger mit Knallkörpern Ausdruck verleihen«), Problembewußtsein (»Verstehen Sie aber bitte auch, daß diese Knallkörper zu einem Abbruch des Spiels führen könnten«), Schaffung eines Ersatzzieles (»Feuern Sie Ihre Mannschaft doch mit Ihrer Stimmkraft an, die sicherlich an Lautstärke den Knallkörpern in nichts nachsteht!«). Zum erstenmal wurde dieses Konzept im Münchner Olympiastadion beim Spiel zwischen Haiti und Italien von Stadionsprecher Helmut Bendt angewandt. Italienische Schlachtenbummler hatten wiederholt Sprengkörper geworfen, und es bestand die Gefahr, daß Zuschauer oder Spieler verletzt werden könnten. Der Erfolg war meßbar: Während des ganzen Spiels wurde kein Knallkörper geworfen.

Was tun, wenn man von Rockern bedroht wird?

Die Szene, die immer wieder in den Zeitungen beschrieben wird, ist jedesmal die gleiche – nur der Ort und die Personen der Handlung ändern sich: Ein junger Mann oder eine ältere Frau geht nach Einbruch der Dunkelheit durch eine stille Straße oder einen Park – eine Rockerbande nähert sich, die Jungen bleiben stehen und fordern Zigaretten, Geld oder ein besonders schönes Kleidungsstück. Ihren Wunsch unterstützen die Rocker meist durch einen unübersehbaren Griff nach dem Messer oder einer Schlagwaffe. Ganz falsch (und dazu noch lebensgefährlich) wäre es, sich den Forderungen zu widersetzen. Wir wissen ja bereits: Rocker suchen sich stets Opfer aus, von denen sie sicher sind, daß sie schwächer sind als sie selbst. Viel besser als Widerstand zu leisten ist es, sich die Gesichter der Täter genau einzuprägen.

Darüber hinaus kann man noch versuchen, mit den Jungen ins Gespräch zu kommen. Dabei geht es weniger darum, sorgfältig die richtigen Worte zu wählen, als vielmehr darum, mit welcher Einstellung man das Gespräch beginnt. Wer vor Wut bebt, der wird im Laufe eines Gesprächs aller Voraussicht nach die Aggressivität der Täter noch weiter steigern. Besser, er schweigt deshalb. Wem es jedoch gelingt, sich offen mit den Gewalttätern auseinanderzusetzen (was allerdings für die meisten Menschen sehr schwer ist), der wird die Aggressivität eindämmen und einen friedlichen Ausgang des Überfalls herbeiführen können.

Bei einem Angriff der Rocker gilt für ihr Opfer das, was auch bei allen anderen Fällen akuter Gewalt richtig ist: Am besten reagiert man so, wie es die Gewalttäter erwarten. Wer Rocker, Rowdys oder Geiselnehmer unsicher macht, erhöht für sich und andere die drohende Gefahr nur noch mehr.

Unsere Tochter liebt einen Rocker

Johanna S., eine sechzehnjährige Oberschülerin aus einer süddeutschen Großstadt, scheute sich lange Zeit davor, ihren Freund den Eltern vorzustellen. Zu Recht. Der Vater, ein Postobersekretär, erwartete von seinem Schwiegersohn nicht nur blendende Manieren und ein ausreichendes Einkommen, sondern auch gediegene Kleidung und einen respektablen Beruf.

Eines Tages trafen Nachbarn zufällig Johanna und ihren Freund und erzählten die Neuigkeit sofort Johannas Vater: Der Freund seiner Tochter war ein Rocker! Er hatte schulterlanges Haar, fleckige Jeans und eine nietenbeschlagene Lederjacke angehabt. Johanna saß auf dem Soziussitz seines Motorrades, als man sie gesehen hatte – gemeinsam mit einem guten Dutzend anderer Rocker auf Motorrädern.

Am selben Abend noch verbot der Vater seiner Tochter jeden weiteren Umgang mit dem jungen Mann. Er tat dies, so sagte er später, nicht nur aus Sorge um seine minderjährige Tochter, sondern auch aus Angst um den guten Ruf der Familie: »Was sollen denn die Leute denken, wenn in unserer Wohnung Rocker aus- und eingehen?« Johanna S., ein Mädchen, das für seine 16 Jahre recht unterentwickelt wirkte, traf den Freund jedoch immer wieder. Eines Tages wurde sie bei einer Razzia verhaftet. Sie war dabeigewesen, als eine Rockerbande mehrere Autos aufgebrochen und Autoradios und Handtaschen gestohlen hatte.

Was sie immer wieder zu den Rockern trieb, beschrieb sie so: »Mir gefielen die Motorräder, und es machte Spaß, mit meinem Freund mitzufahren. Eine Freundin aus meiner Klasse nahm mich einmal zu den Treffs der Clique mit. Ihr Bruder ist jetzt mein Freund. Obwohl ich in meiner Klasse immer die ›Kleine‹ war, wurde ich von den Jungs anerkannt. Dabei ist mein Freund ein richtiger Mann. Er läßt sich von keinem was sagen.« Johannas Freund war 17 Jahre alt.

Das Beispiel dieses Mädchens ist typisch. Junge Mädchen, die selber nicht zur Aggressivität neigen, schließen sich Rockerbanden an, weil sie sich in eines der Bandenmitglieder verliebt haben und in der Gruppe anerkannt werden. Es zeigte sich bei der Untersuchung der Jugendkriminalität, daß besonders Mädchen im Alter zwischen 13 und 15 Jahren gefährdet sind. In dieser Zeit ist der Reifeprozeß noch nicht abgeschlossen. Die jungen Mädchen fühlen sich noch unfertig und verspüren einen starken Drang nach Selbstbestätigung, der in der Gruppe befriedigt wird.

Sobald Eltern bemerkt haben, daß ihre Tochter sich zu Rockern hingezogen fühlt, sollten sie herauszufinden suchen, welche Motive das Mädchen in eine solche Clique treiben. Sucht es Geborgenheit? Fühlt es sich unverstanden, und hofft es nun, Verständnis zu finden? Ganz verkehrt ist es, dem Mädchen jeden Umgang mit den Freunden zu verbieten. Die elterliche Autorität würde nur Opposition auf seiten der heranwachsenden Tochter hervorrufen und sie noch enger an die

Gruppe binden. Viel empfehlenswerter ist es dagegen, den Freund der Tochter öfter nach Hause einzuladen. Dabei sollte die Rücksichtnahme auf den Klatsch der Nachbarn keine Rolle spielen – schließlich ist es nicht die Tochter der Nachbarn, um deren Zukunft es geht, sondern die eigene. Sobald es für die jungen Leute selbstverständlich geworden ist, in die Wohnung der Eltern zu kommen, fällt es ihnen auch viel leichter, ihre Sorgen und Probleme mit den Eltern (beziehungsweise den verständnisvollen Eltern der Freundin) zu besprechen. Damit kann sich im günstigen Fall der Kreis wieder schließen: Trieb der Mangel an Zuwendung und Akzeptanz seitens der Erwachsenen die jungen Leute auf die Straße und in die Rockerbande, so kann das Vertrauen und das Verständnis, das ihnen jetzt entgegengebracht wird, sie wieder aus der Clique lösen.

Das Münchner Modell

Wenn wir im allgemeinen auch nur auf spärliches Zahlenmaterial zurückgreifen können, um die Auswirkung unserer Thesen über den gewaltarmen Umgang mit Gewalttätern statistisch zu belegen, so gibt es doch einen Modellfall, der wissenschaftlich einwandfreies Material geliefert hat.

Es ist das Modell der erfolgreichen Behandlung von Münchner Rockern in den frühen siebziger Jahren. Deutlicher als alle anderen Studien zeigt es, wie Verständnis und Akzeptanz Brutalität besiegen können.

Anfang der siebziger Jahre erschütterte vom Norden Deutschlands bis in den Süden eine neue Form der Jugendkriminalität Polizei und Bevölkerung. Jugendliche Schlägerbanden in Lederkleidung zogen lärmend durch die Städte und knüppelten nieder, was sich ihnen in den Weg stellte. Wiederholt reagierten erschreckte Menschen mit Gegengewalt. Der Ruf nach Abschreckung wurde laut. In Hamburg, Frankfurt, Mannheim, München und zahlreichen anderen deutschen Großstädten begann die Polizei mit aller Härte gegen die Rocker vorzugehen. Sie wurden verhaftet, vor Gericht gestellt, verurteilt und nach Verbüßung ihrer Strafe wieder auf freien Fuß gesetzt. Doch Härte brachte im Kampf gegen die Rockerbrutalität – wie sich bald zeigen sollte – wenig Erfolg. Die neue Gewalt nahm nicht ab, sondern von Jahr zu Jahr zu. In dieser Situation versuchte die Münchner Polizei 1973 ein Experiment, das auf den ersten Blick gewagt erschien, das sich jedoch als äußerst erfolgreich erwies und innerhalb von drei Jahren die Rockerkriminalität in München beinahe zum Erliegen brachte. Das Münchner Modell ging von folgenden Voraussetzungen aus:

1. Den Jugendlichen, die in die Gewalt hineingeschlittert waren, mangelt es an Verständnis und Akzeptanz von seiten der Erwachsenen. Die Gewalt, mit der die Gesellschaft auf die Gewalt der Rocker antwortet, versteift die Fronten und fördert neue Gewalttätigkeit.
2. Die Jugendlichen fühlen sich von der Gesellschaft ausgestoßen, und erst die Distanz zu den anderen Menschen ermöglicht ihre Brutalität.
3. Es fehlt ihnen eine echte Beziehung zu ihrer Familie. Sie suchen ihre Bezugspersonen nicht bei den Eltern, sondern im Kreise der anderen Jugendlichen.

Unter der Mitarbeit des Autors, der damals Polizeipsychologe in München war, erklärte man einigen ausgewählten Beamten die sozialen Hintergründe des Rockertums und die Motive und schulte die Polizisten im Umgang mit den Jungen. Es galt, »Ersatzführer« auszubilden, die Verständnis für die Situation der Rocker hatten, mit ihnen diskutierten und sich mit den Jungen auseinandersetzten. Dabei war es selbstverständlich, daß die Polizisten viele Dinge, die die Jungen anrichteten, nicht gutheißen konnten. Aber auch dies sollte ein Punkt der Auseinandersetzung sein – die Heranwachsenden erwarten ja die Diskussion mit dem Vorbild, um sich weiterentwickeln zu können. Sie wollen jedoch als junge Menschen mit vielfältigen Problemen akzeptiert werden.
Als schwierigster Schritt bei diesem Modell erwies sich die erste Kontaktaufnahme mit den Rockern. Zu diesem Zweck gingen einige Beamte in Zivil zu den Sammelpunkten der sogenannten »Blasen« (»Blasentreffs«). Man achtete darauf, daß die Polizisten stets mit einem Anliegen kamen: Da hatten sich Anwohner über den Motorradlärm beschwert, da war eine alte Dame von den Rockern erschreckt worden – darüber wolle man nun reden. Die Polizisten paßten sich auch in ihrer Redeweise der Diktion der Jungen an, um die Kommunikation zu

erleichtern. Oft waren die ersten Worte der Beamten: »Grüaß Gott, mia san von der Schmier« (»Wir sind Polizeibeamte«). Mit der Zeit lernten die Beamten und die Jungen einander kennen – und die Rocker begannen die Polizisten anzuerkennen. Der nächste Schritt auf dem Weg zum gewaltlosen Sieg über die Gewalt war, daß man die Aggressivität der Rocker in andere, ungefährlichere Bahnen lenkte. Die Polizisten schlugen den Rockern Motorradrallyes vor, und eines schönen Tages trafen sich Beamte des Polizeimotorsportvereins und einige Rockerbanden in einer Kiesgrube in München-Moosach zu einer Wettfahrt. Die Motorsportler der Polizei gewannen das Rennen, und damit stiegen sie gehörig in der Achtung der Jungen. Fast zwangsläufig kamen die beiden Gruppen immer öfter ins Gespräch. Die Beamten versuchten dabei, den Jugendlichen auch die Lage der anderen Menschen zu erklären und die Wirkung der Rocker auf die Gesellschaft zu verdeutlichen. Ersatzziele wurden geschaffen: Die Polizisten motivierten die Jungen zu gemeinsamen Ausflügen, sportlicher Betätigung und gewaltlosen Aktionen. Sie wurden immer mehr Mittler zwischen der Gesellschaft und ihren Außenseitern: Sobald ein Rocker mit dem Gesetz in Konflikt geraten war (oder meinte, das Gesetz übertreten zu haben), wandte er sich an seinen Bekannten bei der »Schmier«. Genauso wie die Rocker-Polizisten die Straftaten der Rocker nicht guthießen, deckten sie auch die einzelnen Jungen nicht, wenn sie von deren Vergehen oder Verbrechen hörten. Aber die Jungen hatten eine Bezugsperson auf der »anderen Seite«, mit der man reden konnte, der man sich anvertraute und die einem auf dem Weg zurück in die Gesellschaft weiterhalf. Schließlich konnten die Beamten die Rocker dazu bewegen, das Symbol ihrer Trennung von der Gesellschaft, die lederne Uniform, abzulegen. Heute gibt es in München die meisten »Blasen« immer noch. Aber ihre Lederkluft ziehen die Rocker nur noch an, wenn sie von Journalisten und Fotografen darum gebeten werden: Dann posieren sie stolz vor den Kameras als schreckenerregende Schläger. Ansonsten sind sie friedlich geworden, wie die Statistik beweist: Schon 1974 ging die Kriminalität bei den Jugendlichen in München um 24 Prozent zurück, ein Jahr später wiederum um 48 Prozent, 1976 um 22 Prozent. Inzwischen gibt es in den 36 Münchner Polizeirevieren jeweils zwei Jugendbeamte, die für die gefährdeten 13- bis 18jährigen in ihrem Bezirk zuständig sind.

In vielen anderen Städten auf der ganzen Welt hat man heute immer noch große Probleme mit den jugendlichen Rockern. Das Münchner Modell wurde andernorts ebenfalls angewandt, doch gingen die Versuche oft schief. Der Grund ist, daß das Modell nicht konsequent genug durchgeführt wurde. In München ging die Tätigkeit der Jugendbeamten weit über die übliche polizeiliche Arbeit hinaus, aus den Polizisten wurden Sozialarbeiter, die gelernt hatten, auf die Psyche der Jugendlichen einzugehen und trotz anfänglicher Fehlschläge den einmal eingeschlagenen Weg nicht zu verlassen.

Wo man aber versuchte, nur mit Hilfe finanzieller Aufwendungen (Freizeitheime, Spielplätze, Sportmöglichkeiten) die Gewalt der Rocker zu besiegen, scheiterte man. Denn schöne Räume allein genügen nicht, um fehlgeleitete Jugendliche auf die rechte Bahn zu bringen – dazu bedarf es einfühlsamer Menschen, die in offenen Gesprächen die Probleme anderer verstehen und ihnen in einer ständigen Auseinandersetzung helfen, selbst Lösungen zu finden.

Es liegt also an uns, wie sich die neue Gewalt in Zukunft entwickeln wird. Gewiß wird die Welt niemals gewaltlos sein, aber mit dem guten Willen aller kann sie gewaltarm werden.

Zitierte Literatur

Clutterbuck, Richard: Terrorismus ohne Chance. Stuttgart 1975

Damrow, Hildegard: Frauen vor Gericht. Berlin 1969

Degener, Volker W.: Heimsuchung. Stuttgart 1976

Dokumentation der Bundesregierung zur Entführung von Hanns Martin Schleyer. Presse- und Informationsamt der Bundesregierung, 1977

Hamacher, Hans-Werner: Tatort Deutschland. Bergisch-Gladbach, 2. Auflage 1973

Hoepfner, Friedrich Georg: Gruppendynamik. München 1977

Middendorf, Wolf: Menschenraub, Flugzeugentführungen, Geiselnahme, Kidnapping. Bielefeld 1972

Marsh, Peter: The Rules of Disorder. London 1977

Olscher, Werner: Recht und Strafe. Wien-München-Zürich 1976

Seelig, Ernst: Lehrbuch der Kriminologie. Nürnberg-Düsseldorf, 2. Auflage 1951

Watzlawick, Paul: Menschliche Kommunikation. Bern, 4. Auflage 1969